종교개혁 시리즈 ⑯

Luther Lehrmeister des Widerstands

루터와 정치

그리스도인의 정치 참여의 역할과 한계

우베 시몬 – 네토 지음 | 조미화 옮김

기독교문서선교회

기독교문서선교회(Christian Literature Center: 약칭 CLC)는 1941년 영국 콜체스터에서 켄 아담스에 의해 시작되었으며 국제 본부는 미국 필라델피아에 있습니다.

국제 CLC는 59개 나라에서 180개의 본부를 두고, 약 650여 명의 선교사들이 이동도서차량 40대를 이용하여 문서 보급에 힘쓰고 있으며 이메일 주문을 통해 130여 국으로 책을 공급하고 있습니다.

한국 CLC는 청교도적 복음주의 신학과 신앙서적을 출판하는 문서선교 기관으로서, 한 영혼이라도 구원되길 소망하면서 주님이 오시는 그날까지 최선을 다할 것입니다.

Luther – Lehrmeister des Widerstands

Written by
Uwe Siemon-Netto

Translated by
Mi-Hwa Cho

Copyright © 2016 by Uwe Siemon-Netto
Originally published in German under the title as
Luther–Lehrmeister des Widerstands
by Fontis-Brunnen Basel,
Translated and used by the permission of
Fontis-Brunnen Basel,
Steinentorstrasse 23, 4051 Basel, Switzerland

All rights reserved.

Korean Edition
Copyright ⓒ 2017 by Christian Literature Center
Seoul, Korea

길리안(Gillian)에게

마리안네 마이어-크라머
(Marianne Meyer-Krahmer, 1919-2011)를
기념하며

추천사 1

"루터의 종교개혁이 오백년에 걸쳐서 살아있다는 증거들"

김 재 성 박사
국제신학대학원대학교 부총장. 조직신학 교수

본서는 신학과 유럽 역사, 특히 종교개혁에 관심을 갖고 연구하는 사람이라면, 반드시 읽어야할 매우 귀중한 내용으로 가득 차 있다.

정치적, 신학적, 사회적 "고정관념"을 깨트리는 저자의 탁월한 접근에 놀라움을 금할 수 없었다. 그 고정관념을 만들어낸 저명한 학자들, 정치인들, 신학자들, 현재까지도 막강한 영향을 미치고 있는 독일 자유주의 신학자들이 어떻게 서로 연관을 맺고 있는지도 고발하고 있다. 현대신학을 연구하는 사람들이라면 이 부분에서 객관적인 평가를 내릴 수 있는 자료를 발견할 것이다.

루터에 대한 신학적인 검토는 간략하게 하면서, 두 왕국설을 위주로 다루었기에 아쉬움이 있지만, 현대 독일의 자유주의신학과 루터파 교회의 몰락을 파헤치는데 탁월한 분석이 제시되어져 있다. 아마도 이처럼 어려운 주제를 다루게 된 것은 현재까지도 가장 첨예하게 해석을 놓고서 격돌하는 쟁점이기 때문일 것이다.

다시 말하면, 본서는 루터를 중심 축으로 삼고, 히틀러 시대와 공산치

하에서 신음했던 동독 교회가 정치와 신학이 어떻게 맞물려 있는가를 보여주는 책이다. 저자가 구동독 땅, 라이프치히에서 성장했기에, 이런 안목으로 본서를 저술할 수 있었다고 생각된다. 저자는 서구 유럽 신학을 어느 독일의 신학대학원에서 어떤 학파로부터 전수 받은 것이 아니라는 말이다.

히틀러에 맞서서 싸우다가 사형을 당한 괴르델러를 본서에서 발견하게 되었다. 본회퍼에 대한 존경심으로 청춘을 불태운 적이 있던 필자는 본서에서 위대한 루터파 정치인의 현실 정치의 변혁을 향한 고뇌와 투쟁를 배울 수 있었다.

한마디로 저자는 유대인 학살과 같은 끔찍한 히틀러의 범죄행위는 전혀 루터와 상관이 없다는 것을 밝혀준다. 루터신학 때문에 동독에서 교회가 살아있었음을 증명한다. 그리고 동서독 통일의 밑거름이 되었던 성경공부 모임, 상담과 기도회가 지속되었음을 제시한다.

본서는 한반도의 통일과 남북 문제를 끌어안고 살아가는 모든 지성인들과 기독교인들에게 아주 중요한 교훈을 주는 책으로 기억될 것이다. 어떻게 통일 한국을 위해서 모든 교회가 기여해야할 것인가를 시사하는 통찰력이 담겨있다. 기독교인이 세상 정치판 속에서 어떻게 살아야 하는가를 가르쳐 준다.

추천사 2

박 창 훈 박사
서울신학대학교 역사신학 교수

　본서를 통해 저자는 기본적으로 종교개혁자 마르틴 루터에 대한 잘못된 고정관념을 교정하려고 한다. 실제로 루터가 독재(독일의 제3제국)에 대한 굴복, 반유대주의, 이상주의 등의 근거가 될 수는 없다는 것인데, 그런 면에서 저자는 루터를 통해 현대사회를 이야기하고 있다.

　본서에서 제시되고 있는 연구 방법은 역사 해석을 상대화하여, 역사적 자료를 자세히 그리고 면밀하게 바라보는 것이며, 이를 위해 저자는 1차 자료인 루터 저서 읽기를 충실히 수행하고 있다.

　저자에 따르면, 고정관념은 교정할 수 없게 틀에 박힌 생각이다. 그러나 이것은 그 시대의 해석일 뿐이며, 스테레오타이프로 규격화하여 대중에게 익숙하게 된 것이다. 매스미디어 세계의 경험을 가진 저자가 보기에 이것은 대중매체를 통해 확산·전파되고 있으며, 흔히 시대정신이라고 불리기도 한다.

　종교학적으로는 종교의 세속화 과정에서 이 고정관념이 생성되기도 하지만, 구체적인 본문 읽기를 게을리하기에 늘 한결같지 않다는 것을 본서는 예리하게 지적한다.

  본서는 특히 루터에 대한 잘못된 고정관념, 즉 두 왕국론에 대한 잘못된 해석은 처음에 그의 동료이며 적대자였던 토마스 뮌처에 의해 처음 만들어진 후, 에른스트 트뢸치와 라인홀드 니어버를 거쳐 토마스 만에 이르는 계보를 형성하였으며, 이들을 통한 루터에 대한 날조와 조작은 윌리엄 쉬러의 『제3제국의 부흥과 멸망』에서 절정을 이루었다는 것이다.

  저자는 이와는 반대로, 루터에 대한 신학적 읽기를 충실히 수행한다면, 디트리히 본회퍼, 칼 괴르델러(라이프치히의 시장), 그리고 구동독의 민주화 운동가들과 같은 저항가들의 뿌리를 루터에게서 발견할 수 있다고 항변하고 있다. 그러므로 루터에게서 기본적으로 "하나님으로부터 인간에 이르는 구원 이야기"를 들을 준비를 하라고 선포하고 있는 것이다.

  특히 눈에 띠는 것은 저자가 루터의 언어습관(작센의 풍습)과 인생을 통한 발전 등을 놓치지 않고 있는데, 그런 점에서 역사 비평의 방법을 충실히 따르고 있다.

  뒷부분은 본서에서 다루고 있는 사건과 사람들에 대한 사진자료를 곁들여서, 독자들의 이해를 돕고자 하는 세심한 배려를 하고 있다. 또한 역자의 탁월한 수고를 통하여 드러난 것과 같이, 문단의 기본 구조를 파괴하면서까지 배치된 문장들 덕택에, 신학적 전이해가 없는 사람조차도 편안하고 소박한 필치를 즐기면서, 아주 쉽게 그리고 단시간에 읽을 수 있는 미덕을 겸하고 있다.

그러나 잘못된 고정관념에 대한 세세한 교정과 그 당위성만큼은 묵직한 결과물로 던져주고 있기에, 타락한 세속 권력에 맞닥뜨린 현대의 독자들에게 "교회만이 아니라, 세상도 하나님의 영역임을 어떻게 선포할 것인지?"를 집요하게 묻고 있다.

추천사 3

피터 버거(Peter L. Berger) 박사
보스턴대학교 교수

　우베 시몬-네토는 본서에서 다음에 열거하는 주제들을 서로 연관 지어 새롭고 독특한 관점으로 다루고 있다. 동시대 문화에 작용하는 고정관념의 역할, 종교개혁가 루터가 독재자 히틀러의 영적인 지주라고 주장하는 고정관념, 루터의 기독교와 세계관에 대한 고정관념, 제2차 세계대전과 전쟁 이후 고정관념의 영향으로 초래된 결과 그리고 오늘날 루터에 관한 올바른 이해의 중요성 등이다.
　시몬-네토가 다룬 주제는 광범위한 질문과 학문적인 연구를 필요로 하는 것들로 이는 그의 학문적인 전문지식과 시간과 열정을 반영하는 것이다. 본서를 읽는 독자들은, 다양한 관점에서 본서에 접근하고 해석할 수 있기 때문에 미리 몇 가지 일반적인 사항들을 정리해 보고자 한다.
　우리가 살고 있는 현대사회가 과거보다 더 고정관념의 영향을 받고 있다는 시몬-네토의 주장에는 약간의 토론의 여지가 남아 있다. 그러나 확실한 사실은 오늘날 고정관념이 현대 대중매체를 통하여 예전보다 신속하고 효율적으로 전달되고 있다는 것이다. 일단 고정관념이 한 집단을 구성하고 있는 사람들의 머릿속에 자리를 잡으면, 이 고정관념은 더 이상 질문할 필요가 없는 진리가 되고, 동시에 경험적인 반대 증거를 들이대도 부정할 수 없는 사실이 된다.

인간은 "인지적인 불일치"를 직시하는 것을 꺼려하는데, 심리학자들은 이 현상을 다음과 같이 설명한다.

> 나는 이미 마음에 결정을 했으니 다른 사실들을 들어 나를 혼란하게 하지마라.

특히 생각한다는 것, 나아가 한 번 더 깊이 생각한다는 것은 아주 힘든 과정으로 대부분의 사람들은 이 힘든 과정을 시작조차 하기 싫어한다.

어떤 고정관념이 가지는 타당성은 실제 이를 증명할 수 있는 객관적인 근거의 양이나 질에 있지 아니하고 하나의 특정한 상황에서 구성원의 사회적 심리적인 욕구를 반영한 정도에 달려 있다. 그렇다고 고정관념이 항상 부정적인 것만은 아니다. 우리 모두는 자주 어떤 사실들을 주장하고 사는데, 이 주장의 내용이 객관적이지 않거나 증명할 수 없는 것들도 많다. 우리 중에는 욕을 얻어먹을 수도 있는 잘못된 사실을 확신하고 주장하기도 한다.

그러나 우리가 일상에서 매일 조심스럽게 모든 가능성과 진위를 파악하는 학자처럼 살아갈 수는 없다. 더우기 오류와 착각에 근거한 확신이 항상 해를 입히지는 않으며 오히려 어떤 때는 좋은 결과를 가져 오기도 한다.

예를 들면, 왕권 통치가 이루어지던 작은 섬나라에 민주주의 정부가 들어섰다고 가정하자.

이 가상의 나라에 사는 한 아이가 학교에서 예전의 왕은 국가의 어버이로 인권을 존중하고 소수자들의 권리를 챙겼으며 아주 높은 환경보존 의식을 가지고 나라를 다스렸던 열정적인 박애주의자였다고 배웠다.

그러나 역사학자들은 이 왕이 대학살을 자행한 미치광이로 농부들을 테러로 죽이고 강과 물을 오염시킨 장본인인 사실을 알고 있다.

그러나 이런 역사적인 사실에도 불구하고 학교에서 배운 대로 이미 형성된 아이의 고정관념은 악한 군주가 아니라 선한 군주로 바뀌어 자리 잡게 되는데, 이 정도의 고정관념은 도덕적으로 허용 가능한 수준의 오류라고 할 것이다.

그러나 이와 반대로 루터에 관한 고정관념은 시몬-네토가 증명하는 것처럼 앞에서 말한 예와 다르게 작용하고 있다. 시몬-네토의 주장에 의하면 이 고정관념은 제2차 세계대전에서 연합군이 루터주의에 근간을 둔 독일 내부의 저항운동을 과소평가하게 함으로 상당히 부정적인 결과를 초래했다.

나는 사실 전체적인 맥락에서 이런 사실들을 판단하기에는 제2차 세계대전에서 일어난 일들에 대하여 지식이 적다. 그러나 전쟁 이후 시대에 이념적인 측면에서 루터에 관한 고정관념에 대하여는 많은 지식을 축적하고 있으므로 몇 가지 점을 짚어 보고자 한다.

시몬-네토는 본서에서 "두 명의 독일인 악한"으로 루터와 히틀러의 직접적인 연관을 다루지는 않았다. 그는 루터와 히틀러의 연관성이 루터가 주장한 "두 왕국설"에 기인한 것이라는 주장을 펼치고 있다.

두 왕국설은 사회적 정치적인 현실의 세상에 대해 비도덕적 냉소주의 태도를 취하고 있다. 그러나 이것은 루터 교리의 심각한 왜곡으로, 루터 스스로 어떻게 이 이론을 이해했는가에 대한 왜곡뿐만 아니라 루터주의 전통을 이어 받은 사상가들의 해석에 따른 왜곡도 포함되어져 있다. 그러나 여기에 대해서 더 깊이 다루지는 않겠다.

여기에서 내가 하고 싶은 질문은 이것이다.

"누가 이 사상의 왜곡으로 인한 수혜자인가?"

이 질문에 대한 대답은 이미 나와 있다. 최대의 수혜자는 바로 기독교를 정치적인 유토피아를 위한 하나의 행동방식으로 이해하는 사람들이다. 현대사회에서는 바로 정치에 종사하는 사람들이라고 할 수 있다.

루터와 관련한 고정관념에 따르면 루터 교리가 말하는 정치 분야는 기독교적인 도덕규범과 분리되어 있으며 이로 인하여 악에 대해 무방비 상태로 빗장이 버젓이 열려 있다는 것이다. 이 고정관념의 정점에 있는 것이 바로 독일의 제3제국이었다.

만약 이 고정관념이 맞다면 다음에 열거하는 이유로 우리는 이 두 왕국설을 거부해야 할 것이다. 하나님의 은혜는 정치적인 분야를 포함하여 모든 세상에 전반적으로 역사하며 따라서 기독교인들도 적극적으로 하나님의 은혜가 역사하도록 도와야 한다.

다르게 말하면 이 세상에 사는 기독교인들이 기독교적인 사회, 즉 기독교적인 윤리가 지배하는 사회를 만들기 위해서는 영향력을 행사할 의무가 있다.

이 말을 좌편향 정치적인 버전으로 바꾸면 이상적인 사회주의 국가를 의미하며, 오늘날 기독교인들의 의무가 "사회주의 국가" 건설에 있다고 주장하는 말을 한 번쯤은 들어봤을 것이다.

그러나 이런 유토피아적인 의제가 좌편향적인 정치의 전유물이라는 것을 뒷받침할 근거는 전혀 없다. 유토피아 건설은 "진정한 왕권 통치"(다시 말하면 백성들에게서 왕권 통치에 맞지 않는 요소들을 제거함으로)를 이루어 내거나, "백인의 나라 미국"(이런 이념은 대량 학살을 항상 내포하거나 이와 같은 이념을 포함하고 있다)이라는 슬로건 아래에서도 가능하다.

거의 모든 유토피아 건설이 (정치적인 면에서도 물론)대량학살을 내포하지 않은 것이 없다. 유토피아 건설에 대한 비전이 클수록 이 비전을 실현하기 위한 대량학살의 정도 또한 광범위하고 잔인했다.

시몬-네토가 정의한 "루터에 관한 고정관념"의 이념적 기능은 통독 전 구동독에서 잘 나타난다. 너무나 많은 수의 개신교의 영적 지도자들과 평신도들이 당시 공산주의 정부와 손을 잡고 일할 준비가 되어있었으며, 이는 히틀러 제3제국 시절 교회의 역할을 다하지 못한 것에 대한 책임감과 죄책감에서의 발로였다(오늘날 당시 비밀경찰들의 활동이 대중에게 공개되면서 기독교 협력자들이 얼마나 많았는지가 드러났다).

이런 역할이 설사 좋은 명성을 얻지 못했다고 할지라도(이중에는 영웅과 같은 명성을 얻은 사람도 있지만), 기독교인들의 수동적인 자세가 루터의 교리 때문이라는 주장은 설득력이 약하다. 루터의 두 왕국설을 모르는 가톨릭 지도자들과 평신도들도 영웅적인 행동을 한 것은 아니기 때문이다.

구동독의 개신교인들을 돌아보면 잔혹한 나치 정권에 대해 자칭 정치적으로 무관심했던 루터주의자들은(후기루터주의자들이라 칭하기도 한다) 사회 정의를 이루는 데 헌신함으로(사회주의 국가 건설에 참여를 의미한다)

자신들의 과오를 회복해야만 했다.

다시 말하면 루터의 교리에 대한 비난이 개신교인들이 막스주의의 유토피아 건설에 참여하는 것과 구동독의 막스주의적인 정부를 세우는 것에 참여하는 것을 합법화하는 데 기여한 것이다.

소수 의견에 의하면 구소련이 지배하던 동부 유럽에 있던 교회들이 현실적인 양보를 한 결과 사회주의로 선회하였다고 보지만 다수의 많은 사람들은 이를 도덕적 높은 수준의 합법화된 정치적 행동으로 보았다. 이는 교회들이 사회주의 체제에서 어떻게 살아남을 것인가를 보고 수동적으로 관망한 것이 아니라 그들 스스로 적극적으로 사회주의 실험에 참여한 것을 의미한다.

바로 이런 긍정적인 해석 때문에 교회의 사회주의로의 선회 현상은 구동독을 벗어나 전 세계 교계 전반으로 반향을 불러일으켰고 그 결과 구동독 개신교 교회 지도자들은 오랜 기간 동안 WCC의 중요한 요직을 맡은 임원이었다. 무엇보다도 이런 사회주의적인 기독교인들의 의무에 대한 관점이 오늘날 개신교와 가톨릭에서 다양한 자유주의 신학이나 해방신학이 넘쳐나게 한 원인이 된다.

시몬-네토에 의하면 루터의 두 왕국설에서 비롯됐다고 보는 이 유토피아는 사실 루터가 아니라 20세기 유토피아의 대가이자 사회민족주의자였던 토마스 뮌처(Thomas Münzer)에게서 나온 것이다. 위험한 유토피아 사상에 대한 치료제는 바로 루터 사상에서 출발하는 깨어있는 현실주의로 오늘날 이는 더욱 절실히 필요하다고 하겠다.

지난 사회주의 국가들에서 일어난 사회주의 붕괴로 인하여 좌익 정치세력들의 새로운 현대판 사회주의 버전의 꿈이 종말을 고할지 지켜봐야

할 것이다. 이미 언급한 바와 같이 일반적으로 경험적인 증거에 근거한 신념은 받아들이기도 어려울 뿐 아니라 버리기도 힘들다. 사회주의 신화는 각 개인의 욕구뿐 아니라 한 공동체의 욕구를 높은 수준에서 충족시키는 힘이 있다.

1989년 혁명 이후 사회주의 붕괴 27년 동안 이 신화는 사라져야 함에도 불구하고 이 자리에 또 다른 유토피아가 자리를 잡고 있다. 그 중에는 민족주의 국가나 종교 기반주의 국가(미국에서 기독교 법을 포함하여)가 있다. 이들 중 대부분은 구 사회주의자들과 동일하지는 않지만 여전히 좌편향적이며 민주 자본주의와 시민 문화주의가 반대편에 서서 대치하고 있는 상황이다.

이외에도 오늘날은 여성해방주의나 환경주의(또는 건강 제일주의) 그리고 다문화 이상주의도 있다. 언급된 이 모든 유토피아 사상들을 지지하며 이미 수많은 기독교 신학자들과 가톨릭 성직자와 평신도들이 참여하도록 독려하고 기독교인들의 의무라고 설교하고 있다.

여기에서 잠깐 영국의 저널리스트 말콤 뮤거리지(Malcolm Muggerige)의 말을 인용해보겠다.

> 이 세상에 분별력 없는 교회 지도자들이 어떤 유토피아 사상을 지지하며 그들의 양들을 여기에 맞는 설교와 노래로 양육하는 것만큼 명백한 미친 짓은 없다.

이러한 움직임을 정당화 하기위해 두 왕국설을 적용한다는 것은 단호하게 거부되어야한다.

루터주의 도덕이, 설령 의도하지 않았더라도, 비도덕적인 무관심주의자를 만들어낼 수 있는가?

어쩌면 그럴 수 있을지도 모른다.

그러나 역사를 객관적으로 살펴보면 우리가 사는 지금 이 시대를 포함한 모든 시대에 존재했던 이상주의자들은 무관심주의자들보다 더 큰 불행을 인류에게 안겨주었다고 나는 본다. 따라서 나는 시몬-네토의 견해에 동의하며 대학살이라는 인류의 불행을 막기 위해서라도 세계 곳곳에 그리고 모든 종류의 이상주의자들을 규합하여 그들에게 두 왕국설을 바르게 알려주는 것이 루터주의 신학자들의 의무라고 생각한다.

루터주의 교회가 이 의무를 이미 알고 충실히 행했더라면 참 좋았을 뻔했다. 그러나 실제 그들은 이렇게 하지 못했다. 독일에서도, 미합중국에서도, 그리고 전 세계적으로도 일어나지 않았다. 이미 이 모든 사실을 직접 보고 겪었던 구동독 지역에 있던 교회에서조차도 오늘날까지 "사회주의에서의 교회"의 역할을 가능하게 했던 사상에 눈 먼 이상주의자들이 남아 있다.

오늘날 루터주의자들도 전반적으로 다른 기독교인들과 동일하게 유토피아적인 사상의 유혹에 호의적으로 반응하는 것 같이 보인다. 이런 현상은 루터의 다른 이론 즉 원죄론의 경험적인 증거가 될 수 있을지도 모르겠다.

역자 서문

조 미 화
전 독일 선교사

　종교개혁 500주년을 맞이하여 루터에 관한 책들을 접하면서 종교개혁자 루터, 성경 번역자 루터, 가톨릭의 면죄부 판매에 맞서 오직 은혜를 강조한 루터 등등의 이면에 그의 업적에 버금가는 비판들 또한 만만치 않다는 사실을 알게 되었다.
　솔직히 말하면 루터에 관한 책을 번역하는 역자에게도 이런 점들이 석연치 않은 찜찜함으로 계속 남아 있었다. 그중에 가장 악평인 것이 바로 그가 반유대주의자였다는 것과 농민봉기에 반대한 사실을 들어 권력의 하수인이라는 것이었다.
　여기서 한 걸음 더 나아가 루터는 히틀러의 정신적인 지주요, 독일 민족을 권력의 하수인으로 키워 히틀러라는 세기의 악인이 등장할 수 있는 토양을 만든 장본인이라는 비판이었다. 독실한 루터교도로 자란 이 책의 저자 우베 시몬-네토는 직접 독일 제3제국과 통독의 역사적인 사건을 모두 경험한 사람으로 유년 시절 루터교도들이 어떻게 나치에 대항하였는가를 증언하며 저널리스트로 취재한 사실과 인생의 중년에 시작한 사회학과 신학 공부를 통해서 루터에 관한 위와 같은 비판은 고정관념에 불과하며 이에 반하는 객관적인 사례와 사료들과 증인, 증거들을 들어 반박하고 있다.

또한 잘 알려지지 않은 루터의 저항론을 상세히 다루고 있는데, 그에 따르면 칼 5세 황제의 개신교 박해를 전후로 루터의 저항론은 전기와 후기로 나뉘게 된다. 특히 루터의 후기 저항론은 저자가 밝힌 대로 21세기를 살아가는 현재의 기독교인들에게도 국가 권력과 기존 질서에 어떤 자세로 살아야하는 지를 가르쳐 주는 지침서로써 손색이 없다.

작년에 정치적으로 큰 혼란을 겪은 우리 사회에서 기독교인들이 이런 혼란 가운데 무관심할 수도 그렇다고 적극적으로 거리로 나설 수도 없는 갈등을 모두들 정도의 차이는 있지만 겪었으리라 본다. 본서를 읽으면서 이런 생각들을 정리해 볼 수 있는 기회가 될 것이라 생각한다.

또 다른 한편으로는 역사적인 배경과 처한 상황은 우리나라와 독일이 물론 다르지만 제2차 세계대전에서 분단된 국가로 살아왔다는 사실 때문인지 아니면 우리나라가 이루지 못한 통일을 독일이 이루었기 때문인지 본서를 읽는 내내 우리 나라의 모습이 오버랩이 되었다. 통독을 하는 과정에서 베를린 장벽의 첫 망치질이 바로 동독 토마스 교회의 월요 평화기도회였다는 사실은 지금 이 시대 이 나라에 사는 기독교인들에게 시사하는 바가 크다고 생각한다.

저자는 루터가 독일인들을 권력의 하수인으로 키운 것이 아니라 루터는 이미 수백 년 전에 죽었지만 그의 교리는 남아서 사회주의 동독에서 살아 있는 믿음의 신자들을 통해 평화적인 통일의 단초가 되었으며 이것은 나치 정권 아래 적극적인 루터식 저항을 한 칼 괴르델러와 함께 루터에 대한 악의적인 고정관념의 반론의 증거로 제시하고 있다.

저자의 전공인 사회학과 신학이 말해 주듯이 본서는 루터에 대한 비판 뿐 만아니라 독일 사회에 끼친 루터 교리의 영향들을 사회학적인 관점에서 살펴보고 있다. 또한 독일의 역사를 가감 없이 성경적인 관점으로 바라보고 해석하며 루터를 중세의 신학자나 개신교 창시자로서 역사적인 인물로만 단절하여 보는 것이 아니라 독일 근현대사 속에서 결정적인 영향력을 끼치고 있는 인물로 파악하고 해석하며 여기에서 나아가 현재 처하고 있는 서구 유럽 교회의 위기에 대한 원인과 해결 방안도 제시하고 있다.

역자는 본서를 번역하면서 인류 역사의 어두운 시기였던 제1,2차 세계대전에 대한 세계사를 다시 공부하고 루터의 교리를 배우며 이를 우리나라의 전근대와 현대의 역사에 적용시켜보는 귀한 시간이 되었다. 이런 책을 번역할 수 있는 기회를 주신 기독교문서선교회(CLC) 박영호 목사님과 직원분들에게 감사의 마음을 전한다.

CONTENTS

추천사 1 _김재성 박사(국제신학대학원대학교 부총장. 조직신학 교수)●6
추천사 2 _박창훈 박사(서울신학대학교 역사신학 교수)●8
추천사 3 _피터 버거 박사(보스턴대학교 교수)●11
역자서문●19

도입 _24

제1장
잘못된 고정관념 _____ 38
   1. 왜곡되어져 규격화된 고정관념 _52
   2. 고정관념, 시대정신 그리고 현대사회 _55
   3. 객체로서의 고정관념 _60

제2장
루터는 악한인가? _____ 71
   1. 고정관념의 근원 _83

제3장
루터–그러면 악한이 아닌가? _____104
1. 질서의 신학적 중요성 _106
2. 두 왕국 _113
3. 루터식의 저항 _127
4. 하나님의 "기적의 사람"과 사탄의 앞잡이 _140
5. 언제 무력적인 저항이 허용되는가? _145
6. 막데부르그 신앙고백 _152
7. 본회퍼가 플라시우스에게 경의를 표하다 _158

제4장
루터에 관한 고정관념의 반론(Ⅰ): 괴르델러의 저항 _____171
1. 독일 군국주의에 관한 고정관념 _202
2. 백악관의 고정관념 _217
3. 시대정신의 희생양 _237

제5장
루터에 관한 고정관념의 반론(Ⅱ): 1989년 라이프치히 운동 _____246
1. 루터의 유산은 유효하다 _250
2. 브뤼제비츠: "신앙고백 선언"(n casu confessionis)의 극한 예 _263
3. 고르바초프는 "기적의 사람"이었는가? _272

에필로그: 두 왕국설의 카이로스 _276
부록 1: 동일한 하나님, 두 왕국: 루터 교리의 역설 _298
부록 2: 우상화된 자아에 대한 루터의 저항(에세이) _302
본문 사진들 _316

도입

마틴 루터가 종교개혁을 이루어 새로운 시대를 열기 시작한지 500년이 되었다. 이 종교개혁은 바로 독일에서 일어났다. 루터는 사람은 오직 예수님이 십자가에서 이루신 구원에 대한 믿음의 은혜로만 구원받을 수 있음을 분명히 했으며, 기독교인들이 죄가 가득한 세상에 살기위해서는 팔을 걷어 부치고 긴장해야한다고 했다.

기독교인들은 세속적인 분야에서, 시장으로 혹은 야당의 지도자로, 어머니로, 초등학생으로, 선생으로, 병사 혹은 유권자로, 이웃사랑을 실천하며 섬기는 자들로 부름받았다는 근본적인 루터 사상은 오늘날 혼란스럽고 위험한 시대에 현실적으로 적용하기가 쉽지 않다. 그러나 루터의 이 사상은 영적인 해방을 불러왔고 이것은 다시 민주주의라는 열매를 맺게 되었다. 어쩌면 독일 사람들은 이에 대해 감사하고 기뻐해야 할 것이다.

그러나 종교개혁 500주년을 앞둔 이 시점에서 우리가 읽는 기사는 무엇인가?

예를 들면 독일 대형 신문사에서 발행된 신문에는 "루터는 계몽가가 아니다"[1]라는 기사가 실렸다. 이 불필요한 기사의 기고가는 임마누엘 칸트의 유명한 저서 『계몽이란 무엇인가?』(*Was ist Aufklärung?*)가 출간되기 238년 전 1546년에 이미 종교개혁가 루터가 죽었다는 것을 간과한 것임에 틀림이 없다.

또 다른 기사는 "루터 유대인 배척주의를 설교하다"이다. 이 기사에도 유대인 배척주의가 인종차별의 한 종류인 것을 간과했다. 인종차별주의는 종교개혁 당시 없었던 것으로 계몽주의 시대에 있었던 선입견이다. 루터가 노년에 종교적인 관점에서 비난받을 만한 유대인 배척주의적인 말을 하였지만 이는 이미 그 시대 당시에도 받아들여지지 않았으며 특히 동시대 프랑켄 지방 출신의 위대한 종교개혁가 안드레아스 오시안더(Andreas Osiander, 1498-1552)로부터 거센 비판을 받았다. 그러나 루터가 인종차별주의 운동의 선구자는 아니다.

(내가 속한 종파의 역사적 오점으로 남아있는 루터의 유대인 비방 저서에 대해서는 본서에서 다시 상세히 다룰 것이다. 그러나 여기에서 미리 말할 수 있는 것은 유대인을 향한 그의 비방문은 실수할 수 있는 한 인간이 만든 비난받아 마땅할 일에 불과한 것이지, 루터의 신앙고백서에 담겨있다거나 그를 따르는 루터주의자들에 의해 다음 세대로 내려오는 교리가 아니라는 것이다.)

그 다음 기사로 넘어가 보자.

"루터는 개신교들에게 권력의 근원을 밝혔다"라는 기사에서는 제2차

---

[1] Posener, Alan: 〈Neuneinhalb Thesen gegen Martin Luther〉, Welt am Sonntag, 2014년 4월 3일, http://www.welt.de/kultur/article126395361/Neuneinhalb-Thesen-gegen-Martin-Luther.html; 2016. 3.30 발췌.

세계대전을 시작으로 자칭 지식인들의 머리 속에 자리잡은 고정관념을 다루고 있다. 제후들의 종 루터, 독재자 아돌프 히틀러, 이 두 사람이 독일인들을 권위에 슬슬 기는 간신배로 만들었고 루터가 죽은 지 거의 400년이 지난 후에 대량 학살이라는 길을 터 주었다고 한다.

본서에서는 16세기 이후부터 암묵적으로 모든 독일인들이 히틀러와 공범자라는 비난에 관하여 우선적으로 다루었으며 본서의 기초는 필자의 박사학위 논문에 있다. 필자는 1992년 미국 보스턴대학교에서 이 논문으로 박사학위를 받았다.

미국에서 박사학위 논문은 항상 세 명의 심사 위원으로부터 심의를 받는데, 먼저 박사학위 지도교수와 다른 두 명의 심사위원이 있다. 이 세 명의 위원 중 두 분은 어린 나이에 유대인이라는 그들의 혈통 때문에 오스트리아 빈에서 망명한 학자들이었다. 나머지 한 분은 스웨덴 출신이다.

필자가 이런 사실들을 밝히는 것은 혹시 악의적인 시도들이나 의심을 예방하는 차원이다. 이 세 심사위원 모두가 필자의 박사학위 논문에 A를 주었다고 해서 이를 통하여 그들이 사회민족주의를 옹호하는 정치인이나 교회론자에게 미국에서 얻을 수 있는 가장 높은 학문적 학위를 받는 길을 열어 준 것이 아니다.

필자는 보스턴에서 신학과 종교사회학을 복수 전공하여 박사학위를 받았다. 두 전공 분야를 합한 관점에서, 그리고 역사적인 사실 탐구도 더하여서, 필자의 박사학위 논문 원제인 "루터에 관한 고정관념"이라는 주제에 확대경을 대고 살펴보고자 한다. 본서를 읽는 필자의 소중한 독자들이 이 주제에 대해 미리 놀라지 않았으면 좋겠다. 필자는 본서를 쓰는 이 시점까지 거의 60년 동안 저널리스트로 복잡한 주제들을 일반적으로 이해하기 쉽게, 즉 학문적인 전문 용어 없이 그러나 너무 진부하거나 평범하지 않게 풀어쓰기 위해 노력해 왔다.

루터와 제3제국에 관한 고정관념, 칼 프리드리히 괴르델러(Karl Friedrich Goerdeler), 그리고 1989년 10월 라이프치히에서 일어난 무혈혁명에 연관이 있는 고정관념에 관하여 논문을 쓰게 된 데는 세 가지 개인적인 이유가 있다.

첫째, 필자는 저널리스트이다.

고정관념은 지금 우리 사회의 일부분이다. 언론인도 고정관념을 피할 수는 없다. 한 사람이 이것을 받아들이면 그가 고정관념의 창시자가 되는 동시에 안타깝지만 이 고정관념을 다른 사람에게도 퍼뜨린다. 만약 그가 학문적인 사람이라면 고정관념 뒤에 무엇이 숨겨져 있는지 찾으려고 노력할 것이며 그것을 떨쳐버리려고 시도할 것이며(이것을 학문적인 용어로 "상대화"라고 한다) 이를 통해 불합리하다는 결론을 도출해 낼 것이다.

둘째, 필자는 루터교도이다.

필자는 바흐의 모테트와 칸타타, 즉 루터의 교리를 음으로 옮긴 음악들을 들으며 자랐다. 유년 시절 필자에게 가장 영향을 많이 준 사람은 바로 독실한 루터신도였던 필자의 할머니, 클라라 네토(Clara Netto, 그림 1)였다. 할머니는 필자를 기독교인으로 길렀다. 그녀는 필자가 신념과 믿음을 용감하게 지켜나갈 뿐 아니라 거짓 교사들, 특히 할머니가 작센지방 사투리로 "루미헨"(Lumichen)이라 불렀던 거짓 선지자들을 조심하라고 미리 교육을 잘 시키셨다.

할머니에게 "루미헨"은 예를 들면 작센 지방의 주(州) 교회를 다니는 "독일 기독교인"(Deutsche Christen, 나치 정권에 찬성하던 정치적인 기독교인들-역주)이었다. 할머니 눈에 그 사람들은 거짓 영, 즉 시대정신을 섬기는 것으로 보였다. 당시 현대적인 것을 추구하는 사람들의 귀에는 그들의 설교가 그럴싸하게 들렸으나 독실한 신자들은 성령을 섬기지 않고 다른 영을 섬기는 그들을 비난했다.

이때 필자의 할머니가 한 일은 작센의 강단에서 설교되는 "루미헨"에 항의하기 위해 주일 예배에 참석하지 않는 것이었다. 할머니는 대신 침실로 들어가 초를 키고, 오른손에는 십자가상을 들고 성경을 읽고, 작센 지방의 찬송가를 제대로 음이 맞진 않았지만 흥얼거리셨다. 그리고 하나님께 이 땅에 드리운 영적인 어두움을 끝내달라고 기도하셨다.

클라라 네토인 필자의 할머니는 1888년 세 명의 황제가 연속적으로 다스렸던 해에 태어났으며, 어린 필자의 눈에는 항상 19세기 여인으로 보였다. 할머니는 항상 작센 지방의 귀족 스타일의 옷을 입으셨다. 매일 저녁 알람이 울리면 할머니는 가장 좋은 옷으로 갈아입으셨는데, 이유는 그날 재림의 주를 만날 수도 있기 때문이라고 설명하셨다.

필자의 할머니는 경건하고 독실했으며 교만한 모습을 보이지 않으셨다. 이것이 바로 루터도 언급한 바 있던 작센 지방 기독교인들의 특성이었으며 작센 지방 출신이 아닌 사람 눈에는 때때로 낯설게 보이기도 한다. 필자의 할머니는 전쟁시 공습이 이루어질 때 방공호에서 두려움에 사로잡혀있는 필자의 주의를 돌려 기도하게 하는 특별한 능력을 가지고 계셨다. 그녀는 필자와 먼저 기도하고 그 다음은 잘 알지 못하는 대머리 아저씨를 가리키며 필자의 귀에 속삭이셨다.

"누구든지 아침 일찍 빗질을 하면 밤에는 빗질할 필요가 없지."

우리는 서로 바라보며 히죽거리다 다시 계속 기도했다.

한 번은 나치 당원들이 우리가 사는 곳으로 찾아와 안전하게 숨을 곳을 찾았다. 그들은 갈색 유니폼에 엄청 많은 금색 훈장들을 달고 있었는데, 그래서 우리는 그들을 금색 꿩이라고 불렀다. 그들은 전쟁 중에 있는 독일 남자들 치고는 너무 비대했고 거기다 겁쟁이들이었다.

우리 주위에서 폭격이 이루어지고 화염과 연기가 방공호로 들어올 때면 그들은 무서워 떨면서 소리를 질렀다. 할머니는 이런 "비기독교적인" 감정의 표현이 절대로 자신의 가족들에게 전달되는 것을 허락하지 않으셨다. 그녀는 식은땀을 뚝뚝 흘리는 금색 꿩들을 안경 유리알 위로 쏘아 보며 말씀하셨다.

> 여기 좀 보시게나, 이 양반들아, 당신네들은 남자가 아닌가보오. 사실 내가 당신들이 남자인지 아닌지는 분명하지는 않지만 분명한 사실은 당신들은 이미 두려움으로 완전히 무너져 내렸다는 거요! 이 전쟁은 당신들이 일으킨 전쟁이지 우리의 전쟁이 아니라오. 영국, 미국, 프랑스, 유대인들은 우리의 적이 아니오. 당신들이 저지른 일을 제발 끝까지 책임지시오. 내 집에 있는 당신들은 나의 손자에게 전혀 모범이 안 되오!

그 다음 날 아침 긴 가죽 외투를 입은 두 명의 나치 장교가 우리 집 앞에 와서 어제 한 할머니의 말이 큰 죄가 된다고 엄포를 놓았다.

"큰 죄라고?

그런 말은 한 적이 없는데?"

"당신이 어제 이 전쟁은 당신의 전쟁은 아니라고 했지 않소?"

"그렇지. 그렇게 말했지."

할머니는 그렇게 말한 것을 인정하셨다.

"우리는 당신들을 선택하지 않았소. 우리는 원래 군주주의요."

그리고 할머니는 두 팔을 앞으로 뻗으며 말씀하셨다.

"내 말이 당신들에게 맞지 않으면 나를 체포하시오!

독일 장교의 미망인인 나를 체포하시오!"

그러자 두 명의 나치 장교는 슬며시 뒷걸음을 쳤고 할머니는 그 뒤통수에 대고 한 마디 더 던졌다.

"…그런데 금색 꿩들은 왜 그렇게 뚱뚱한 거요?

그 사람들 동쪽 전방에다 보내시오. 그러면 바로 살이 빠질 테니."

필자의 할머니는 루터 교리를 전체적으로 꿰고 따르는 기독교인이었다. 루터교도들을 악한 험담이나 하는 비열한 사람들이라고 하지만 이와 반대로 그녀는 하나님을 온전하게 신뢰하였으며 그녀가 하는 말에는 힘이 있었다.

필자는 이후 한 동안 피난 차 집을 떠나서 한 주(州)교회 목사님 댁에 머물렀다. 그런데 이 목사님은 사택에 나치의 갈고리 십자가 깃발을 내걸었으며 필자가 소스(Sauce), 서비에프(Serviette), 에타지(Etage), 트로토이어(Trottoir) 등의 외래어를 사용할 때마다 필자의 뺨을 때렸다. 그는 자신의 집에서는 "이런 웅얼거리는 말"은 우리의 "영도자"의 뜻을 따라 독일 고유어로 바꾸라고 말했다.

필자는 당시 어렸지만 이 사람이 이 지방의 기독교인들을 대표할 정도의 영향력이 있다고 생각되지 않았다. 학교 선생님이자 오르간 연주자로 시작한 그는 진실을 외면했으며 수업 시간에는 민족사회주의자에게 절을 했다. 그가 절한 사람은 바로 독일의 히틀러였다. 필자는 예배 때 종종 그의 측면에 있던 오르간 의자에 앉았다. 갈색 옷을 입은 그 목사가 설교 중에 아돌프 히틀러는 독일인의 구원자라고 찬양하면 성가대 지휘자는 필자의 귀에 대고 이렇게 속삭였다.

"거짓말이야! 저 사람은 자신의 주(主)를 배반하고 있어."

이렇게 말한 성가대 지휘자는 이름 하여 시민의 용기(Civil Courage)를 보여주었는데, 많은 사람들이 제3제국에서 디트리히 본회퍼(Dierich Bonhoeffer)에게서 그리워하던 그 용기이었다. 필자가 만약 그때 목사관에서 점심을 먹으면서 이 훌륭한 성가대 지휘자 얘기를 재잘거렸더라면 그는 바로 그날 나치 포로수용소로 끌려가 단두대 위에 섰을 것이다.

필자는 본서의 독자들에게 이 목사의 이름과 당시 머물렀던 마을의 이름을 밝히지 않을 것이다. 왜냐하면 이로 인하여 그의 후손들을 당황하게 하고 싶지 않기 때문이다.

그러나 어쨌든 그와 그가 섬기던 교회는 민족사회주의 체제 아래에 있던 루터교파의 일반적인 모습과는 상이한 양상을 보여준다. 이 목사가 예배 때 설교를 하면 그의 가족과 그 마을에 살던 두 세 명의 나치 당원 외에는 아무도 없었다. 그러나 그 대신에 이웃 마을에 사는 신앙이 분명한 목사님이 설교를 할 때는 예배당이 사람들로 꽉 찼다. 이 이웃 마을 목사님은 독실한 루터교도였다. 이분은 아돌프 히틀러의 복음이 아니라 예수 그리스도의 복음을 설교하셨고 이를 듣기위해 많은 사람들이 예배에 왔다.

따라서 이런 유년 시절의 추억을 가지고 있는 필자에게, 나중에 필자가 성인이 되어 루터가 히틀러의 영적인 지주가 된다는 말을 들었을 때 너무나 놀라지 않을 수 없었다.

필자의 할머니가 그렇게 자주 인용하던 루터가 독일인을, 한편으로는 나치로, 다른 한편으로는 겁쟁이로 만들어 길렀단 말인가?

그렇지 않다.

이것은 필자의 개인적인 경험과 완전히 모순된다. 필자가 중년이 되어 루터신학을 공부하고 연구를 하면서, 필자의 할머니가 옳았고 윌리엄 쉬러(William L. Shirer)가 그의 베스트셀러인『제3제국의 부흥과 쇠락』(*Aufstieg unf Fall des Dritten Reiches*)를 통해 루터에 관한 고정관념을 전 세계적으로 퍼트린 것이 틀렸음을 증명할 수 있어서 정말 다행이다.

셋째, 필자는 라이프치히 출신이다.

필자가 태어나고 며칠 후에 라이프치히의 시장이었던 칼 프리드리히 괴르델러(Karl Friedrich Goerdeler)가 시장 직에서 물러났다. 그는 라이프치히의 긴 역사 속에서 가장 중요한 인물 중의 한 사람이다. 그가 시장 직에서 퇴임한 직접적인 이유는 바로 미개하고 잔인했던 민족사회주의 때문이었다.

괴르델러가 외국 출장 중일 때, 라이프치히 연주 홀 앞에 있던 멘델스존 기념 동상이 파괴되었다. 전쟁 때에 필자의 부모님이 식탁에서 괴르델러라는 이름을 언급하는 것을 잘 기억하고 있다. 또한 이 위대한 인물이 1944년 히틀러 정권 전복 시도가 실패로 돌아가자 체포되어 사형을 받았을 때 우리 가족들이 얼마나 슬퍼했던가를 필자는 아직도 정확하게 회상할 수 있다.

1988년 초에 필자는 처음으로 괴르델러의 딸인 역사학자 마리안네 마이어 크라머(Marianne Meyer Krahmer) 박사를 만났다. 필자는 그때 본회퍼의 십자가 신학으로 베트남 참전 용사의 삶을 논하는 석사학위 논문을 쓰고 있던 때였다.

이 인상적인 여인은 시카고 루터신학교 안에 있던 필자의 방으로 필자를 만나러 왔다. 그녀는 필자에게 독일 역사학자들을 움직여 자신의 아버지의 희생적인 죽음에 관하여 새로운 평가를 받기위해서 지금까지 한 그녀의 노력이 허사였음을 설명했다.

사실 괴르델러는 보수주의자로 오늘날 시대정신인 좌편향과는 대치된다. 좌편향적인 시대정신은 한 보수주의자의 도덕적인 위대함에 경의를 표할 준비가 되어 있지 않았다.

우리가 이야기를 오래 나누면 나눌수록 필자는 괴르델러의 히틀러를 대항한 저항운동이 루터에 그 뿌리가 있다는 것을 명확하게 깨달을 수 있었다.

- 그의 진리에 대한 흔들리지 않는 정신
- 하나님의 창조 안에 있는 세상의 질서에 대한 생각
- 이에 근거한 독재자, 무력과 학살에 대한 반대
- 독재자를 체포하여 권위 있는 법정에 세우려고 했던 그의 노력
- 이미 초기부터 민족사회주의의 해악에 대해 경고했던 그의 진취적이고 용기 있는 행동

- 악에 대항하기 위해 자신의 생명을 걸고 싸울 준비가 되어있던 자세
- 국정 공백 없이 유능한 인물이 국정을 맡게 함으로 악한 정부는 퇴출되어야한다는 신념

이 모든 것은 국제적인 루터교의 특징적인 요소가 된다. 이리하여 본서에서 다룬 주제가 탄생되었다. 이 연구는 필자가 존경하는 역사적인 인물 마틴 루터와 칼 괴르델러에 관한 고정관념적인 선입견을 파헤쳐 볼 수 있는 기회가 되었다.

필자가 본서의 영어 버전의 초고를 이미 끝냈을 즈음 1989년 10월 9일 라이프치히에서는 구동독 공산주의 정부의 몰락을 가져온 라이프치히 혁명이 일어났고 그로부터 몇 년 후 필자는 고향을 방문하게 되었다. 필자는 라이프치히에서 개신교, 가톨릭 인사는 물론 불가지론자와 무신론자들과도 많은 토론을 하면서 필자의 주제였던 루터 교리와 이 루터 교리의 전형적인 형태가 비폭력 혁명임을 발견하게 되었다.

라이프치히 혁명이 성공한 이유는 바로 시위가 질서 있고 평화롭게 진행되었기 때문이다. 루터에게 많은 근심을 안겨주었던 라이프치히는 루터 생애 이후 그의 노고에 정당한 열매를 선사한 것이다.

본서의 초판은 귀터스로어(Güterslohr)출판사에서 『루터는 히틀러의 길을 예비한 사람인가? 선입견이 만들어낸 역사』(*Luther als Wegbereiter Hitlers? Zur Geschichte eines Vorurteils*)라는 제목으로 출간되었다. 필자는 이 제목에 대해 별로 만족스럽지 않았다. 이유는 본서의 제목이—물음표가 붙긴 하였지만—스쳐지나가면서 보면 오히려 루터와 히틀러를 연관시키고 있다는 인상을 줄 수 있기 때문이었다.

따라서 이번에는 신간을 내면서 제목을 『루터와 정치』(*Luther, der Lehrmeister des Widerstands*)으로 붙였으며 목적은 종교개혁가 루터에 관하여 다양한 신학적인 측면으로 깊이 연구하지 않고 단지 몇 가지를 읽은 지식 위에 마틴 루터에 대한 과오를 저지른 저널리스트이자 저자인 윌리암 쉬러의 견해를 반박하기 위해서였다.

다른 한편으로는 본서에서 여전히 중요한 루터 교리인 하나님께서 두 가지 역사 방법으로 기독교인들을 이 세상을 섬기는 존재로 부르신 것의 특징들을 재발견하고자 하였다. 괴르델러와 라이프치히 비폭력 평화 혁명, 디트리히 본회퍼와 오슬로의 용감한 주교 에이빈드 버그라브(Eivind Berggrav)는 우리 시대에 진정한 루터주의자들로 시사하는 바가 큰 인물들이다. 이 인물들에게 나타나는 루터는 기독교인들이 언제 어떻게 독재자의 권력 앞에 등을 돌려야 할지, 또 상황에 따라서는 이 권력을 전복시켜야할지를 분명하게 말해주고 있다.

본서를 통하여 제3제국의 탄생과 몰락 이후의 악영향을 포함하여 무지와 오용 그리고 중상모략으로 묻혀버린 보물을 발굴해내고자 한다. 이 보물은 바로 우리가 이제 차분하게 객관적으로 살펴봐야할 루터의 두 왕국설로, 이 교리는 우리가 우리의 힘으로는 이 세상의 모든 일들을 바르고 곧게 만들 수 없다는 사실을 깨닫게 한 아픈 역사와 연관이 있다. 루터의 두 왕국설은 쉬러가 주장한 것과 같이 히틀러의 길을 예비하지 않았다.

오히려 정반대로 이 두 왕국설은 독일인을 히틀러로부터 비켜가게 했는데, 이는 이미 제2차 세계대전의 피해가 글자 그대로 연기처럼 고히 남아 있던 시점인 1945년 영국 감리교의 위대한 신학자인 고든 럽(Gordon Rupp)이 주장한 바 있다.

두 왕국설과 특히 루터의 공권력과 저항에 대한 이론이 바로 필자의 본 주제이므로, 루터가 노년에 외친 반유대주의적인 주장이 6백만 유대인 대학살을 가져왔다는 비난에 관하여서는 2장에서 잠시 다루는 것에 대해 독자들의 이해를 구한다. 루터가 살아있을 때 그를 따르던 사람들과 마찬가지로 필자 또한 루터의 오류에 대해, 더욱이 개신교 교회가 300년 동안이나 이를 몰래 은폐해 왔다는 것에 놀랐다. 그러나 유대인들에 대한 루터의 생각은 그가 젊었을 때 쓴 『예수 그리스도는 유대인으로 태어나셨다』(dass Jesus ein geborener Jude sei, 1523)를 보는 것이 맞다.

"루터와 유대인"에 관한 주제는 두 왕국설과 같이 많은 고정관념이 자리 잡고 있기 때문에 서로 상반되는 논문들이 많다. 그러나 필자는 본서에서 이 주제를 다루지 않고 있으므로 이점에 대한 부족을 지적하지 말기를 부탁한다. 이 주제를 다루지 않은 이유는 필자가 진행한 연구가 이와는 다른 고정관념을 다루고 있기 때문이다. 즉 본서에서 다루는 고정관념은 많은 사람들이 우리 시대의 영적, 문화, 종교적 역사에서 가장 중요한 목소리를 진정성 있게 듣는 것을 방해한다.

필자가 이 연구를 진행하면서 도움을 주신 많은 분들에게 감사의 빚을 졌다. 그 중에 특히 2011년 임종까지 친구로 지냈던 마리안네 마이어-크라머는 많은 시간 동안 필자에게 그녀의 아버지에 대해 말해주었고 이를 통해 필자가 그녀의 집안에 대한 이해와 통찰력을 가질 수 있게 되었다. 또한 사회학적인 현상으로 고정관념을 연구하도록 인내심을 가지고 지도해준 필자의 지도교수 피터 버거 박사께 감사한다. 그리고 루터에 관한 고정관념을 신학적 역사적으로 반박하는데 조언을 주신 카터 린베르그(Cater Linberg) 박사와 우리 라안난(Uri Ra'anan) 박사께도 감사의 말을 전한다.

필자의 연구에 귀한 도움을 준 울리케 파인쯔와 꼼꼼하게 읽고 논문 교정을 봐 준 친구인 카린 얀스키-바론에게도 감사하다. 박사 공부 중에 큰 재정적인 도움을 준 미시간 주의 이어하트재단(Earhart Foundation)에도 감사의 뜻을 전한다.

필자의 저서 『창작된 루터』(*Der erfundene Luther*)의 판권을 필자에게 양도해준 하인리히하름스루터출판사(Verlag der lutherischen Buchhandlung Heinrich Harms)의 슈테판 하름스에게도 감사하다. 『루터와 정치』라는 본서는 『창작된 루터』를 재연구하고 보강한 후속편으로 지금까지 직접 방문하고 모아온 자료 중 루터 당시의 독일어를 그대로 인용하였던 것을 현대적인 표준 독일어로 옮겨놓았다.

특히 본서의 기반이 된 논문을 영어 버전으로 제일 처음 읽고 비판과 조언을 아낌없이 해 준 필자의 아내 길리안에게 동일한 감사를 전한다.

제 1 장

잘못된 고정관념

약 70년 전 1944년 7월 20일에 히틀러에 반대한 독일 저항운동의 혁명 시도 이 후 수백 명의 사람들이 붙잡혀서 고문을 당하다 죽고 총살 당했으며 머리가 잘리고 효시되었다. 거의 모든 사람들이 기독교인들이었다. 이들 중 유명한 인물들은 슈타우펜베르그(Staufenberg) 백작 가문 출신이었던 클라우스 쉔크(Claus Schenk) 육군대령과 루터교 신학자 디트리히 본회퍼, 라이프치히 시장으로 그가 수상이 되었더라면 당시 독일을 성공적으로 이끌었을 프리드리히 괴르델러(Friedrich Goerdeler)가 있다.

영국 수상 윈스턴 처칠 경은 1944년 8월 2일 하원에서 틀에 박힌 코멘트로 독일 내의 히틀러 정권 전복 시도를 일축하였는데, 연설의 주제는 "제3제국의 고위 인사들 사이의 암투"였다. 처칠은 "독일 제국의 지도자들이 서로를 죽이려고 싸우지만, 그들의 운명은 시간문제이다"라고 말했다.

「뉴욕 타임즈」(New York Times)는 1944년 8월 9일 근대 독일 역사의 가장 양심적인 지식인들의 희생을 언급하며 "이것은 어두운 범죄자의 나라에서 일어난 대가 차원의 보상…"이라고 논평했다.

진보적인 함부르크 주간 신문 「디 짜이퉁」(Die Zeitung) 편집자 마리온 그래핀 된호프(Marion Gräfin Dönhoff)는 시간이 좀 지난 후에 다음과 같이 밝혔다.

"그때 서부 열강이 이 사건을 좀 더 잘 이해했더라면 좋았을 것이다."

여기에 대해서는 본서에서 나중에 좀 더 다룰 것이다. 서구 열강들은 이 사건을 좀 더 들여다보기는커녕 "한 야심 많은 인물"(칼 괴르델러를 의미-역주)이 자신을 제거하려는 시도였다는 히틀러의 거짓말을 따랐다고 그래핀 된호프는 강조했다. 그 결과 영국과 미국은 "부작위 방조"를 한 것에 대한 책임을 져야 했었다.[1]

본서에서 필자는 한 유명한 저자요 학자가 루터는 히틀러의 길을 예비한 사람이며 독일 민족을 권력의 하수인으로 만들었다는 주장에 반대하며 마틴 루터의 교리에 따라 독일인들 중에 독재 정권에 대항하여 싸운 저항 운동에 대해 쓰고자 한다. 동시에 루터에 대한 고정관념을 역사적으로 신학적으로 반박하는 논리를 전개하고자 한다.

이제 몇십 년 역사를 거슬러 올라가보자.

우리는 "우리가 사는 날 동안에 독일은 절대 통일되지 않을 것이다"라는 상투적인 문구를 기억하고 있다. 가장 최근의 발언으로는 베를린 장벽이 세워진 이후 1961년 사회주의 고위 정치인들은 이 사실이 마치 확고부동한 진리인 것처럼 공표했다. 이때 당시 서독 정치인들도 다르지

---

1 Kuchenheim, Haug von: *Marion Dönhoff*, Rowohlt: Reinbek 1999.

않게 생각했고, 다만 본(Bonn)에 있는 동맹국들의 눈치를 보느라 이 생각을 크게 떠벌리지는 못했다. 또한 당시 지식인들 중 다수도 통독은 비현실적이라는 의견을 가지고 있었다. 빌리 브란트(Willy Brandt)는 이를 "국가의 거짓말"이라고 했다.

그러나 1989년 가을 베를린 장벽(그림 2)은 무너졌고 1년 후에 독일은 평화적이며 민주적인 방법으로 통일되었다. 이로 인하여 기정사실이 하나의 고정관념에 불과하였다는 것이 드러났다.

그러면 고정관념은 무엇인가?

고정관념은 역사의 흐름을 그 시대의 해석으로 교정할 수 없는 틀에 박힌 생각이다. 그러므로 필자는 본서에서 상당부분 현대산업 후기 사회에서의 틀에 박힌 생각에 대한 정의와 기능에 대해 지면을 할애하고 있는 것에 대해 이해를 구한다. 그렇지 않으면 지속되어 내려오고 있는 루터에 관한 중상모략에 대해 제대로 파악하기가 어렵다.

고정관념의 원래 어원은 그림이나 글자를 찍어내는 틀에 박힌 인쇄판이다. 틀에 박힌 판은 절대 원본 그대로의 모양을 찍어낼 수 없는데, 이유는 다음과 같다.

첫째, 그 판은 2차원이다.

둘째, 그 판은 살아 있는 것이 아니기에, 한 번 주조되면 바꿀 수가 없다. 가장 훌륭한 인쇄판이라도 결국은 선으로만 그려진 것으로 원래 모습 그대로를 상당히 누락할 수밖에 없다.

기술적인 단어인 "스테레오타이프"(Stereotyp), 틀에 박힌 생각 즉 고정관념은 전 세계적으로 한 사고방식의 은유적인 표현으로 사용되고 있으며 이를 네델란드의 사회학자 안톤 찌이데르벨드(Anton Zijderveld, 그림 5)는 다음과 같이 정의했다.

"고정관념은 사람의 상대화시키는 내재 능력이 작동하지 않는 잠재의식 가운데 이해하고 사고하며 형성되어진다."[2]

우리가 나중에 다시 보게 되겠지만 찌이데르벨드는 고정관념과 현대사회가 서로 강한 친화력이 있음을 설명하고 있다. 필자는 여기에서 한 발짝 더 나아가 보겠다. 고정관념은 내재적 상대화를 차단하는 시대정신(Zeitgeist)의 쌍둥이라고 본다. 평화적이고 민주적인 방법으로 통일 독일이 되는 것은 불가능하다고 봤던 고정관념을 좀 더 자세히 살펴보면, 다음에 언급하는 사건들의 전개는 불가능하다는 생각과 당시 시대정신의 결탁으로 만들어진 음모가 이 고정관념을 탄생시킨 것이라는 것을 알 수 있다.

첫째, 소비에트 연방이 붕괴될 수 있다.
둘째, 사회주의 제도 붕괴가 무력 없이 일어날 수 있다.
셋째, 소비에트 연방에서 이성적인 정치인들인 고르바초프와 옐친이 정권을 잡을 수 있다.
넷째, 구동독이 평화적인 자세를 취하게 될 수도 있다.
다섯째, 바로 이 고정관념은 신학적인 측면을 빠뜨렸는데, 바로 하나님이 이 세상의 역사에 개입하신다는 것이다.

---

2 Zijderveld, Anton: *On Clichés*, Routlege and Kegan: London 1979, p. 5-6.

신학적인 측면을 고려하지 않았다하더라도 시대정신과 고정관념적 사고의 친화력으로 인하여 통일 독일의 불가능성은 충분히 내부 논리성을 가지고 있었다. 시대정신은 그 이름이 이미 말하고 있듯이 한계적이다. 그러므로 시대정신은 한계가 없으신 무한한 성령과는 대치된다. 시대정신은 문화인류학적이며 모든 것의 중심에 하나님이 아니라 사람을 둔다. 따라서 디트리히 본회퍼가 쓴 것처럼 "하나님은 가장 나쁜 상황에서 선한 것을 만들 수 있으시며 만들기를 원하신다"라는 사실에 대해 시대정신은 조금의 여지도 두지 않는다.

그러나 고정관념의 편을 든다면 이 모든 가능한 사건들이 20세기 후반부에는 거의 불가능해 보였다는 것은 인정할 수 있다.

지금 이 순간 두 가지 현시대에 작동하는 고정관념을 생각해보자.

미국의 대통령 오바마와 독일의 수상인 메르켈을 포함하여 전 세계 정치인들의 머릿속에 둥지를 틀고 있는 두 가지 고정관념이 있는데, 이로 인하여 앞으로 서방 문명사회에 큰 혼란과 재앙을 가져올 수도 있다. 이 두 고정관념은 바로 "이슬람은 평화의 종교이다"와 "이슬람은 독일의 일부이다"이다. 이 고정관념에는 모든 사람이 보고 읽을 수 있는 다음의 열거하는 사실을 포함하는 상대화가 결여되어 있다.

- 이슬람 교리로 흔들림이 없는 위상을 가진 코란의 109군데에 무슬림은 이교도들에게 무력을 행사하도록 되어 있으며 코란 2장에 이미 다음과 같이 명하고 있다.
"너희들을 막는 이교도들을 쳐부수라"(Sure 2–191).

- 이 계명을 따라 무슬림 극우주의자들은 근동, 중동, 서아프리카 그리고 남동아시아에서 수많은 사람들을 십자가에 못 박고 산 채로 화형 시키고 목을 베고 노예나 매춘으로 팔며 이런 잔인한 행동들을 자랑하듯 인터넷에 영상으로 촬영하여 올린다.
- 이슬람의 이름으로 유럽과 호주 그리고 미국에서 2015년 1월에, 2015년 11월 파리에서, 그리고 2016년 3월 브뤼셀에서 테러로 사람들이 죽어갔고 무슬림 가족 내에서는 "명예살인"이라는 이름 하에 사람들이 살해되었다.
- 독일, 프랑스, 벨기에, 영국 그리고 이탈리아에는 로마법도 아니고 앵글로색슨족의 법도 아닌 이슬람법인 샤리아(Scharia)가 적용되는 넓은 지역이 생겨났다.
- 이슬람의 하나님과 기독교의 하나님은 같은 하나님이 아니므로 성경에 의거하여 경배할 수 없는데, 이유인 즉 우리 하나님은 죄인을 위하여 고난을 받으셨지만 알라는 그의 신자들에게 무력을 명하기 때문이다.

그러나 무슬림이 독일이나 유럽의 일부가 아니라는 주장 또한 적지 않은 고정 관념적 사고로 인해 비난을 면치 못하는데, 이는 무슬림 중 대부분이 위의 끔찍한 명령에 순종하기를 거부했고, 더욱이(예를 들면 베를린과 라이프치히에 있는 복음주의 루터파 교회는 경험으로 알고 있다) 그들 중에는 복음에 나오는 다른 신, 즉 자신을 희생하는 기독교의 사랑의 하나님에게 마음을 연 사람도 있다는 명백한 사실을 배제하고 있기 때문이다.

따라서 이 모든 사실들은 다시 상대적인 대답이 요구되는 다른 질문들을 하기에 이른다(각주 참조).³

이제 유럽인들이 서로 간에 강조하는 진부적인 고정관념에 대해 자세히 살펴보자.

찌이데르벨드는 고정관념이란 공동체에서 사회화된 생각으로 일단 고정관념의 사회화가 일어난 후에는 사람의 의식 속에 깊이 자리잡아서 언제나 다시 끄집어낼 수 있다고 주장했다.

이것은 물어볼 필요도 없이 다음의 예에 나오는 틀에 박힌 생각에도 적용된다. 영국인은 기발하고 익살스러우며 유머러스한 반면에 프랑스인들은 거만하나 삶의 의욕으로 가득 차 있고 독일인은 유능하고 평온하지만 잔인하고 유머가 없고 모든 경우에 권위를 신뢰한다.

이런 식의 고정 관념식 사고에 능한 사람은 독일의 복종 근성의 근원이 어디 있는지도 얘기한다. 바로 그 근원은 마틴 루터이다. 마틴 루터가 그의 민족을 권위에 굴복하는 독재자의 아첨꾼으로 길렀다. 그는 바로 히틀러의 영적인 지주였다.

세계적으로 유명한 학자들이 어처구니없는 계보학을 글로 옮겨놓았는데, 이 계보학은 16세기의 인물인 개신교의 창시자로부터 시작하여 칼빈파에서 나온 이신론자 프리드리히 2세를 거쳐 20세기 오스트리아

---

3   두 가지 사례: 1. 14억 무슬림 인구 중에 대다수는 실제로 평화를 추구하지만 한편으로는 왜 이들 다수는 살라피스트 급진주의 무슬림의 폭력성에 단호하게 대항하지 않는가? 2. 코란에는 무슬림 신자들이 다른 종교의 사람들(유대교, 기독교, 조로아스터교)에게 형제애를 요구하며 폭력성과는 모순되는 내용들도 많이 담고 있다. 그럼에도 불구하고 모하메드는 개인적으로 그의 교리를 검으로 전파하라고 한다. 그런데 예루살렘의 거룩한 무덤 성당에서 서로 경쟁하며 갈등을 빚는 교회 성직자들 사이에서 화평을 이루어낸 사람들도 바로 무슬림이었다.

가톨릭 신자였던 한 사람, 즉 국제적으로 인정한 악의 상징적 인물인 히틀러까지 이어진다.

이를 주장하여 글을 쓴 저자들에 대해서는 모두 다음 장에서 다루어진다. 그들은 외교관 로버트 밴지테트(Robert Vansittart), 시인 토마스 만(Thomas Mann), 그리고 특히 미국인 저널리스트 윌리엄 쉬러(William L. Shirer)이다. 특히 쉬러는 자신의 책 『제3제국의 부흥과 멸망』[4]에서 국제적으로 루터를 악평했다. 베스트셀러가 된 이 책의 영어 원문에서 그는 루터를 다음과 같이 평했다.

> 정치적인 권력 앞에 절대적인 복종을 맹목적으로 옹호하는 사람... 이 위대한 인물이 독일에서 한 세대에서 다음 세대를 넘어가며 특히 개신교도들에게 영향을 주었다.[5]

이 책의 독일어 번역본에서는 이 문장이 들어있지 않는데 이것은 정말 순수하게 고정관념에 불과하다. 이것은 라이프치히 신학자 프란쯔 라우(Franz Lau)가 말했듯이, 실재로는 루터가 "모든 잘못된 권력에 무조건 반대해야한다"라고 가르친 사실을 은폐한 것이다.[6]

이것은 또한 루터가 하위 계급들이(여기에 가족의 가장들도 포함된다) 독

---

[4] Schirer, William: *Aufstieg und Fall des Dritten Reiches*, Kiepenheuer & Witsch: Köln 1961.
[5] Schirer, William: *The Rise and Fall of the Third Reich*, Simon & Schuster: New York 1960, p. 89.
[6] Lau, Franz: *Luthers Lehre von den beiden Reichen*, Evang. Verl.–Anst.: Berlin 1952, p. 88.

재자를 대항하여 무력을 사용해야할 상황을 정확하게 규정하고 있다는 사실도 은폐한 것이다.

쉬러가 묘사한 루터는 솔직하게 말해서 한 저널리스트에 의해 서재에서 기막힌 양념을 넣어 인공적으로 날조되고 제작된 루터이다. 윌리암 쉬러는 당시 해외 특파원으로 독일에서 민족사회주의와 히틀러의 집권을 직접 경험했으며 1993년 죽을 때까지 미국의 뉴잉글랜드 지역에서 살았다.

필자는 그가 살아있을 때, 어떻게 그런 결론에 도달했는지를 그에게 편지로 물어 본 적이 있다. 쉬러의 대답은 이러했다.

"일반적인 독서를 통하여."

그가 루터의 저서와 작품들을 좀 더 집중해서 읽었더라면 차별화된 결론에 도달할 수 있었을 것이다.

이제 우리는 하나의 의문에 도달하는데, 이는 고정관념에 대한 연구를 통해 그 해답을 찾아야만 한다.

그러면 현대사회에서 차별화된 판단이 가능한가?

대중매체가 고정관념 없이 작동할 수 있는가?

만약 이것이 가능했다면 쉬러의 책이 베스트셀러가 될 수 있었겠는가?

예를 들어 그는 이렇게 그의 책에 써야하지 않았겠는가?

독일인들 중에는 루터를 잘못 이해했던 사람들도 있었었으며 또 한편으로는 이와는 반대 방향으로 히틀러를 대항하여 싸우다 희생된 사람들도 있었다.

쉬러는 루터교 저항주의자들을 알고 있었다. 그는 이 책에서 한 장(章)을 할애하여 다루고 있는 칼 괴르델러를 알고 있었다.

그러면 쉬러는 루터의 교리대로 행동했던 괴르델러를 보지 않았다는 말인가?

아니면 쉬러는 괴르델러와 루터에 대해 충분한 정보가 부족했던가?

그것도 아니면 그는 이런 사실들을 알려고 하지 않았던 것일까?

나 또한 40여 년을 해외 특파원으로 일했고 이 직업의 어려움을 알고 있기 때문에 쉬러에 대하여 가차없는 비난을 하기가 어렵다.

우리 중에 누군가가 독자들과 청취자들에게 날마다 잘 모르는 나라에 대해 설명해야 한다면 의식적이든 무의식적이든 고정관념이 가득 든 상자를 열지 않겠는가?

"적어도 내가 사는 날 동안에 독일은 절대로 통일되지 않을 것이다."

가장 최근의 예로 1989년 10월 9일 위의 고정관념과 루터에 관한 고정관념은 불합리했다는 것이 밝혀졌는데, 이는 괴르델러가 교수형에 처해진 후 이미 거의 2세대가 지난 후였다. 이날 바로 "예수 그리스도의 복음은 우리가 고난받는 것보다 더 강하게 역사한다"라는 루터의 말이 증명되는 순간이었다. 때가 차자 독재자는 물러갔고 하나님의 말씀만이 남았다.[7]

1989년 10월 9일 라이프치히에서는 사상 최대 규모의 집회가 이루어졌다. 70,000여 명의 사람들이 평화를 기원하는 기도를 한 후에 모여 라이프치히를 통과하며 행진하였다. "라이프치히 전체가 행진했다"라

7　Luther, Martin: *Werke. Kritische Gesamtausgabe in 57 bände*, Metzler: Weimar p. 1883 이하. 이후 각주에는 생략하여 이 책을 WA(바이마르 판)라고 표기하였음. 참조 사이트 http://luherdansk.dk/WA/D.%20Martin%20Luther%20Werke,%20Weimar%20Ausgabe%20-%20WA.html. Band 40, p. 401, 6-9.

고 민권운동가이자 신학자였던 프리드리히 쇼어렘머(Friedrich Schorlemmer)가 나중에 다음과 같이 밝혔다.

> 우리는 무슨 일이 일어날 것인지 짐작할 수 있었으며 사람들이 손에 손을 잡은채 가슴에는 겁을 잔뜩 집어먹고 있었지만 눈에는 안전보호 장비를 찬채로 다함께 행진했다. 우리는 한참 뒤에야 우리가 어떤 모험을 하였는지, 왜 이 땅에 준비된 지도자들이 있어야 했는지를 알게 되었다.[8]

구동독교회연합 의장이었던 베르너 라이히(Werner Leich) 주교는 아이제나흐에서 필자와의 인터뷰에서 "당시 우리는 동독의 비밀경찰들이 당시 대학살을 준비하고 있었다는 사실을 알고 있었다. 라이프치히에 있는 병원들의 병동들은 부상자들을 받기위해 깨끗하게 정리되어져 있었다. 엄청난 양의 압박 붕대가 예비 되어 있었고 또한 엄청난 양의 관도 같이 준비되어 있었다"라고 밝혔다.

라이히는 당시 튀링엔 주(州) 교회 주교였다. 그 아래에 아른슈타트도 소속되어 있었는데, 거기에서 그는 "동독 비밀경찰들이 이틀 전에 계획된 라이프치히 운동을 저지하기위한 최종 연습을 하였다"라고 밝혔다.

아른슈타트는 바흐가 처음으로 오르간 연주자로 섬겼던 도시로 유명하다. 그가 섬겼던 교회는 오늘날 바흐의 이름을 따서 이름 지어졌다.

---

[8] Schorlemmer, Friedrich: 〈Die Menschheit reicht weiter〉, *Räumt die Steine hiweg. DDR Herbst 1989. Geistliche Reden im politischen Aufbruch*에서 발췌: Andreas Ebert, claudius,: München 1989, p. 108.

10월 7일 비밀경찰과 인민경찰들에 쫓기던 사람들이 이 교회로 들어왔다. 부목사 클라우스 게르트(Klaus Gerth)와 여목사 안네-카트린 쉬크(Anne-Katrin Schiek)는 궁지에 몰린 사람들을 맞이하기 위해 그날 바흐 교회로 서둘러 갔다. 그러나 그들이 교회에서 나올 때는 바로 수갑이 채워진 채 포승줄에 묶여 이송되었다. 이것은 파렴치한 행위로 그때까지 구동독에서도 성직자를 체포한 것은 거의 드문 일이었다.

두 사람의 심문과 구속 심사는 몇 시간이 안 되어 끝이 났다. 이것은 앞에서 말했듯이 2일 후에 라이프치히에 있을 큰 학살을 대비한 예행연습에 불과했다.

10월 9일은 월요일이었으며 라이프치히의 개신교회와 가톨릭교회에 서 있는 평화의 기도가 있는 날이었다. 기도하러 모인 사람들은 비밀경찰들이 무슨 일을 모의하고 있는지 알아채지 못했다. 농업박람회가 열리는 "아그라"(Agra)에는 까다로운 기준을 들이대어 구속시킬 사람들을 감금하는 수용소가 만들어졌다. 나중에 구금자들의 리스트가 발견되었는데, 박람회의 도시를 방문한 종교지도자들의 등록부 같았다.

수석 주교였던 귄터 하니쉬(Günter Hanisch)가 밝힌 내용은 이렇다. 소수였던 가톨릭의 교회 지도자들은 라이프치히에서 일어난 드라마 "망치와 컴퍼스를(구동독의 국기-역주) 대항한 십자가"에서 개신교 지도자들을 지지했고 강단에서 이를 설교했다. 루터교의 교구 감독자 요하네스 리히터(Johasnnes Richter, 그림 3) 그리고 프리드리히 마기리우스(Friedrich Magirius, 그림 4)도 이 리스트에 이름이 있었다. 또한 2014년에 소천한 니콜라이교회 목사 크리스티안 퓌러(Christian Führer)도 아그라포로수용소에서 볼 수 있었다.

익명의 한 사람은 평화의 기도를 계획한 사람에게 전화해서 이렇게 위협했다.

"한 번 더 평화의 기도를 하면 교회를 불질러 버리겠다!"

라이프치히 운동에서 수많은 사람들이 체포 수감되고 피바다를 몰고 오는 것을 피할 수 있었던 것에 대해서 많은 설명들이 있다. 그 중에 하나 나는 확실하다. 바로 비폭력 시위가 결정적인 역할을 하였다. 그들 모두가 기독교인은 아니었다. 570,000명 라이프치히 시민들 중 12퍼센트가 개신교, 4퍼센트가 가톨릭이었다.

"바로 이날 세상의 소금으로 당신의 백성을 부르신 예수님의 말씀이 진실이었음이 드러났다. 15,000명의 기도의 용사가 70,000명의 시위대의 행동을 결정지었다"라고 교구 감독자였던 리히터는 말했으며 그는 이날 토마스교회에서 설교하고 다음과 같은 기도로 끝을 맺었다.

> 여기에 모인 여러분과 저에게 인내할 수 있는 용기를 주소서. 여러분과 저에게 적합한 언어를 사용할 수 있는 힘을 허락하소서. 여기에 모인 사람들과 저에게 분노와 맞설 수 있는 용기를 허락하소서.

중세 시대 풍의 도심을 돌던 시위대는 그들의 분노의 동기가 된 장소, 즉 "길가 모퉁이"(Runde Ecke)이라 불리는 비밀경찰 건물에 다 달았다. 라이히 주교가 훗날 나에게 설명한 바에 의하면, 군중들 속에는 이 건물로 들이 닥치려고 기다리던 비밀경찰요원과 길가 쪽에는 작전 개시 명령을 기다리는 경찰들과 군인들, 전투대원들이 공격할 빌미를 찾고 있었다고 한다.

그러나 바로 이때 감동적인 사건이 일어났다. 기독교인들이 촛불을 손에 들고 공격에서 이 건물을 보호함으로 자칫 독재의 종말을 늦출 뻔 했던 대량학살을(중국의 사례에서도 보듯이) 저지했다. 라이프치히 기독교인들의 온유함이 그로부터 한 달 뒤 무너진 베를린 장벽에 가하는 첫 망치질이 되었다.

이 사건은 "독일인을 두고 그들은 혁명을 일으킬 능력이 없는 민족이다. 왜냐하면 시위대들이 지하철역에 몰려들려면 그 전에 차표를 사야하는 민족이기 때문"이라고 말한 레닌에 대한 승리이다. 라이프치히의 비폭력 시위는 어떤 면에서 레닌의 말에 부합한 점도 있다.

라이프치히 시위대들은 구동독 정부를 전복시키기 전에 차표를 샀다고도 할 수 있다. 왜냐하면 그들은 그날 일상적으로 일을 하고 돌아와서 차표를 사서 시위 장소로 갔으며, 그들은 시위 중 피를 보지 않았고 어떤 물질적인 손해도 입히지 않았기 때문이다.

하지만 레닌은 틀렸다. 이 시위는 혁명이었으며 전형적으로 독일다운 루터식의 혁명으로 폭동과 피흘림이 없는 "정돈된" 혁명이었기 때문이었다. 그러나 한편으로는 실제 시위자들의 대부분이 기독교인들은 아니었는데, 어떻게 그들이 루터식의 혁명을 할 수 있었겠는가?라고 이의를 제기할 수도 있다.

여기에 대한 답을 하기 위해 우리는 종교사회학자인 막스 베버(Max Weber)의 도움을 받아야한다. 보편화된 칼빈주의 교리는 세속화된 미국인들의 사회적인 행동방식에 영향을 주었다는 막스 베버의 주장을 받아들인다면 독일에서 이미 보편화된 루터 교리는 세속화된 구동독 시민들의 행동양식에 결정적인 영향을 미쳤다고 볼 수 있을 것이다.

본서의 후반부에서 나는 구동독에서 일어난 일에 대해 다시 다루게 될 것이다. 우선은 반박되어야 할 현상, 즉 고정관념에 대해 설명하고자 한다.

1. 왜곡되어져 규격화된 고정관념

고정관념은 지식사회학자인 알프레드 슈쯔(Alfred Schütz)가 말한 사회적인 존재에게는 포기할 수 없는 전제조건인 규격화와 유사하다. 우리는 끊임없이 규격화한다. 우리가 만약 낯선 도시에서 길을 잃고 헤매다가 어두운 파란색 계통의 유니폼을 입고 있는 사람을 보면 우리는 이렇게 생각한다.
"아하 경찰관이구나."
우리는 이 사람이 베스트팔렌 사람이거나 육군 소령이거나 아니면 다섯 아이의 아버지일 수 있다고 생각하지 않는다. 우리는 그가 누군지 알지 못한다. 우리가 알았더라면 그의 신분에 맞게 군사 시설이나 아니면 아버지로서의 자부심 등에 대해 얘기를 나누었을 것이다. 그러나 우리는 그를 경찰관으로 규격화시켰기 때문에 이 범주 안에서 그에게 말을 걸게 된다. 이 경우에는 그에게 길을 물어볼 것이다.
다음번에 내가 빠른 속력으로 차를 운전하며 가고 있는데 다시 짙은 파란색 유니폼을 입고 있는 사람을 보게 되면 이번에는 더 빨리 이렇게 생각 하게 될 것이다.
"아하, 경찰관."

그리고는 벌금을 물지 않기 위해 바로 가속페달에서 발을 떼게 될 것이다.

   우리가 다시 짙은 파란색 유니폼을 입은 남자가 급하게 무기를 손에 들고 강도를 쫓는 것을 보았다면, 우리는 다시 한 번 경찰관이라고 생각할 것이다. 우리는 이 상황에서는 꿈에라도 그에게 길을 물어 볼 생각을 하지 않을 것이다. 그리고 또 가속페달에서 바로 발을 떼지도 않을 것이다. 아마 경찰관을 도와 도둑을 잡는데 힘을 보탤 수도 있고 아니면 그냥 서서 멍하게 상황을 쳐다보고만 있을 수도 있다.

   그러나 우리가 이 경찰관의 업무를 한 가지로 규격화하여 국한시키게 되면 그가 도둑을 쫓던 우리의 과속을 단속하려하던 상관없이 그에게 항상 길만 묻게 된다. 이로 인하여 우리는 그를 단순히 규격화시키는 것에 그치지 않고 그의 존재 자체를 규격화된 틀 안에서 인식하게 된다. 이것이 바로 규격화의 왜곡된 모습이다.

   규격화는 모든 변경을 배척한다. 규격화는 이 경찰관이 이 순간에 우리에게 길을 가르쳐주는 것 말고 다른 임무가 있다는 가능성 자체를 계산에 넣지 않는다. 앞선 예에서의 규격화 현상은 결국 경찰관은 길을 가르쳐 주는 사람이라는 완고한 고정관념으로 고착화되어버린다.

   고정관념은 우리 삶에서 셀 수 없는 다양한 모습으로 나타난다. 그래서 우리 삶도 원래 의미를 이미 예전에 잊어 먹었거나, 아니면 일부러 배척해버리고, 그 본 의미와는 상관없이 형성된 틀에 박힌 말, 행동 그리고 몸짓으로 가득 차 있다.

   만일 우리가 "냉정한 금발머리 여인"에 대해 말할 때, 우리가 알고 있는 것처럼, "금발은 유쾌하다"라는 미국의 격언을 적용할 수는 없다.

물론 금발머리 울리케나 우어줄라를 사랑하는 애호가들은 그녀를 보고 굉장히 흥분할 것이다. 그러나 한편으로는 보통 금발의 스웨덴 여인들을 예로 들자면, 리오데자이네로에 사는 검은 색 머리칼을 가진 소녀들보다 더 유쾌하다고 말할 수 없다는 것이다. 두 그림은—냉정한 금발머리 여인과 아주 유쾌한 금발머리 여인—대서양의 이편과 저편에서 매일 수백만 번 되풀이되는 불합리한 고정관념이다.

같은 원리로 두 뺨에 뽀뽀를 하는 인사와 같이 틀에 박혀 고정되어버린 몸짓도 있다. 우리는 이 인사법이 원래 그랬을지도 모르지만 오늘날은 사랑을 나타내거나 아니면 욕망을 표현하는 것이 아니라는 것을 알고 있다.

찌이데르벨드는 고정관념이란 아주 단순하게 "계속적인 반복과 과부하를 통하여 진부하고 습관화된 오래된 경험을 담아 두는 용기(容器)"[9]라고 강조했다. 고정관념은 원래 가졌던 독창성이나 의미를 잃어버리고 대신 사회적인 기능을 갖추게 된 인간적인 표현 양식이다.

뽀뽀 인사법에서 볼 수 있는 고정관념이 가지는 이 특징은, 원래의 의미 대신에 인사라는 기능으로 대체되었으며, 이제 뽀뽀라는 행위는 다른 사람을 알아보고 맞이하는 것 이상의 의미를 가지지는 못한다. 본래의 의미를 몰아내고 기능으로 대체해버리는 고정관념적 현상은 인간의 생존과 연관된 모든 면에서 영향을 준다. 즉 소비, 일, 영성, 관능, 정치, 여가 등이다.

찌이데르벨드는 고정관념은 과거를 의미있는 현재의 일부로 만들기

---

[9] Zijderveld, p. 11.

를 포기한 현대 사회의 "불확실성, 불안정성 그리고 불안전성의 바다에서 부표"[10]와 같은 역할을 한다고 했다.

2. 고정관념, 시대정신 그리고 현대사회

현대 사회란 어떤 사회인가?

철학자이자 문화인류학자이며 사회학자인 아놀드 프란쯔 겔렌(Arnold Franz Gehlen, 1904-1976)에 의하면 현대사회는 다음과 같은 특징을 가지고 있다.

산업화. 세속화, 도시화, 관료화, 그리고 학문과 자본주의적 생산방식에서의 급속한 발달.

이런 현대사회의 특징은 겔렌이 정의한 대로, 과거에 형성되어 사회적으로 익숙해진 제도인 전통적인 가족, 교회 그리고 공동체를 약화시켰다는 것이다.

"안정적인 제도의 결핍"에 관하여 1957년 겔렌은 이렇게 썼다.

"사람의 결정력과 결정하는 의지를 과부하시키고 습관의 감옥에 끌고 가서 다음에 발생하는 우연적인 사건에 무방비 상태가 되게 한다."[11]

찌이데르벨드는 여기에 덧붙여 고정관념이 현대사회에서 안정성의 위협을 받고 있는 전통적 제도들을 대체하고 있다고 썼다. 현대 사회는

---

10 Zijderveld, p. 46.
11 Gehlen, Anold: *Die Seele im technischen Zeitalter*, Klostermsann: Hamburg 1957, p. 59.

고정관념을 만들고 키운다. 그 결과가 바로 "고정관념화된 사회"[12]이다.

이것은 인간을 전통과 단절시키는 사회이다. 전통은 과거 세대에서 자신의 환경에 의미를 부여하는 척도가 되었다. 그러나 오늘날 이 세계는 의미와 가치가 계속적으로 변화하여, 전통은 참고사항에서 빠지게 되었다.

이리하여 인간들은 고정관념의 주생산자인 대중매체에 의존하는 신세로 전락하였다. 가장 적합한 대중매체인 TV나 신문들은 상대적인 요소들을 배제시킬 수밖에 없다. 이유는 한정된 지면에 모든 광범위한 뉴스를 담을 수 없으며, 또 다른 이유는 언론인 자체도 "고정관념화된 사회"의 일원으로 신뢰성이 떨어지기 때문이다.

이 시대 이전에는 말 그대로 한 사람이 이렇게 어지럽고 혼란스럽게 서로 모순되기도 하는 다양성의 거리에 무방비 상태로 노출된 적이 없었다.

현재 우리는 서로 이름조차 발음할 수도 없는 구소련 연방에 있던 나라들 간에 갈등이 아니라 공화국 안에서 오히려 더 이국적인 이름을 가진 다른 지역 사람들이 그들의 독립을 외치는 것을 보게 된다.

또한 시아파 무슬림들이 외국인들을 잡아가 고문한 뒤, "신약성경을 읽어"라고 던져준다는 기사를 읽는다. 또 다른 신문에는 유전공학 기술로 멀지 않아 암 치료를 할 수 있을 것이라는 것과 같은 이 기술로 이 시대 안에 언젠가 화성 거주지에 필요한 양식을 생산할 수 있을 것이라는 기사도 읽게 된다. 거기다 에이즈 전염병은 서방 세계에서는 주로 동성

---

12   Zijderveld, p. 26-27.

애자에게 발병했다가 제3세계에서는 주로 이성애자들을 공격한다는 기사도 있다.

"거리에 서 있는 이 사람"은 이런 여러 사건들과 현상들에 대한 정확한 정보를 얻기 위해 필요한 막대한 시간도 없을 뿐 아니라 이와 연관된 서적을 구입할 방법도 모른다. 좋든 싫든 언론인들과 어디선가 불쑥 튀어나온 "전문가들"이 대중의 지식의 빈틈을 채워야만 한다. 이런 대중의 욕구를 채우기 위해 편집자들은 복잡한 일들을 설명하기 위해 드디어 "네스카페-공정"(원두와 비슷한 맛과 향기를 나게 하는 그럴싸하고 빠른 제조 방법-역주)이라는 것을 발달시켰다.

주 편집장은 아침마다 11시 회의를 한다.

"자, '오늘의 주제'로 이라크 전에서의 미국의 실패가 베트남 전에서의 미국의 실패와 어느 정도 유사한지로 정해 봅시다.

10개의 질문, 10개의 대답, 8줄 내로!"

물론 이라크와 베트남전의 유사점과 차이점에 대해서는 80줄 이상도 적을 수 있다. 편집자도 이 사실을 알고 대부분의 독자들도 이 사실을 알고 있다. 하지만 우리는 모두 고정관념의 생산과 소비에 이미 익숙해져 있다.

새로운 것들에 대하여 항상 잘 알고 있는 전문가로서의 대중 잡지와 TV스타들은 현대사회의 또 다른 인물적 특징이라고 할 수 있다. 예전에는 죽음의 위험을 무릅 쓰고 막대한 비용을 감수하고 현장에서 취재하는 리포터들이, 특히 미국에서는 모든 것을 알고 있는 사람 혹은 좀 더 알고 있는 사람으로 통했다.

이 기자는 금발 여기자일 수도 있고 갈색머리 여기자일 수도 있는데 둘 다 탄탄한 근육질의 몸을 가졌으며 카메라를 통하여 화면에 보기 좋게 재생되면 이를 보는 시청자들이 화려하게 칠해진 입술에서 쏟아지는 말 중에 상투적인 문구를 분류해낸다는 것은 어렵다.

수수께끼 같은 사건과 인물들을 해석해야하는 부담스럽고 시간이 많이 드는 임무를 완수하기 위해 오늘날 대중매체 스타들은 그들의 지식 저장 창고에 있는 예비품인 고정관념에 손을 대고 이를 통하여 그럴싸한 문구를 만들어내면 그들의 동료들이 다시 이 문구를 인용한다. 이렇게 되면 이 문구는 단숨에 일반적인 사실이 된다. 이것이 끊임없이 반복되는 것이 바로 고정관념의 실체이다.

1989년 중국 학생들과 지식인들이 그들의 공산주의 독재자에 맞서 일어났을 때 미국의 TV 평론가들은 베이징에 있는 낡은 군부가 천명(天命)을 잃었다고 평했다. 항상 아시아 정부가 어려움에 처하면 미국의 언론인들은 아시아 독재자가 항상 부여받았다가 빼앗기는 자칭 천명이라는 단어를 사용한다.

베트남 전에서도 그러했다. 이것이 맞는다면 소위 사이공에 있던 정부가 위로부터 위임받은 천명을 하노이에 있는 공산주의자들에게 넘겨주었다고 해야 할 것이다.

중국 베이징에서 일어난 대학살을 통하여 구 군부가 다시 정권을 잡고 중국이 갑자기 경제적인 부흥을 시작하자 언론인들의 취재나 기사에서 이 경솔한 천명은 더 이상 언급되지 않았다.

대부분의 언론인들은 이 이색적인 문구의 본래 뜻이 무엇인지를 알아보려 하지 않았다. 그들은 이 은유적인 문구를 하늘은 하나님이 계시는 천국으로 이해하는 서구에서 어떻게 받아들여야 하는지를 두고 머리를 싸매고 생각할 시간이 없다. 이 표현은 전형적인 아시아 풍으로 들리고 베트남과 중국의 상황을 적절하게 표현한 것으로 보였다. 그래서 이후로 이 표현은 고정관념으로 항상 다시 재생되어 사용되고 있다.

아마 미래에 역사학자들은 이 고정관념이 아시아와 근동에 어떻게 작용하였는지 연구하게 될 것이다.

예를 들어, 기독교인들이 대부분인 미국인들 중에 다수가 하늘의 축복이 이제 더 이상 남베트남에 없으므로 그들은 방어해 줄 필요가 없다고 확신했겠는가?

만약 그렇다면 이 고정관념이 인도차이나에서 미국의 실패와 캄보디아의 대학살 그리고 보트피플의 운명을 만드는데 일조를 했다고 볼 수 있다.

이외 유사한 시리즈로 이라크를 예로 들 수 있는데, 몇십 년 동안 독재자 사담 후세인이 천명을 받아서 군림하다가 미국의 개입으로 교수형에 처해져 끝이 난 그 사이 중간에 서너 번의 혼란한 임시정부를 거쳐 훨씬 더 위협적인 이슬람 국가(IS)로 넘어갔다.

이 경우에 고정관념은 규격화로 인한 왜곡된 사회학적인 현상에 지나지 않는 것이 아니라 시대정신의 치명적인 무기가 될 수도 있다.

찌이데르벨드가 말한 것처럼 정말 고정관념과 현대사회가 서로 친화력이 있다면 현대사회와 "시대정신"이라는 개념과도 유사한 친족관계가 성립한다. 시대정신이라는 단어는 초기 현대사회의 산물로 계몽을 의미한다.

이 단어는 자신을 시대의 정신을 관찰하는 관찰자로 표현한 철학자 볼테르에 의해 정의되었다. 볼테르는 이 정신이 모든 세계적인 사건들을 조종한다고 보았다. 괴테는 시대정신을 다음과 같이 정의하였다.

> 어떤 한쪽 편이 눈에 띄게 나타나면, 사람들이 모이고 힘이 생김에 따라서 승리를 외치게 되고 이와 반대되는 편은 구석으로 몰려 이 순간 조용하게 숨어 지낼 수밖에 없게 된다. 이렇게 한 시대동안 자신의 존재를 과시하는데 이를 시대정신의 우월성이라고 한다.[13]

다른 말로 바꾸면 시대정신은 고정관념과 같이 그에 반대되거나 예외적 상대적인 요소를 배제한다. 고정관념이 현대사회의 불확실성과 불안정성 가운데에서 등불의 역할을 하듯이 시대정신 또한 불안정성의 큰 바다에서 항해하는 인간에게 "정확한" 위치, 즉 사람이 방향을 잡을 때 필요한 부표와 같은 역할을 그 순간에 하는 것이다.

3. 객체로서의 고정관념

현대사회의 특징 중 하나로 "시대정신"과 특별한 연관성이 있는 것이 바로 세속화이다. 디트리히 본회퍼는 "하나님에 대한 믿음이 약화되고 난 뒤에 이성적이고 기계화된 세상이 자리 잡았다"[14]라고 쓰고 있다. 전근대사회에서는 사람들은 모든 것을 하나님과 연관하여 생각했다.

---

13 Goethe, Johann Wolfgang von: *Gesamtausgabe der Werke und Schriften*, Band 15, 〈Schriften zu Literatur und Theater〉, Phaidon: Stuttgart 1960, p. 896.

14 Bohnhoeffer, Dietrich: *Ethik*, Chr. Kaiser: München 1963(3판), p. 36.

피터 버거는 "전근대사회에서 세상은 원래 있던 그 모습 그대로였는데, 이는 신들이 그렇게 있도록 정해 놓았기 때문이었다"라고 쓰고 있다. 현대사회 이전의 사람들은 하나의 세상만을 경험할 수밖에 없었는데, 더욱이 이 세상은 바로 자신이 선택한(그리스어로 *hairesis*) 세상이 아니라 운명에 의해 주어진 세상이었다.

그러나 이와 반대로 현대사회는 보편적인 차이가 지배하는 세상으로 운명이 아니라 나의 기호에 따른 선택이 인간의 현실을 결정한다고 본다. 따라서 현대인들은 "인간 생존에 있어서 주관적인 부분"에 큰 무게를 두고 있다.[15]

겔렌은 다음과 같이 쓰고 있다.

> 이런 현대사회에서는 예술, 법 그리고 종교가 주관화되고 붕괴된다고 보았다. 아이디어가 차고 넘치기 때문에, 분류되고 재단되어지는 외부 가공이라는 토론을 거치지 않고는 아무것도 할 수 없다. 문화를 걸러내는 행동양식으로의 이성화와 주관화는 세계 역사상 새로운 것이며 우리가 지금 숨 쉬고 있는 공기와 같이 오늘날은 친숙해져 있다.[16]

"사람이 자신의 세상을 변화시킨다는 것은, 보이지 않지만 자신의 영혼의 정체성을 지지하고 있는 지지대를 부수는 것과 같다"라고 겔렌은

15　Berger, Peter: *Der Zwang zur Haeresie. Religion in der pluralistischen Gesellschaft*, Fischer: Frankfurt 1980, p. 27.

16　Gehlen, p. 58.

말했다. 나는 "시대정신이 바로 이 없어져버린 지지대의 대체품이 되었으며 이 대체품은 그러나 부실하고 굽은 지지대이다"라고 주장한다. 시대정신은 사회에서 기준을 제시한다.

전근대사회에서의 기준은 영원한 하나님이었는데, 현대 사회의 기준인 시대정신은 제한적이며 한결같지 않다.

찌이데르벨드가 현대사회에서 전통이 사라진 이유를 고정관념적 사고와 연관한 반면 루터파 신학자 발터 퀸네트(Walter Kuenneth, 1901-1997)는 현대사회의 역사에 대한 적대감을 시대정신과 연관시켰다.

> 역사에 대한 부정적인 자세는…역사를 배제한채 존재하고자 하는 것과 같으며 역사적인 균형 없이, 과거를 건너뛰고 새로운 시작을 시도하는 것이다. 이는 역사에 없었던 완전히 새로운 삶에 대한 기대이며 인간사에서 역사로부터 자유로운 미래에 대한 환상이라고 말할 수 있다.[17]

퀸네트는 베를린 시교육부에서 이미 미국 교육에서 곪아터져 상처가 된 문제를 도입하여 5. 6학년 역사 수업을 폐지하고 사회학 수업을 넣어 잡탕을 만들려고 한다고 비판했다. 퀸네트는 역사로부터의 도주는 곧 "하나님으로부터의 도주"를 의미한다고 보았다.

---

17 Künneth, Walter: *Wider den Strom*, R. Brockhaus: Wuppertal 1989, p. 98.

> 주어진 역사의 범주를 벗어나려는 경향은 역사 속에서 얻을 수 있
> 는 그리고 유토피아 공상가들의 열망을 깨트리는 현실에 대한 이해
> 를 버리는 것이다.[18]

유토피아적인 이상주의와 고정관념 사이에는 다시 강력한 유사성이 존재한다. 둘 다 깊은 사고를 통한 상대화를 배척한다.

유토피아의 이상은 현대사회의 독점적인 특징은 아니다. 근대화의 발전은 16세기 유토피아 이상주의로부터 결정적인 영향을 받았다. 사회학자 칼 만하임(Karl Mannheim)은 종교개혁 시대의 천년왕국설[19]과 사회적인 혁명은 "구조적 연관성"[20]이 있다고 말했다. 천년왕국설을 주장하는 사람들은 지금 현 시점에 예수 그리스도가 재림하여 이 세상을 하나로 다스릴 것을 기대한다.

여기에 덧붙여 역사학자이자 언론인인 요아킴 페스트(Joachim Fest)는 다음과 같이 썼다.

> 예수 그리스도의 복음이 힘을 잃은 이후 하나님이 없는 자리에 저
> 세상의 이상적인 현실을 이 현 세상으로 옮겨 놓으려는 시도가 이
> 루어지고 있다.[21]

---

18 Ibid., p. 99.
19 천년 왕국설(Sekularer Millenialsmus)—예수 재림 이후 천년 왕국이 임한다는 설.
20 Mannheim, Karl: *Ideologie und Utopia*, Klostermann: Frankfurt 1985, p. 184.
21 Fest, Joachim: *Der zerstoerte Traum. Vom Ende des utopischen Zeitalters*, Siedler: Frankfurt 1991, p. 103.

다음 장에 유토피아적 이상주의에 대해 다시 언급할 것이지만 여기에서 간단히 설명하고자 한다. 유토피아적 이상주의는 루터도 로마의 교황주의만큼이나 적대시하며 열띤 비판을 했던 현상이다. 그리고 현재 그로부터 500년이 흐른 지금도 다양한 형태의 이상주의가 종교개혁가 루터가 용납할 수 없는 적으로 남아 있다.

여기에서 우선 분명하게 짚고 넘어가야 하는 사실은 역사로부터의 도주는 "하나님으로부터의 도주"(퀸네트)이며 파라다이스를 이 세상에 실현시키려는 어리석은 노력의 결과라는 것이다. 이것으로 인해 시대정신을 찬양하는 세상적인 종교가 탄생되었다. 하나님에 대한 믿음이 사라지면 사람의 신앙적인 열망은 "다른 좋은 것"인 이것저것에 집중하게 된다.

예전에는 성도들이 예를 들면 십자가의 길이나 사명들을 "좋은 것"으로 받아들였다. 이 "좋은 것"은 역사적으로 초월적인 존재인 하나님의 부르심으로 거룩한 것이었다. 그러나 오늘날은 더 이상 그렇지 않다.

퀸네트는 『넘쳐나는 인권에 대한 찬미』에서, 하나님은 요즈음 슬로건에 나오는 군사활동 포기를 통한 무장해제, 핵무기 없는 세상, 여성, 동성연애자 또는 도덕적 소수자에 대한 배당 등에 대해 많은 언급을 하지 않으신다고 쓰고 있다. 물론 이것이 평화에 대한 노력이나 인권에 대한 존중이 쓸데없다는 것이 아니며 이것들 또한 아주 성경적이다.

그러나 그는 이것들이 시대정신으로부터 왔으며 사람들을 "미궁(역사적인 실제와 현실성에 대해 무지한 채 열광하는 상태)에 빠지게 하며 역사와 하나님과 분리된 고정관념과 다를 바가 없다면 우려할 대상이다"[22] 라고 쓰고 있다. 예를 들면 역사적인 현실은 군사적인 약점이 주위의 적들의 침략을 불러오며 테러 정부가 들어 설 수도 있다는 것이다. 찌이데르벨드가 덧붙였듯이 시대정신은 다음과 같은 특성을 가지고 있다.

> 독재적이다. 다르게 말하면 현대화된 사회에서 고정관념을 완전히 피하기는 어렵다. 고정관념은 의식의 거푸집이 되려는 경향을 가지고 있으며 사회 경제적, 정치적인 삶의 조직에 깊이 개입하고 작용한다.[23]

이처럼 고정관념과 시대정신은 밀접한 관계로 서로서로 끊임없이 재생산해낸다. 시대정신은 고정관념을 만들어내고 이렇게 만들어진 고정관념은 다시 시대정신을 낳게 된다. 60년대 후반에 남베트남이 천명을 잃었다는 고정관념을 세상에 심은 것은 바로 시대정신이었다. 이 고정관념은 수많은 신문 사설과 TV토론 그리고 저녁 만찬 대화의 주제가 되었고, 이로 인하여—공론화되어—남베트남 정부는 미연합군의 방어를 받을 만한 가치가 없다는 시대의 격언이 되었다.

고정관념은 "실체화"되었다고 찌이데르벨드는 말했다. 실체화는 인간적인 현상들을 객체로 파악하는 것으로 이것은 인간의 능력을 벗어난 초인간적인 것이라고 피터 버거와 토마스 루크만(Thomas Luckmann)은

---

22 Ibid., p. 147.
23 Zijderveld, p. 26.

쓰고 있다.[24]

아놀드 겔렌은 이를 "물상화"라고 명명하고 다음과 같이 정의했다.

> 사회적인 존재로서 우리는 아주 도식적으로 행동하는데 다른 말로 하면 우리는 습관화된 진부한 행동양식을 취한다. 이것은 좁은 의미의 실재적이고 외향적인 행동뿐만 아니라, 내향적인 내면의 세계를 이루고 있는 생각과 판단력, 자존감과 결정력을 포함하며 광범위하게 자동적으로 일어난다.[25]

사이공이 천명을 잃었다 또는 독일의 통일은 불가능하다는 고정관념에서 보여주듯이, 물상화되고 자동화된 생각은 비판과 이의 제기를 하지 못하게 한다(겔렌). 경험에 의해 물상화된 덩어리인 고정관념은(찌이데르벨트)우표나 농담처럼 수집되어진다. 그러나 이것들은 자신의 관심이나 권력에 대한 의지를 실현시킬 때도 도움이 된다.

여기에서도 분명히 알 수 있듯이 고정관념은 의미보다는 그 기능에 더 중점을 두고 있다. 본서에서 다루는 고정관념, "루터가 독일인을 히틀러에 대해 복종하도록 만든 장본인"이라는 주장을 예로 들어보자.

이 주장을 옹호하는 탁월한 세 사람은 사적이든지 아니면 직업적으로, 정치적으로 종교개혁가 루터의 명예를 훼손하는데 관심이 있다.

---

24   Berger, Peter L. und Luckmann, Thomas: *Die gesellschaftliche Konstruktion der Wirklichkeit*, S. Fischer: Frankfurt 1969, p. 94–95.
25   Gehlen, p. 104.

① 윌리암 쉬러의 경우는 간단한데, 그는 언론인으로서 그의 독자들에게 다른 민족의 수수께끼 같은 행동양식에 대해 다루기 쉬운 해석을 부여했다. 이렇게 보면 루터에 대한 고정관념도 천명을 잃은 경우와 같은 기저로 작용한다. 그의 경우 고정관념의 확산 뒤에는 직업적인 동기가 숨어 있다.

② 로버트 벤지테트 경은 처칠의 외교정치 수석 자문관으로 그가 루터를 비방한 것은 우선적으로 전술적 정치적인 동기였다. 영국인이지만 히틀러에 저항한 독일인 남편을 둔 부인으로 전쟁 중에 독일에 살았던 크리스타벨 빌렌베르그(Christabel Bielenberg, 1901-2003)는 나중에 다음과 같이 썼다.

"…영국인의 분노를 완전히 자극하지 않는 한 영국인들은 전쟁에 기꺼이 참여하지 않았다."[26]

그러므로 벤지테트는 독일 민족을 그 뿌리가 루터로부터 그 이전으로까지 거슬러 내려가는 사악한 민족으로 연출해야 했다. 이렇게 하여 영국인들의 적개심을 부추겨 전쟁에 임하도록 자극한 것이다. 이 때 벤지테트는 나치를 상대로만 미움을 부추긴 것이 아니라, 독일인 전체 산 자, 죽은 자, 늙은이들도 모두 포함하여 독일 민족 전체에 대한 미움을 부채질했다. 영국인 중 벤지테트의 반대자는 이를 인종주의라고 불렀다. 벤지테트는 이외에도 개인적인 동기가 있었던 것으로 보인다. 여기에 대해서 나중에 다시 다룰 것이다.

---

26 Bielenberg, Christabel: *Eine Englaendern erzaehlt*, C.H. Beck: München 1969, p. 55.

③ 1943년 루터를 "고집 센 하나님을 믿는 야만인"이라고 비방한 토마스 만은 자신이 속한 민족의 어두운 면을 들추어내는데 개인적으로 아주 관심이 많았다. 그는 이 흠집을 독일 민족 공동의 책임이자 자기 어깨 위에도 이미 놓여있는 짐으로 인정함으로, 실제로는 독일 민족의 흠결을 더 두드러지게 했다.

그는 미국인들이 말한 대로 "좋은 독일인"이었다. 미국인들은 이런 유의 게임을 좋아한다. 이 게임은 미국의 지식인들 사이에서 사랑받는 스포츠이다. 베트남전쟁 중에 또 전쟁 후에도 이 스포츠는 특히 부지런히 행해졌다.

이 세 명의 루터 비판가들 중 토마스 만은 시대정신의 영향을 알아볼 수 있는 가장 좋은 예가 된다.

제1차 세계대전 마지막 몇 달간에 토마스 만은 "한 단계 높은 도덕적 차원을 지닌 파렴치한 민주주의에 관하여"[27]에서 신랄하게 비판하였다. 그는 민주화는 "독일 말살정책이다"라고 쓰면서, "내가 이런 비행에 참여해야겠는가?"라고 반문했다.

전쟁이 끝나고 급진적인 경향이 독일을 휩쓸 때, 토마스 만은 자신의 1919년 3월 24일 일기장에 거리로 뛰쳐나가 다음과 같이 소리치고 싶다고 적고 있다.

"서구의 거짓 민주주의를 철폐하라! 독일 만세! 러시아 만세! 공산주

---

27 Mann, Thomas: 〈Betrachtung eines Unpolitischen〉 (1917), *Gesammelte Werke*, Band 12에서 발췌, Aufbau: Berlin 1960, p. 331.

의 만세!"²⁸

그로부터 1년 뒤 토마스 만은 다음의 사실에 만족해했다.

> 뮌헨이 계엄령 하에 나쁘지 않게 '정리되었다'라고 만족해했다. 다행이도 붉은 깃발들이 사라졌다... 군악대가 독일 개선문 앞에서 울려 펴졌고... 나는 망나니 정권 아래에서 보다 군부독재 정권에서 좀 더 자유롭게 숨 쉴 수 있다는 것에 완전히 동의한다.²⁹

그러다가 미국 망명생활에서 그는 "민주주의에 대한 개인적인 생각"을 다음과 같이 말했다.³⁰

"민주주의는 기독교가 이 세상에 가져온 이상적인 모범의 정치적인 이름이다."³¹

하지만 제2차 세계대전 이후 토마스 만은 신생 동독 정부에 대해 우호적인 말을 했다.

"권위적인 인민국가는 어두운 면을 가지고 있다. 그러나 장점은 우둔하고 **뻔뻔한 사람들**의 입을 결국 다물게 하는 것이다."³²

다음 장에서 우리는 루터에 대한 그의 관점이 얼마나 극적으로 변하였는지를 보게 될 것이다. 여기에서는 나는 그가 얼마나 끊임없이 변하는 시대정신의-고정관념적 사고의 특성을 상당히 많이 가지고 있는-

---

28 Mann, Thomas: *Tagesbuecher* 1918–1921, Frankfurt 1979, p. 178.
29 Ibid.: p. 227.
30 Mann: *Gesammelte Werke*, Band 11, p. 853.
31 Ibid., p. 670.
32 Mann: *Gesammelte Werke*, Band 13, p. 796.

영향을 많이 받았는가를 보여주고자 했다.

  토마스 만의 가치적 잣대는 한계적이었다. 그는 찌이데르벨드가 말한 현대사회의 모퉁이 돌인 고정관념으로 점철된 사람이며 이런 현대사회를 대변하는 사람이라 할 수 있다.

  그러면 이런 문화인류학적 관점으로 근대사의 거장이요, 엄격한 기독교인이었던 토마스 만을 평가한다는 것이 가능한 것인가?

  그렇지 않아 보인다.

  토마스 만의 딜레마는 실제 범죄자를 쫓는 경찰을 보고 이미 형성된 고정관념으로 길을 물어봄으로 상황의 본질을 흐리게 하는 비유와 동일하다 하겠다.

제 2장

루터는 악한인가?

　루터를 "제후들의 시녀"라고 보는 고정관념은 개신교 역사만큼이나 오래되었다(그림 6 비교 참조). 이 문구의 지적 재산권의 소유자는 토마스 뮌처(Thomas Müntzer), 바로 루터의 반대자였다. 그는 이 문구를 1524-1526년에 있었던 독일 농민봉기 때 사용했다.

　"제후들의 시녀"라는 개념은 루터를 무소불위한 권력 앞에 서 있는 정적(靜寂)주의[1] 설교자로 그려내었다. 이로 루터는 권력 아래 복종한 자로 검으로 야만적인 무력을 휘두르는 권력자에게 정당성을 부여했다는 것이다.

　루터에 대한 이 고정관념은 교회역사의 만능 소스로, 생각할 수 있는 모든 종교사회학적인 요리에 양념으로 들어간다. 심지어 전 세계의 사상가들의 수많은 해석을 낳은 베트남전쟁 중의 불미스러운 일들 또한

---

[1] 1. 정서적 평정 상태에서 세상을 등지고 살아가는 초연한 삶의 태도. 2. 종교적 이론으로 자신의 소원이나 의지를 내려놓고 하나님의 뜻을 추구하며 하나님과의 일치를 이루려는 것[라틴어 *quietus*는 〈고요한〉을 뜻한다].

루터가 악한이라는 결론에 도달하게 한다. 이 전쟁 시기에 평화를 주장했던 역사가 리차드 마리우스(Richard Marius)는 "밤낮으로 오로지 집중하여… 루터"에 초점을 맞추었다.

그러나 그는 세상이 알게될 것처럼, 완전히 폐기되어야할 루터 전기 속에서 잘못된 방향으로 루터를 들여다보았다. 그가 고향인 테네시 주를 여행하는 동안 전쟁을 비난하기 위해서 이렇게 썼다.

> 나는 종교개혁의 산물인 교회들에게서 적대적인 무리들을 보게 된다. 내가 만난 대부분의 경건한 기독교들인 이들은 베트남 사람들에 대해, 마치 저항하는 농군들을 대하는 루터처럼, 그들을 대했다. 이 사람들은 베트남 사람들이 우리나라의 주권적인 뜻에 반대하는 한 무차별 죽이려고 했다.[2]

우리 시대 루터에 관하여 많이 연구한 중요한 또 다른 인물인 영국의 감리교 신학자인 고든 럽은 어떻게 썼는가?

"계몽주의 이후, 좌편향 자유주의자들이 추구했던 전통들을 루터는 증오했다."[3]

예를 들어보겠다.

현재 독일의 진보주의 큰 두 인물 중의 한 사람인 철학자 프리드리히 엥엘스(Friedrich Engels)는 뮌처가 고안해 낸 "제후의 시녀"라는 표현을

---

[2] Marius, Richard: *Luther*, J.B. Lippincott: Philadelphia 1974, p. 11-12.
[3] Rupp, Gordon: *Martin Luther, Hitler's Cause or Cure?*, Lutterworth: London 1945, p. 13.

1850년 『독일 농민봉기』(Der deutsche Bauernkrieg)에서 새롭게 등장시켰다. 제2차 세계대전과 전쟁 이후, 이 표현은 진보주의 순풍을 타고 이들의 보고서에 선명하게 각인되어 등장하는데, 이런 진보주의자들 중에 한 사람이 바로 토마스 만이었다.

막스주의 저술가인 알렉산더 아부쉬(Alexander Abusch)는 루터를 "독일인의 자유를 파괴하는 사람"이라고 불렀다. 루터의 책인 『강도와 같고 살인적인 농군들의 무리에 대항하여』(Wider die räuberischen und mörderischen Rotten der Bauern)에서, 루터는 "수백 년 동안 반혁명적인 영적 거물"로 남게 되었다.[4]

진보적인 켄터베리 대주교, 윌리암 템플(William Temple) 박사는 다음과 같이 설명했다.

"루터가 히틀러의 길을 예비했다는 것은 쉽게 알 수 있다."[5]

극작가이자 런던 성 바울 성당의 윌리안 잉게(William R. Inge)는 다음과 같이 썼다.

> 한마디로 하면 조악하고 불순한 개혁자이다. 루터가 기독교의 위기 상황에서 나타났다는 것은 인간사의 불행이다…우리는 다만 독일에서의 루터 영향이 끝이 나기를 바랄뿐이다.[6]

---

4 Abusch, Alexander: *Der Irrweg einer Nation*. Ein Beitrag zum Verständnis deutscher Geschichte, Aufbau: Berlin 1949.
5 Temple, William: Malvern 1941. *The Life of the Church and the Order of Society*, Longmans, Green & Co.: London 1941, p. 13.
6 Inge, William: 〈Church of England Newspaper〉, London, 1944년 8월 4일.

잉게는 농민봉기 때 보인 루터의 행동을 다음과 같이 비판하였다.

"루터 교리는 기독교인이 세상적인 권력자에게 저항 없는 복종의 의무를 지게 했다."[7]

잉게의 친구로 프로이센 출신의 교사였던 피터 비너(Peter F. Wiener)는 영국 망명생활 중, 책『마틴 루터, 히틀러의 영적인 조상』(Martin Luther, Hitler's Spiritual Ancestor, 그림 7)을 썼으며, 이를 필두로 영국 논쟁가들의 루터에 관한 비판이 쏟아졌다.

이 책에서 비너는 자칭 자신을 "진정한 기독교인"으로 소개하지만 그는 진정한 기독교를 단지 도덕 법전 정도로만 여겼다 이 책의 표현에는 다음과 같은 것이 나온다.

*루터는 "이성을 배척한다."
*그는 "절대주의를 지지하며 제후들에게 그때까지 가져보지 못한 권력을 쥐어주었다."
*그는 "로마가톨릭도 신자들에게 강요하지 않은 노예 근성을 그의 지지자들에게 심어주었다."
*그는 "히틀러도 능가하지 못할 정도로 유대인 학살을 설교하고, 실제 행하였다."
*그는 "가장 나쁜 형태의 현대 민족주의의 창시자"이다.[8]

---

7   Inge, William: 〈Nationalism auf National Character〉, 〈Quartely Review〉에서 발췌, London 1941, p. 133.

8   Wiener, Peter: *Martin Luther, Hitler's Spiritual Ancestor*, Amer. Atheist Press: London 1949, p. 69 작은 이 소책자에는 원래 내용과는 다르게 변조되어 인용된 내용으로 가득 차 있다. 내가 이것을 언급하는 데는 두 가지 이유가 있다. 1. 이 소책자로 인하여 전쟁이 끝날 즈음에 동시대 루터에 관한 연구에 영향을 미치는 격렬한 논쟁이 일어났다. 2. 또한 이로 인하여 고든 럽이 이 논쟁에 대한 답변으로 *Martin Luther, Hitler's Cause or Cure*?라는 책

(로버트) 밴지테트 경은 독일 혈통을 가지고 있으면서 독일인을 증오하는 비너가 속한 무리 중 한 사람으로 그는 시리즈 책들을 통하여 루터의 이성에 대한 혐오로 인하여 비이성이 독일 민족의 특성이 되었다는 소문을 퍼뜨렸다. 또한 독일 가톨릭도 루터의 영향을 받아 비이성적으로 변하였다고 주장했다.

그리고 밴지테트는 루터가 말한 "이성은 악마의 창부이다"[9]를 인용하며 루터에 관한 고정관념을 형성하였으나, 원래 루터의 원문에 이 문장 앞에 나오는 다음의 문장을 떼어버렸다.

"이성이 감히 사람을 속여서 하나님의 은혜에 이르는 방법이라고 할 때에, 그 때에 이성은 악마의 창부가 된다."

이것은 모든 종파의 기독교인들이 동의하는 내용이다. 이 부분에 대해서 다음 장에 다시 설명할 것이다.

이번에는 윌리엄 쉬러(그림 8)로 그의 루터에 관한 공격은 제2차 세계대전과 그 이후 오늘날까지 앵글로색슨족의 루터에 관한 생각에 영향을 주었다.

그는 이렇게 쓰고 있다.

> 야만적인 반유대주의자요 로마 가톨릭을 증오하는 자의 광폭함이 독일의 가장 좋은 것과 나쁜 특성 속에 혼합되었다-조잡성, 격렬함, 환상주의, 무절제, 폭력성 그러나 정직성, 검소함, 양심, 하나님 앞

을 쓰게 되었고 이 책은 20세기 영국 역사 관련 서적 중에 가장 인정받는 논거 중 하나로 꼽힌다.

9 Vansittart, Lord: *Lessons of Life*, Alfred A. Knopf: New York 1943, p. 221.

> 에서의 책임감, 지식욕, 음악과 시에 대한 사랑이 독일인의 삶에 부정적인 면만큼 긍정적인 면도 함께 지워질 수 없는 운명처럼 이전에도 이후에도 영향을 주고 있다.[...] 그러나 다른 한편으로 독일 민족들에게는 비극적으로 농민봉기에서(상당 부분 루터에게 원인을 찾을 수 있다) 루터가 제후들의 편을 든 것과 정치적인 독재주의에 대한 편향성은 생각 없는 편협한 절대주의를 강화하여 다수의 독일인들을 가난, 끔찍한 우둔함과 자신을 낮추는 비굴함의 나락으로 떨어지게 했다.[10]

영어권 책인 쉬러의 『제3제국의 부흥과 멸망』이 1960년 처음으로 나왔다. 그러나 루터에 대한 비난에 관한 책은 이미 15년에서 17년 전에 출간되었었다. 뤼벡 출신의 루터교인인 토마스 만(그림 9)이 루터 비판에 관한 책을 썼다.

그런데 어떻게 토마스 만은 그의 견해를 중간에 바꾸었을까?

1917년 그는 루터의 종교개혁을 이렇게 칭찬했다.

"... 진정한 독일의 위엄을 드러내는 사건... 영혼의 사건과 사실."

이에 대해 그는 설명하지도 않았을 뿐 아니라 비판하지도 않았다. 그는 "종교개혁은 순전한 삶이다"라고 했다.[11] 그러나 미국으로 망명한 후에 그는 쉬러와 같은 말을 했다. 여기에서 그가 루터에 관하여 언급한 몇가지 표현을 적어보겠다.

---

10 Schirer: *Aufstieg und Fall*, p. 89.
11 Mann: *Gesammelte Werke*, Band 12, p. 514.

*화를 잘 내고 거칠다¹²

*열광적인 민족주의자이며 반유대주의자, 음악적 재능에 독일어 고안자¹³

*그의 성경 번역은 우선적으로 문학적인 행위이며…정치적 종교적으로 분열된 나라를 문학적으로 통합시켰다.¹⁴

*독일적인 것의 거대한 화신… 나는 그를 좋아하지 않는다는 것을 공식적으로 말한다.… 그의 순수 독일적인 것과 분열과 반유대주의와 반 유럽적인 정서는 나에게는 낯설고 불안감을 준다.¹⁵ 그는 자유에 대해 무지하며…시민, 청구권 등을 깊은 영혼에서부터 싫어한다.¹⁶

*하나님이 인정하신 권위 앞에 복종하는 민족으로 키운 사람이다.¹⁷

*그는 농민봉기를 증오했다.… 만약 농민봉기가 성공했더라면 전 독일 역사에서 행복한 전환점 즉 자유로의 전환이 있었을 것이다.… 그는 농민들을 미친개처럼 두들겨 패서 죽게 했다.… 첫 혁명의 시도가 비극적인 끝을 맞은 것은… 독일인 루터가 상당한 책임을 져야 한다.¹⁸

---

12 Mann, Thomas: *Gesammelte Werke* Band 10에서 〈*Die drei Gewaltigen*〉, S. Fischer: Berlin 1960, p. 375. 만은 이 에세이를 1943년에 썼지만 발표는 베를린 월간지인 〈Monat〉에 1949년에 했다.
13 Ibid., p. 375 이하.
14 Ibid., p. 376.
15 Mann, Thomas: *Gesammelte Werke* Band 11에서 〈*Deutschland und Deutschen*〉, S. Fischer: Berlin 1960, p. 1132-1133.
16 Ibid., p. 134.
17 Mann: 〈Die drei Gewaltigen〉, p. 375.
18 Mann: 〈Deutschland und Deutschen〉, p. 1134.

앞에서 말한 바와 같이 나중에 토마스 만이 한 말은 쉬러가 한 말과 비슷하다. 그래서 나는 쉬러에게 편지로 혹시 토마스 만을 개인적으로 아는지 물어본 적이 있다.

쉬러의 대답은 다음과 같았다.

> 그는 나의 친구 중 한 사람이다. 가끔 식 그와 함께 내 논문이나 책에 대해 이야기를 나누기도 했다. 그렇지만 제3제국에 관한 나의 책에 관해서는 이야기 한 적이 없는 것 같다. 내가 이 책을 쓰기 시작할 때 만(Mann)은 이미 유럽으로 돌아갔었다.

여기에 쉬러는 덧붙여서, 그는 악의 길로 들어선 독일에 관한 우화적인 토마스 만의 소설 『파우스트 박사』(Dokor Faust)를 읽었다고 했다. 이 작품에는 루터가 격정적이고 거칠며 민족주의적인 신학자로 바뀌어 등장한다. 이 책에 등장하는 남자가 사탄을 향하여 빵을 던지는 장면이 나오는데, 이것은 루터가 사탄을 향하여 잉크병을 던졌다는 전설을 연상하게 한다.

그렇다면 토마스 만이 자신의 친구 윌리암 쉬러가 루터에 대한 이런 관점을 가지도록 많은 영향을 주었다고 가정한다면, 그러면 누가 만(Mann)의 생각에 영향을 주었는가를 생각해 보지 않을 수 없다.

괴팅엔의 신학자 마틴 되르네(Martin Doerne)[19]는 에른스트 트뢸취(Ernst troeltsch)가 가진 관점을 대변한다. 토마스 만은 신학자이자 철학자인 트

---

19 Doerne, Martin: ⟨Thomas Mann und das protestantische Christentum⟩, ⟨Sammlung. Zeitschrift für Kultur und Erziehung⟩ 11년도 분에서 발췌, Hermann, Göttingen 1956.

뢸취와 개인적인 친분이 있다. 트뢸취와 연관된 사람은 피터 비너(Peter F. Wiener), 미국 신학자 라인홀드 니버(Reinhold Niebuhr)와 다른 많은 저술가와 학자들이다. 트뢸취는 루터의 종교개혁의 중요한 특징들은 아직 중세 시대에 머무른다고 주장한 인물이다.

따라서 토마스 만도 이렇게 쓰고 있다.

"루터는 사고방식이나 영적인 관점에서 상당한 부분 중세 시대의 사람이다.... 그는 자신의 생애 동안 사탄과 맞붙어 싸웠다."[20]

루터와 루터의 교리는 중요한 부분이 중세 시대에 속한다는 트뢸취의 주장이 토마스 만의 작품 『파우스트 박사』의 첫 장과 마지막 장인 가상의 튀링엔의 작은 도시 카이저스아세른(Kaisersaschern)에 그대로 반영되어 나온다.

트뢸취는 나의 연구의 주제인 루터에 대한 고정관념, 예를 들면, 루터가 제후들의 편을 든 것과 그의 정치적인 독재주의에 대한 편향성은 생각 없는 편협한 절대주의를 강화하여 다수의 독일인들을 가난, 끔직한 우둔함과 자신을 낮추는 비굴함의 나락으로 떨어지게 했다는 고정관점을 생성시킨 열쇠가 되는 인물이기 때문에, 그에 대해서는 이 장의 후반부에서 다시 상세히 다룰 것이다.[21]

그전에 루터에 관한 2가지 비난에 대해 잠시 다루고자 한다.

---

20 Mann: *Deutschland und Deutschen*, p. 1130.
21 Shirer: *Aufstieg und Fall*, p. 89.

① 루터는 열광적인 민족주의자로 가장 악랄한 형태의 현대적인 민족주의 창시자요(만),
② 격정적인 반유대주의자(비너)이다.

두 가지 주장은, 안톤 찌이데르벨드의 분류에 의하면, 명백한 고정관념으로 중요한 상대적인 요소들을 배제시켰다.
예를 들면 다음과 같다.

① **민족주의라는 고정관념**.
상대적인 요소: '민족주의'는 루터가 죽고 난 다음 250년 후에 형성된 개념이다. 민족주의 탄생은 디트리히 본회퍼에 의하면 프랑스 시민 혁명 때라고 한다.
"그 이전에는 민족에 관한 의식 자체가 상당히 왕조주의의 성격을 띠고 있다."[22]
브라이트 고든 럽(Brite Gorden Rupp)은 다음과 같이 썼다.

> 루터가 애국주의자였다는 것은 부정하지 않는다…그러나 그가 민족주의자를 종교화했다는 주장은 수백 개의 반대 증거를 대어 반박할 수 있다. 루터의 교리가 만약 민족주의였다면, 핀란드나 노르웨이가 루터교로 개종하지도 않았을 것이며 미국에 루터 교리가 퍼지지도 못했을 것이다.[23]

22 Bohnhoeffer, Dietrich: *Ethik*, Kaiser: München 1953, p. 39.
23 Rupp, p. 76.

② 반유대주의라는 고정관념.

상대적인 요소:

a) '반유대주의'라는 개념은 인종차별을 전제로 한다. 이것은 16세기 당시의 사람들에게는 낯설은 개념이다. 예를 들면 루터는 로마가톨릭의 기독교인과 유대인 간의 결혼을 금지한 조항을 비웃었다.

> 결혼은 외적 속세적인 것이며…내가 이방인, 유대인, 터키인, 이교도들과 먹고 마시고 자고 말 타고 물건을 사러가고 이야기하고 행동하는 것처럼, 나는 그들과 결혼하고 살 수도 있다. 말도 안 되는 금지 조항을 지킬 필요는 없다.[24]

어느 인종차별주의자가 이렇게 말하겠는가?

소위 뉘른베르그법의(1935년 제정된 법으로 이 법으로 인하여 유대인 박해가 법적으로 정당화된 계기가 마련되었다–역주) 영적인 아버지라 불리는 사람이 할 말이 아니다.

b) 루터는 생애 중 가장 왕성했던 중년에 기독교인들이 유대인들을 형제처럼 대하라고 권면했다. 기독교인들이 유대인들을 대하듯이 만약 사도들이(그들은 모두 유대인임) 이방인들을 지나쳐버렸다면 이방인 중에 아무도 기독교인이 되지 못했을 것이라고 루터는 쓰고 있다. 또한 그는 예수님이 이방인이 아니라 유대인이셨음을 상기시켰다.

---

24 WA 10 II, p. 283, 8–16.

c) 노년에 루터는 신학적으로 그러나 결코 인종차별주의가 바탕이 아닌 유대적대주의를 맹렬하게 주장했다. 그는 복음이 유대인들에게 순전히 제시되지만, 유대인들이 꽉 막혀서 완고하여 복음을 받아들이지 않는다고 비난했다.

그는 죽기 전 바로 논란이 되는 『유대인들과 그들의 거짓말』(*Von den Juden und ihren Lügen*)이라는 책을 썼다. 여기에서 그는 회당을 불태우고 유대인들의 집을 부수고, 그들의 기도책들을 빼앗고 그들이 하는 대부업을 금지하고 육체적인 일을 시키라고 쓰고 있다. 이 책으로 인하여 루터교 교회에서는 수백 년 동안 큰 당혹감을 감출 수 없었다.

독실한 루터주의자 고든 럽의 말을 인용하겠다.

> 내가 성 히에로니무스(St. Hieronymus)가 쓴 몇 개의 서한이나 토마스 무어(Thomas More)의 책에 나오는 몇 개의 문장 그리고 계시록의 몇 개의 장들을 부끄러워하듯이 나도 루터의 이 책에 대해 부끄러워할 수밖에 없다는 것을 고백한다. 그러나 한 가지 중요한 것은 이 저자들이 예수님으로부터 이렇게 배우지 않았다는 것과 더 다행인 것은 그들이 우리에게 전달하고자 하는 주 내용이 그것이 아니었다는 것이다."[25]

---

25 Rupp, p. 76.

1. 고정관념의 근원

루터에서 시작하여 히틀러를 통해 완성되었다는 기형적인 신화는 "독일 기독교인들(정치적인 기독교인들-역주)의 신앙운동"의 발명품이다. 네덜란드 신학자 하이코 오버만(Heiko Obermann)은 루터로 인하여 히틀러에 저항하려는 의지를 "혼란스러운 방식으로 약화시켰다"라고 볼 수 있다고 썼다.[26]

오버만은 헤르만 비더만(Hermann Wiedermann)이 1935년 종교개혁의 날 "오늘날 히틀러는 독일 민족국가의 스승인 루터의 당시 모습 그대로이다"라고 소리친 독일 기독교인들의 외침을 상기시켰다.

오버만에 따르면 민족사회주의자들이 루터를 민족의 영웅으로 치켜세운 것은 그 뿌리가 루터의 탄생 400주년을 기념하는 비스마르크 시대로 거슬러간다. 종교개혁가 루터의 탄생 400년이 되던 1883년을 계기로 루터는 민족 단일화의 상징이 되었다.

1933년 후 종교개혁가 루터는 저명한 루터 전문가들로부터 민족사회주의자로 일치를 보게 되었으며 이로 인하여 그의 신학은 하나의 이데올로기라는 감옥 안에 갇히게 되었다. 이 현상은 후에 계속적으로 다른 이름으로 반복 재생된다. "임마누엘 히르쉬(Immanuel Hirsch)와 프리드리히 고가르텐(Friedrich Gogarten)이 각 민족들과 기독교인들이 민족사회주의의 위협을 받고 있다는 사실에 무지한 것처럼 보였다"라고 하이델베르그대학교 조직신학 교수 하인쯔 에듀아르드 퇴트(Heinz Eduard Tödt

---

26　Obermann, Heiko A.: 〈The Nationalist Conscription of Martin Luther〉, *Piety, Politics, and Ethics*, Sixteenth Century Journal에서 발췌: Kirksville 1984, p. 71.

1918-1991)은 썼다.

"그들은 개신교회와 전제 국가가 서로 평화롭고 조화로운 공존을 신학적으로 공인하는 목적으로 두 왕국설을 사용하였다."[27]

퇴트는 이로 인한 결과를 비판하였다. "루터교 교회연합과 이원론적인 또는 양극단적인 두 왕국설 사이에 등식"이 성립되었으며, 이것이 우리가 살펴보게 될 고정관념이었다. 퇴트는 그들이 정통적인 두 왕국 설과 오늘날 문맥에 맞는 신학적 도덕적 의미로 돌아가기를 촉구하였다.

"독일 기독교인들의 신앙운동"에서 루터의 의도와 말에 반대되는 것들이 포함되어 교리를 왜곡시켰다 하더라도 이것이 앵글로색슨족의 나라들에 퍼져있는 비논리적이며 오류로 점철된 루터의 평에 대한 근원은 아니다.

이 나라들에서 루터는 오늘날 여전히 자주 이중적인 도덕(세상에서의 공식적인 도덕과 기독교인 개인의 사적인 도덕)을 가르치는 설교자로 비난받고 있다.

다시 에른스트 트뢸취(Ernst Troeltsch, 그림 10)로 돌아가서 그는 자신의 『기독교회와 공동체의 사회적인 교리』(*Soziallehren der christlichen Kirchen und Gruppen*)[28]라는 책에서 다음과 같이 주장했다.

"루터의 생각은 권력 앞에서 노예적인 순종을 요구했다."

---

27 Tödt, Heinz-Eduard: 〈Die Bedeutung von Luthers Reiche- und Regiementenlehre fur heutige Theologie und Ethik〉, *Gottes Wirken in seiner Welt*. **두 왕국설에 관한 논쟁** 제2권에서 발췌, Niels Hasselmann, Lutherisches Verlagshaus: Hamburg 1980. *Zur Diskussion um die Zweireichelehre*, Band 2에서 발췌.

28 Troeltsch, Ernst: *Gesammelte Schriften* Band 1: 〈Die Soziallehren der christlichen Kirchen und Gruppen〉, Mohr: Tübingen 1912.

나아가 트뢸취는 "권력에 대한 루터의 찬양은 이 후 바로 마키아벨리로 옮겨 간다"라고 말했다.

고정관념이 가지고 있는 속성상 뒤틀린 루터 교리에 관한 이미지는 여전히 영미 신학자들과 세속적인 저자들에 의해 단순화되고 더 심도 있게 다루어지고 있으며 나아가 더 심하게 왜곡되어지고 있다.

1) 고정관념의 근원: 에른스트 트뢸취

루터에 대한 공격은 개신교 내의 기독교 신학에 대한 근본적인 분쟁에 그 뿌리를 두고 있다.

루터에 대한 공격은 문화인류학적인가?

즉, 이 공격은 한 인간에 초점이 맞추어져 있는가?

아니면 그리스도 중심인가?

다시 말하면 이 공격의 초점은 우선적으로 십자가에 못 박힌 예수님에게 맞추어져 있는가?

또 다르게 표현하면 개신교 신학이 우선적으로 막스레닌주의처럼 세상적인 도덕적 사회적 이론인가?

예를 들면 독일 복음교회연합(EKD)의 의장이었던 마곳 케스만(Margot Kaessmann)이 2010년에 하필이면 루터교 교회인 드레스덴 프라우엔 교회의 강단에서 힌두쿠시 지역에 독일 군대 투입을 비판한 것처럼, 개신교 신학의 주 임무가 이 세상의 삶에 도움을 주는 것과 시사적인 사회문제에 대한 조언을 주는 것인가?

아니면 개신교 신학은 최우선적으로 루터의 핵심적인 질문에 답을 주는 구원의 교리인가?

사람이 은혜로운 하나님을 어떻게 만나는가?

나중에 다시 언급하겠지만 이 질문은 십자가 아래에 서 있는 기독교인들의 매일의 삶에도 중요하다는 것은 두 말할 필요도 없다.

첫 번째 언급한 것이 영미권의 자유주의 신학의 특징이며 이 신학은 독일에서 나와 오늘날은 20개의 독일복음교회연합(EKD) 소속교회의 사무국을 지배하고 있으며, 이들은 무슬림 난민들의 유럽 유입을 하나님이 원하시는 미션의 기회로 환영하는 것에 별 달가워하지 않는다.

그들은 무슬림 난민과의 관계를 윤리적인 관점에 더 많은 무게를 두고 마태복음 25장의 관점에서 이해하지만[29] 부활하신 예수님이 마태복음 마지막 장에 하신 미션 명령에는 침묵을 지키고 있다.[30]

두 번째 관점은 그와 달리 루터주의자들이 말하는 하나님과 함께 하는 영생, 즉 구원의 확신을 다루는 것이다. 더 정확하게 말하면 거의 2000년 동안 기독교 신학의 가장 근본적인 기초가 되는 것으로 이슬람에게는 존재하지 않는 것이다. 주(州) 교회 소속 신학자들은—은혜로운 하나님으로 돌아가자는 루터의 교리—종교개혁 500주년을 기념하는 때

---

[29] 마 25: 35-40: 내가 주릴 때에 너희가 먹을 것을 주었고 목마를 때에 마시게 하였고 나그네 되었을 때에 영접하였고 헐벗었을 때에 옷을 입혔고 병들었을 때에 돌보았고 옥에 갇혔을 때에 와서 보았느니라. 이에 의인들이 대답하여 이르되 주여 우리가 어느 때에 주께서 주리신 것을 보고 음식을 대접하였으며 목마르신 것을 보고 마시게 하였나이까? 어느 때에 나그네 되신 것을 보고 영접하였으며 헐벗으신 것을 보고 옷 입혔나이까? 어느 때에 병드신 것이나 옥에 갇히신 것을 보고 가서 뵈었나이까 하리니, 임금이 대답하여 이르시되 내가 진실로 너희에게 이르노니 너희가 여기 내 형제 중에 지극히 작은 자 하나에게 한 것이 곧 내게 한 것이니라 하시고.

[30] 마 28: 19-20: 그러므로 너희는 가서 모든 민족을 제자로 삼아 아버지와 아들과 성령의 이름으로 세례를 베풀고 내가 너희에게 분부한 모든 것을 가르쳐 지키게 하라. 볼지어다 내가 세상 끝날까지 너희와 항상 함께 있으리라 하시니라.

를 맞추어 구원의 확신에 대하여 동감하는 듯한 웃음을 보낸다.

여기에서 나는 독자들과 함께 20세기 개신교 사상사로 작은 산책을 하고자 한다. 보스턴 출신의 교회사가인 카터 린드버그(Carter Lindberg)는 미국의 루터에 대한 해석은 "거의 에른스트 트뢸취에 의존해 있었다"라고 말했다.[31]

이것은 앞 장의 마지막에서 제시한 바와 같이 영국도 마찬가지이다. 트뢸취의 책을 펴낸 출판인 로버트 모건(Robert Morgan)은 다음과 같이 말했다.

"트뢸취는 영어권에서 잘 알려져 있는 것에 비해 독일에서는 덜 알려진 인물이다."[32]

독일에서는 믿음을 잃어버린 우울한 이미지의 트뢸취 때문에 사람들이 그의 책에 대해서도 신뢰하지 않았다.

트뢸취는 우리가 "고통스러운 종교의 위기"[33] 가운데 있다고 보았으며, 이 원인을 지금까지 기독교의 근간이 되는 사상의 학문적인 혼란으로 꼽았다.

31　Linberg, Carter: *Piety, Politics, and ethics*, Sixteenth Century Journal Publishers, Northeast Missouri State University: Kirksville 1984, p. Ⅷ.

32　Morgan, Robert und Pye, Michael: *Ernst Troeltsch, Writings on Theology and Religion*, John Knox Press: Atlanta 1977, p. 6.

33　Troeltsch, Ernst: *Gesammelte Schriften* Band 2: 〈Zur religiösen Lage, Religionsphilosophie und Ethik〉, Mohr, Tübingen 1913, p. 230.

> 이 학문적인 혼란은 역사적으로는 요한계시록과 구원의 역사이며, 형이상학적 믿음의 내용에 관하여서는 예언과 기적, 인간으로 낮아진 하나님의 형상, 계시된 도덕적 계명, 천국과 지옥, 육체를 지배하는 영의 힘, 그리고 교회라는 기관과 규범에 대한 믿음이다.[34]

모건은 트뢸취를 기독교 정통을[35] 어긴 신학자라고 보았다. 트뢸취는 열정적으로 하나님 예수님의 중요성을 믿었으나 그 한계가 현대적 역사적 현실을 이해하는 테두리 안에서였으며, 그는 하나님에 대한 믿음과 예수님에 대한 정통적인 평가와 견해를 일치하지 않았다. 따라서 그는 삼위일체와 하나님의 성육신에 대한 핵심적인 교리를 거부했다.

그는 이렇게 썼다.

> 인간화한 예수님에게 교회에서 말하는 예수님에 대한 평가를 적용하다는 것은, 자유주의 신학이 거듭 말하고 있듯이 불가능하며 말도 안 되는 역설이다.[36]

그는 예수님을 시간과 공간이라는 창고 안에 계신 기묘하나 중요하지 않은 인물로 보았으며 어떤 일종의 상징이나 합일점 정도이지 하나님으로는 보지 않았다. 트뢸취는 기독교를 지금까지 이루어온 종교적 발전

---

34 Troeltsch, Ernst: *Die wissenschatliche Lage und ihre Anforderungen an die Theologie*, Mohr: Tübingen 1900, p. 8.
35 문자 그대로: 정통 기독교.
36 Ibid., p. 846.

의 최고점에 있는 것으로 보았으나 최고점을 찍고 가라앉고 있는 배라고 했다.

이 가라앉고 있는 배를 물위에 떠 있게 하기 위해서는 "부차적인 교리들"은 갑판에서 던져버려야 한다며 트뢸취는 다음과 같은 예를 제시했다.

① 예수님이 하나님이라는 교리; 예수님은 다른 종교 교주들과 질적으로 구분되지 않는다.[37]
② 삼위일체와 성육신의 교리: 두 교리는 역사적인 토대 위에 근간을 둔 신학에서 받아들일 수 없다.
③ 죄에 대한 개념: 이는 비종교적이고 비논리적이라 현대 영적인 정서에 맞지 않다.[38]
④ 다른 종교들은 "자연" 계시로 충분한데 비해, 기독교는 초자연 계시를 받은 제한적인 사람들에 의해 이루어진 종교라는 것이다. 트뢸취는 계시는 역사 속에 흔적을 남기지 않기 때문에 기독교를 증명하는데 부적절한 수단이라고 보았다.

이와 유사한 신학적 생각들이 디트리히 본회퍼가 1930/1931년에 뉴욕 유니온신학교에서 공부하고 있을 즈음 미국에서 대유행이었다. 이 신학교에서는 트뢸취의 미국인 제자이자 토마스 만과 친구였던 라인홀

---

[37] 참조. Schlippe, Gunnar: *Die Absolutheit des Christentums bei Ernst Troeltsch auf dem Hintergrund der Denkfelder des 19. Jahrhunderts*, Degener: Neustadt 1966, p. 19.

[38] Ibid..

드 니버(Reinhold Niebuhr)가 교수로 가르치고 있었다. 니버는 종교를 다음과 같이 정의하였다.

"거룩함을 경험하다는 것은 선함, 아름다움, 진리 그리고 거룩을 경험하는 것이다"[39]

본회퍼는 이 정의가 부적절하다고 여겼다. 그는 소위 미국의 현대적인 신학교에서 트뢸취가 독일에서 이미 예전에 갑판 밖으로 던져버린 그것들이 도리어 아쉬웠다. 바로 그것은 그리스도론이었다.

본회퍼는 여기에 더 추가하여 말했다.

> 미국의 신학은 기독교를 본질적으로 종교와 윤리라고 본다. 그러나 이것은 예수님 자체와 예수님의 역사를 이해하지 못한 채 이를 신학에서 뒤로 밀쳐두는 것이다.[40]

"고등 기독론"은 먼저 하나님이면서 인간의 모습을 가지신 예수님을 다루고 있으며, 이는 보수 루터파의 특징이다. 미국에서 본회퍼의 스코틀랜드 출신 스승이었던 잔 베일리(John Baillie) 교수는 그로부터 15년 후에 자신의 목숨을 걸고 히틀러에 대항했던 젊은 독일인의 정통 보수 루터주의를 보고 놀랐다고 했다. 그는 한 번도 본회퍼처럼 자유주의 신학에 고집스럽게 반대한 사람을 만난 적이 없다고 쓴 적이 없다.[41]

---

[39] Bethge, Eberhard: *Dietrich Bonhoeffer. Theologe, Christ, Zeitgenosse*, Chr. Kaiser: München 1967, p. 198(원본 인용은 영어).
[40] Ibid., p. 196.
[41] Ibid., p. 359.

미국의 자유주의 신학과 정통 루터주의 신학의 대조는 아무리 강조해도 지나침이 없다. 왜냐하면 루터주의 사고방식과 행동양식이 앵글로색슨족 정치인들에게는 한 번도 설명된 적이 없는 생소한 것이라는 나의 주장의 근거로 두 신학의 대조가 사용되기 때문이다.

미국의 프랭클린 루즈벨트 대통령의 49명 신학자문위원 중 한 사람도 루터교도는 없었다.[42] 이는 1941년부터 미국이 루터의 나라와 전쟁 중에 있었으며 동시에 루터가 히틀러의 길을 예비했다는 종교사회학적인 편견이 앵글로색슨족 사회에 널리 퍼져있었다는 것을 감안한다면 우려할만한 놀라운 사실이었다.

본회퍼가 쓴 당시 미국의 종교성에 대한 묘사는 오늘날도 여전히 동일하다.

> 어떤 세상적인 악에 대한 교회의 조직된 전쟁, 즉 '캠페인,' '십자군 원정'은 루터교에서는 아예 찾아보기 힘들다. 이 십자군 원정의 연속이 앵글로색슨족의 국가에서는 여전히 교회와 신앙생활의 특징 중에 하나이다. 인간적인 문제에서 출발하여 해결점을 찾는 방식은 없어져야한다. 이것은 비성경적이다. 세상에서 출발하여 하나님께로 가 아니라 하나님으로부터 출발하여 세상으로 가는 것이 예수님이 가신 길이므로 모든 기독교적인 사고방식 또한 이러해야 한다.[43]

---

42 Klingbeil, Kurt A.: 〈F.D.R. and American Religious Leaders〉, New York University 1972, 공식 출간 되지 않은 박사논문.

43 Bethge, p. 277-278.

이 방식은 니버의 논문 『도덕적 인간과 비도덕적 사회』(*Moral Man and Immoral Society*)에서 볼 수 있는 신학과는 완전히 반대되는 것이다. 본회퍼가 니버를 알았을 즈음에 펴낸 『윤리와 정치』라는 책에서 니버는 그리스도론에 대해서는 적게 언급하면서 칼 막스에 대해서는 많은 지면을 할애했다.

니버의 시각에 대해 후에 래리 라스무센(Rarry Rassmussen)은 그의 전기에서 다음과 같이 쓰고 있다.

> 그에게는 소요와 전쟁으로 가득했던 그 시대에 통일성 있는 의미를 부여하기에는 기독교 보수주의나 세속화된 자유주의보다 칼막스주의가 더 적합해 보였다.

니버는 새롭고 정의로운 사회질서를 확립하는 것에 굉장한 열정을 보였으며 전쟁 전에는 막스주의를 정의를 만들어줄 적합한 교통수단으로 여겼다. 그러나 전쟁 후에 그는 바젤 출신의 신학자 칼 바르트(Karl Barth)의 분노를 언급하면서 격렬한 반공산주의자가 된다.

사회윤리학자 래리 라스무센은 니버에 대해 한편으로는 자유주의를 "유약한 이상주의"라고 비판하면서 다른 한편으로는 "독일신학과 미국식 종교와 세상적인 자유주의의 기본적인 요소를 모두 담고 있다"라고 쓰고 있다.

> 에른스트 트뢸취처럼, 알려진 것보다 더 많은 영향력을 가진 니버는 인간의 욕구, 능력과 책임감을 자신의 신학적 출발점으로 여겼

으며, 이것은 개신교 자유주의 신학의 출발점과 동일하다.[44]

니버가 뉴욕에서 자신의 롤 모델이었던 트뢸취를 따라 "현실성," "종교성" 그리고 "윤리"를 강조할 때, 본회퍼는 계시신학, 칭의론 그리고 종말론(루터교의 주 항목들임)을 그의 논문 주제로 삼았다.

본회퍼의 루터 교리는 니버를 자극했다. 그는 트뢸취의 루터에 관한 부정적인 평가를 받아들인 것을 뛰어넘어 종교개혁가 루터를 더 무지막지하게 비판했다.

니버는 루터의 "신비주의적 성향"도 비판했다. 그는 루터식의 종교개혁은 인간의 공동체적 삶에서 어떻게 좀 더 정의를 이루어갈 것인가에 대해 한마디로 비겁했으며,[45] 루터는 기독교인들이 형제사랑을 실천해야하는 요구에 부응하여 사회 조직을 바꾸어나가는 것을 기독교인의 의무로 보지 않았다고 말했다.[46]

또한 루터교는 사회정의를 만들어갈 논리적인 기준을 발전시켜나가는 것에 무능력했다고 비판했다. 니버는 이것을 사회윤리학 분야에 루터의 교리가 취약하다는 증거라고 평가했다.[47]

이리하여 트뢸취의 생각은 틀에 박힌 채 고정관념화되는 길을 걷게 되었다. 이 고정관념은 다시 다른 사람에게로 전파되었다. 바로 정치학

44　Rassmussen, Larry: *Reinhold Niebuhr. Theologian of Public Life*, Fortress: Minneapolis 1991, p. 25.
45　Nieburh, Reinhold: *The Nature and Destiny of Man*, Charles Scriner's Sons: New York 1964. Band 2, p. 192.
46　Ibid., p. 193.
47　Ibid., p. 197.

교수이자 고고학자, 모험가였던 윌리엄 몽고메리 맥고번(William Montgomery McGovern)으로, 그는 트뢸취의 루터의 신비주의에 대한 비난을 더 응축시켜 "루터는 제후들에게 맹목적으로 순종하여야 한다고 가르쳤다"[48]라며 더 쉽게 일반화시켜버렸다.

영국에서 소위 "우울한 대 신학자" 윌리엄 잉게 트뢸취는 다음과 같이 루터의 교리를 왜곡시켰다.

"루터의 교리에 의하면 기독교인은 모든 공식적인 행동에 있어서 세상적인 권력에 대해 반대 없는 순종을 할 의무가 있다."[49]

그의 친구 피터 비너는 트뢸취의 인용 문구에서 악의적으로 일부를 누락시킴으로 사실을 날조했다.

> 루터교리는…영토절대주의의 길을 터주었다… 근대 국가는 한 가지 일에 집중했는데, 바로 근대적인 절대주의를 신봉하도록 부추기는 것이었다.

비너가 루터 교리에 관한 트뢸취의 말에 빠뜨린 것은 다음과 같다.

> 루터가 원칙적으로 군주주의나 절대주의적인 성향을 가진 것은 아니다.…단지 절대주의와 기사령이 일어났던 중부와 북부 독일에서만 '오스텔비어툼'(Ostelbiertum)이라고 불리는 충성주의가 발달해 있

---

[48] McGovern, William Montgomery: *From Luther to Hitler*. Houhthon: Cambridge 1941, p. 34.
[49] Inge, p. 133.

었기 때문이었다. 독일 제국주의 도시들에는 귀족주의나 공화당주의적인 통치가 숭상화되어 있었다. 절대적인 지배력을 행사하는 귀족이 없었던 뷰르템부르그(Wuertemburg)에서는 통치자를 세우는데 시민적 농민적인 민주주의 사상이 전파되지 못하고 흐지부지 없어져버렸다. 군부 민족국가였던 스웨덴에서는 구스타프 아돌프 왕의 공격적인 정복 정치가…덴마크와 노르웨이에서는 뿌리 깊은 농민민주주의가 오늘날 경건주의 색을 띤 루터교와 밀착하여 발달해 있으며, 미국에서는 민주주의의 보호아래 가장 정통 보수적인 루터주의가 꽃을 피웠다.[50]

이 부분이 누락되면서 진술한 학문적인 분석의 일부가 개인적이거나 정치적인 의제에 부합하도록 왜곡되어 고정관념화되었다. 이것은 트뢸취의 글에서 나타나는 상대적인 요소들을 단순화, 과장, 그리고 누락 등의 과정을 통하여 성취하였다.

트뢸취는 루터의 명예를 훼손하고자하는 의도는 전혀 없었던 것으로 보인다. 하지만 트뢸취는 학문의 무오성에 대한 그의 믿음을 슬프게도 자신의 기독교적인 믿음의 우위에 두었던 신학자였다. 자신의 학문적인 관점으로 인하여 그는 루터의 **"오직 성경"**(sola scriptura, 성경만이 세상적인

50　Troeltsch, Ernst: *Gesammelte Schriften*, Band: 〈Die Soziallehren der christlichen Kirchen und Gruppen〉, Mohr: Tübingen 1912. p. 602. / 오스텔비어툼(Ostelbiertum), 오스텔비어(Ostelbier): 오스트빈 지역의 넓은 땅을 가지고 있는 지주를 'Ostelbier' 또는 'Junker'라고 불렀으며 그들은 일상에서 중요한 일들을 결정하는 역할을 하였다. 그들은 대부분이 지역을 정치적으로 통치하였고 구 프로이센의 귀족으로 전 독일 영역에 정치적인 영향력을 행사하고 의사결정을 하였다(출처: de.wikipedis.org).

권력에 관한 성경적인 근거를 제시하는 루터의 교리[롬 13장 참조]를 포함하여 모든 교리를 판단할 수 있는 유일한 기준)으로라는 종교개혁의 원칙에 접근하지 못한 것으로 보인다.

다음과 같이 요약 할 수 있다. 트뢸취의 견해는 니버나 잉게와 같이 그리스도론적인 관점이 아니라 윤리적인 관점을 중요시하는 앵글로색슨족의 자유주의 신학자들의 관점을 그대로 받아들였다. 이들의 논리는 토마스 만, 쉬러, 비너와 같은 세상적인 비평가들에게 받아들여져서 다시 그들에 의해 전파되었다. 이리하여 비틀어진 루터에 대한 상을 만들어 종교개혁가 루터를 독일을 포함하여 전 세계적으로 왜곡시켰다.

'제후의 시녀'라는 고정관념이 사회윤리학적인 관점의 왜곡된 종교개혁가의 상에 그 뿌리를 두고 있다면, 우리는 여기에서 더 근본적으로 루터를 역 추적해 볼 필요가 있다. 그 첫 번째로 우리는 그의 동시대 인물인 토마스 뮌처라는 인물에 이르게 된다.

2) 고정관념의 근원: 토마스 뮌처

루터와 같이 뮌처도 작센 지방 출신이었다(그림 11). 루터처럼 그도 지나친 과장을 하는 작센식 표현을 애용했다. 루터처럼 그는 작센식 과장법을 그의 반대자를 모욕하는 개념을 발견하는데 사용하였는데, 이 과장된 표현은 16세기에 특히 많이 사용되었으며 20세기에 이르르는 독일 의회의 토론에 양념으로 등장하였다. "의회에서 사용하는 욕설, 영혼의 배설물"이라고 주간 신문「다스 팔라멘트」(*Das Parlament*)의 편집자 귄터 푸쉬(Günter Pusch)는 적고 있다.

독일 의회의 가장 노련한 독설가로는 SPD(독일사회민주당) 정치가 허버트 베너(Herbert Wehner, 1906-1990)로 그가 정치적인 반대자들을 모욕할 때에 다음과 같은 단어 외에 다른 새로운 단어를 사용하는 것을 보지 못했다.

예를 들면 본회의에서 "악의 까마귀," "야생 쥐새끼" 혹은 "마인쯔 출신 불독"이라고 조롱하거나 CDU(독일기독교민주동맹) 국회의원들을 "묘지지기," "고자"라고 부르기도 했다.

작센 출신 베너가 일명 정치적 올바름(polical correctness)운동(다문화주의를 주창하면서 성차별이나 인종차별에 근거한 언어 사용이나 활동에 저항하며 이를 바로 잡으려는 운동이다-역주)을 경험하지 않은 것이 다행이라 말해야겠는가?

루터와 같이 뮌처도 사람들의 마음을 살피는 설교자의 기교를 지니고 있었다. "우울한 대주교"인 윌리암 잉게(그림 12)와 로드 벤지테트가 속해 있는 앵글로색슨족 출신 학자들 중에는 이런 말재주를 불순한 기질이라고 평가했으며, 더욱이 이를 뮌처의 경우는 제외하고 루터에게만 적용하였다. 이 불순한 기질을 가진 사람으로 루터와 뮌처를 훨씬 능가하는 16세기에서 17세기의 영어권 설교가들인 에드문드 스펜서(Edmund Spenser)나 리차드 크래쇼우(Richard Craschaw)도 제외시켰다.

뮌처의 작은 소책자 한 권에는 베너가 물려받은 것 같은 입이 거친 모욕의 표현들이 나온다. "사육 돼지 같이 유순한 형제," "제후들의 아첨꾼," "비텐베르그의 영혼 없는 물렁한 살덩이," "비열함의 조상," "더러운 비굴함으로 기는 독벌레," "오랑캐의 조상," "비겁한 까마귀," "쉰 목소리로 짖는 애송이 여우," "박사 거짓말쟁이," "아둔한 바보," "하나님

없는 배신자."[51]

무엇이 뮌처를 이렇게 화나게 했을까?

바로 루터의 논문『강도 같고 살인자 같은 농군 무리들을 대항하여』(*Wider die räuberischen und mörderischen Rotten der Bauern*, 1525)였으며 루터는 여기에서 제후들의 편을 들며 "할 수 있는 사람은 찔러라, 때려라, 죽여라"라는 문구를 쓰고 있다. 루터는 농민들의 요구를 상당히 수용하고 지원했지만 그들의 반란은 반대했다.

그러나 뮌처는 이 반란의 영적인 우두머리였다. 그는 궁성, 수도원 그리고 교회들을 부수고 약탈하는데 앞장섰으며, "믿음 없는 귀족들, 사제들 그리고 수도사들"을 죽이라고 선동했다.

루터가 이 반란을 거부한 신학적인 이유는 다음 장에서 논하고자 한다.

여기에서는 우선 다음의 내용을 살펴보자.

만약 현대 루터 비판가들이 뮌처와 농민반란을 찬양한다면 그들은 헝가리 출신의 철학자이자 사회학자 칼 만하임(Karl Mannheim, 1893-19470)이 쓴 "무아지경의 열광적인" 특징을 가진 혁명적인 운동, 총체적인 사상과 연관 지어 생각해 볼 필요가 있다.

> 농군들을 존립의 위협에도 불구하고 움직일 수 있도록 한 것은 사상이 아니었다. 이것은 훨씬 더 깊이 자리잡고 있는 영혼 깊숙한 곳

---

51 Müntzer, Thomas: 〈Hochverursachte Schutzrede und Antwort wider das geistlose, sanft lebende Fleisch zu Wittenberg〉, *Schriften und Briefe. Kritische Gesamtausgabe*에서 발췌, Mohn: Gütersloh 1968.

을 건드려 분출케 한 열광이었다.⁵²

이것은 다시 유명한 민족사회주의자가 한 정의와 연관이 된다. 요아킴 페스트(Joachim Fest)는 다음과 같이 밝히고 있다.

> 알프레드 로젠베르그(Alfred Rosenberg)의 '20세기의 전설'에 따르면 농민봉기에서 주장한 바와 같이 여러 다방면에서 형제 수도회, 자매 수도회 그리고 자유한 영의 형제회에서 종교적인 사회 이상 국가 건설에 대한 지지들이 쏟아졌는데, 이들의 주장은 오늘날 혁신 프로그램들이 주장하는 것과 동일하다.⁵³

로젠베르그는 독일 민족사회주의당의 주사상가였다.

나치와 같이 공산주의자들도 뮌처와 농민봉기에 자신들의 근거를 둔다. 프리드리히 앵엘스(Friedrich Engels, 그림 13)는 그의 『독일 혁명』(*Die deutschen Revolutionen*)에서 뮌처는 신자들이 천국, 즉 하나님 나라를 이 땅 위에 실현시킬 의무를 가지고 있으며 저 세상에는 천국과 지옥도 없으며, 예수님은 우리와 같은 사람으로 선지자요, 선생이라고 주장했다고 썼다. 바로 여기에서도 트뢸취의 경우와 같이 원래 사상가의 생각을 왜곡시켜 고정관념화하여 현대 사상의 기초로 삼은 일이 일어났다.

교회사가인 칼 홀(Karl Holl, 1866-1926)이 말한 바와 같이 뮌처가 "전체사회질서의 새로운 창조"라는 계획을 가지고 있었다는 것은 사실

---

52 Mannheim, p. 186.
53 Fest, p. 63.

이다. 홀은 나아가 다음과 같이 밝히고 있다.

> 뮌처가 고문대에서 그의 소원이 재산 공유제의 실현이라고 밝힌 바 있다. 그러나 그는 구체적인 것에서-소비공산주의라든지 생산공산주의 등-진전된 생각을 가지고 있지는 않았다.... 뮌처는 근대적으로 보이는 사상들을 대변했으며...종교적 개혁은 동시에 사회적 개혁의 수반 없이 불가능하다고 보았다.

제한적으로 홀은 여기에 덧 붙였다.
"프롤레타리아계급에 관한 사상과 뮌처는 완전히 거리가 멀었다...이 사상은 19세기 후반부에나 가능했던 사상이다."
뮌처가 "공동체 민족"에 의한 권력을 주장하기는 하였지만 이것 또한 오래된 게르만 민족의 법을 재생하려는 정도의 의미였다고[54] 홀은 강조했다.
그리고 뮌처가 예수님의 신성이나 천국과 지옥의 존재 여부에 대해 의심을 가졌다고 주장하는 것은 확실히 사실이 아니다. 더욱이 뮌처의 천년왕국설[55]은 앵엘스의 책에 기술되어 있는 것보다는 훨씬 더 포괄적이다. 뮌처는 루터의 "오직 성경"의 원리를 "흉내내는 믿음"이라고 비방했다. 뮌처는 선택받은 자들에게는 외적인 고독의 순간에 하나님의 말

---

54 Holl, Karl: *Gesammelte Aufsätze zur Kirchengeschichte*, Band 1, Luther. Mohr: Tübingen 1923, P. 450-455.
55 이 단어는 그리스어 *chilioi*(천년)에 기원을 두고 있다. 천년왕주의자들은 성경의 마지막 책인 요한계시록에 나오는 천년 왕국의 도래를 기다린다.

씀이 부각되면서 믿음을 가진다고 말했다.

그러나 이 과정에서 성경의 유일한 역할은 이러한 경험을 전하는 것이지 이 경험 자체를 창조하는 것은 아니다. 이런 방법으로 성령의 만지심을 경험한 사람들만이 하나님의 교회와 금욕적인 생활을 하는 거룩한 공동체를 만들 수 있다. 여기에서 그는 루터가 종교개혁 전에 업적 위주의 거룩함이라고 거부했던 윤리를 다시 강조한다. 선택받은 자들은 장차 임할 하나님의 나라를 위해 검으로 예비할 의무가 있다.

앵엘스의 해석에 의하면 뮌처는 이것을 당연히 "실현" 불가능하다는 식으로 이 반란을 재단하지 말라고 하였다. 그는 경건한 자의 길을 막는 불신자는 살 권리가 없다고 말했다.[56]

루터는 이 말에 대해 다음과 같이 비난했다.

"그렇다면 모든 비기독교인들은 육체적으로 죽임을 당해야만 한다는 결론에 이른다."

루터는 완전히 다르게 보았다.

"말씀을 넘어 주먹으로 이루려는 사람은 기독교인이 아니다."[57]

뮌처는 새로운 나라는 엘리야의 영을 받은 위대한 선지자이자 은혜가 풍성한 하나님의 종 "새 다니엘"에 의해 개시될 것이라고 예견했다. 홀에 따르면 뮌처가 자신이 이 새 예언자는 아님을 알고 있었다. 그러나 그의 말세에 대한 뜨거운 확신은 결국 그를 농민들과 함께 이 땅 위

---

56 토마스 뮌처의 〈Fürstenpredigt〉와 비교, 이 설교는 다음의 사이트에서 열람 가능. http://www.mlwerke.de/mu/mu_001.html; 2016. 07. 05.

57 WA 15, p. 220–221.

에 절대적인 정의가 구현되는 나라를 세우려는 시도에 이르게 하였다[58] 고교회사가 쿠르트 디트리히 슈미트(Kurt Dietrich Schmidt)는 쓰고 있다.

뮌처의 비전은 천년왕국설의 신봉자의 비전과 같았다. 그는 말세적인 희망에 만족하지 않는 천년왕굴설 신봉자의 특징을 가지고 있다. 말세(*eschaton*)는 초월적인 것이 아니다. 말세는 그에게 역사적으로 내재화되어 있으며 그는 이를 내재화, 즉 지금 이 세상에 현실화시키려고 시도하였다. 따라서 신학자이자 종교철학자 폴 틸리히(Paul Tillich)는 천년왕국설을 주장하는 사람들은 위험한 인물이자, 이상주의자로 보았다.

틸리히는 이렇게 말한다.

> 이상주의는…글자그대로 해석하면 우상을 섬기는 것이다. 이상주의는 과정에 불과한 것을 마지막 결과물인 것처럼 둔갑시킨다. 이상주의는 조건부적인 것을(미래의 역사적인 상황) 필연적인 것으로 만들며 필수불가결한 이변이나 삶과 역사의 이중성을 간과한다. 그리하여 이상주의적인 역사 해석은 미비하고 위험하다.[59]

그러면 여기에 나온 이상주의적 역사 해석의 "미비하고 위험한" 요소는 무엇인가?

이것은 바로 사고를 통해 발견할 수 있는 상대화의 가능성을 배제하

58　Schmidt, Kurt Dietrich: *Grundriss der Kirchengeschichte*, Vandenhoeck & Ruprecht: Göttingen 1954, p. 336–337.
59　Tillich, Paul: *Systematische Theologie*, Band 3: 〈Das Leben und der Geist. Die Geschichte und das Reich Gottes〉, Evang. Verlagswerk: Stuttgart 1966, p. 405.

는 것이다. 결과적으로 이상주의는 "유연한" 자유주의 신학의 한 형태(니버)로 시대정신과 같은 고정관념의 한 유형이다.

시대정신은 인간의 해방을 이야기하고 이것은 다시 신학자 위르겐 몰트만(Jürgen Moltmann)이 뮌처 사상의 계승으로 보는 계몽주의와 프랑스 시민혁명이 추구하는 이상주의적인 꿈이다. 디트리히 본회퍼는 프랑스 혁명을 우리 시대를 지배하는 혁명적인 사상에 의해 개시된 사건으로 보았다. 그는 이렇게 썼다.

"프랑스혁명은 끔찍한 무력과 상상초월의 왜곡 가운데에서 해방된 사람들의 출현이다."[60]

그는 이렇게 덧붙였다.

"절대적인 이상으로서의 인간 해방은 인간 자신의 파괴를 가져온다."[61]

이제 마틴 루터를 새롭게 발견할 시간이다.

---

60 Bonhoeffer: *Ethik*, p. 37.
61 Ibid., p. 41.

제3장

루터-그러면 악한이 아닌가?

　루터에 대한 고정관념에는 보기 드문 특징이 있는데, 이 고정관념을 퍼트리는 사람들이 고정관념에 반하는 수많은 상대적인 요소들을 누락했다는 사실을 거의 개의치 않는다는 것이다. 루터가 독일인들을 권력의 아첨꾼들로 만들었다는 비난은 실제 그가 모든 기독교인들에게 잘못된 권력 앞에서 "입을 크게 벌리라"(그림 15)고 끊임없이 경고하였다는 사실을 간과한 것이다.

　루터가 전쟁을 부추기는 자라는 비난은 그가 모든 선제공격하는 전쟁에 대해 반대하였고 군사들은 하나님의 계명에 반하는 명령을 받았을 때는 불순종하라고 말했다는 사실을 간과한 것이다.

　루터가 제2차 세계대전 당시 행해졌던 독일인들의 만행에 대해 책임이 있다는 것은 설득력이 부족한데, 제3제국의 가장 악한 사람들인 아돌프 히틀러(Adolf Hitler), 하인리히 힘믈러(Heinrich Himmler), 괴벨즈(Goebbels), 율리우스 슈트라이셔(Julius Streicher), 아더 세이스-인콰르트(Arther Seyß-Inquart), 에른스트 칼텐부룬너(Ernst Kaltenbrunner), 아우슈

비츠 사령관이었던 루돌프 훼스(Rudolf Höß) 그리고 포로수용소 의사였던 요셉 멩엘레(Josef Mengele)는 모두 본래 가톨릭이었다.

정적주의에 관하여 반박을 한다면 그 예로 독일보다 더 단일화된 루터주의를 고수하는 노르웨이와 덴마크사람들을 들 수 있는데, 그들은 루터신학을 기초로 하여 독재자들을 대항하는 저항운동을 하지 않았는가?

다른 한편으로는 가톨릭의 나라인 오스트리아 출신의 소위 나치 사냥꾼으로 불리는 시몬 비젠탈(Siemen Wiesenthal)은 대학살수용소 사령관들의 3/4을 재판정에 세우지 않았는가?[1]

내가 여기에서 정말 강조하고 싶은 것은 홀로코스트의 책임을 루터교에서 가톨릭으로 떠넘겨 새로운 고정관념을 세상에 심으려고 하는 것이 아니다. 다만 나는 한 기독교 종파의 신학자가 대학살의 길을 열어주었다는 비난의 불합리성을 지적하는 것이다.

20세기에만 해도 민족 대학살은 명목상 기독교, 가톨릭, 그리스정교, 무슬림, 그리고 불교도들에 의해 독일, 터키, 러시아, 중국, 캄보디아, 이라크 그리고 구 유고슬라비아에서 자행되었다. 그러나 지금까지 아무도 이 범법행위가 가톨릭이나, 정교, 비루터파 기독교, 무슬림 혹은 동남아시아의 소승불교의 교리와 연관지어 생각하지는 않는다.

왜 사람들이 이렇게 다른 종교적인 배경을 가지고 있으면서도 동일하게 피에 굶주려 있는지에 대한 답변은 여기에서 시험 삼아 할 수 있는 것이 아니다.

---

1   Pond, Elisabeth: 〈Do Austrians want to forget, not confront, their past?〉, 〈The Christian Science Monitor〉에서 발췌, 1988. 03. 11.
    http://www.csmonitor.com/1988/0311/oans.html; 2016.03.11.

또한 이 질문은 본서의 연구주제도 아니다. 다만 나는 이 질문에 대해 모든 기독교 종파들이 수용할 수 있는 신학적 견해를 밝힌 헬무트 틸리케(Helmut Thielickes)의 의견에 동의한다. 그는 이렇게 말했다.

"죄의 결과인 재난이 대륙과 대양을 넘어 전 세계를 덮쳤다."[2]

다시 루터로 돌아와 '제후의 시녀'라는 고정관념을 하나하나 반박하려면 먼저 루터라는 사람의 정체성에 대해 알아야한다. 카터 린드버그(Carter Lindberg)는 다음과 같이 논평했다.

> 16세기의 종교개혁가들은 그들의 영향력이 종종 사회 전반적인 영역에까지 미쳤지만 자신을…윤리학자, 사회학자, 정치가 또는 경제학자로 보지 않았다.…종교개혁가들은…목사요 신학자들이었다. 마침표! 이 사실은 특히 루터도 마찬가지이다."[3]

1. 질서의 신학적 중요성

하인쯔-에듀하르트 퇴트(Heinz-Eduhard Tödt)는 현대 루터 비평가들에 대해 다음과 같이 지적한다.

"그들이 루터의 권위에 대한 관점에 대해 토론함에 있어서 질문의 기초적인 결함이 있다."

---

[2] Thielicke, Helmut: *Das Gebet, das die Welt umspannt*, 출처: Stuttgart 1980, p. 109.
[3] Linberg, Carter: 〈Luther's Critique of the Ecumenical Assumption that Doctrine Divides but Service Unites〉, 〈Journal of Ecumenical Studies〉 27/4, 1990 가을, p. 680.

그들은 루터의 글을 종종 무의식적으로 오늘날의 "사회문화 인류학적인 개념과 관점"으로 해석한다. 그러므로 이런 해석에서는 루터가 실재로 이 주제에 대해 얼마나 "하나님 중심적"으로 생각했는가에 대해서는 충분하게 검토되지 않았다.[4] 루터는 당시 "동시대 사람들에게 성경에 기초한 법학 수업을 했다."[5]

루터가 살던 시대에도 오늘날과 못지않게 의에 대한 질문에 관하여는 많은 혼란이 있었다. "그러나 루터는 그 시대의 문제를 다루면서 성경을 구체적인 삶에 적용시켜 해석하려고 했다"[6]라고 퇴트는 밝히면서 동시에 "루터의 신학적 주장은...알려진 바와 같이 스콜라적인 성격을 가지고 있지 않다"라는 것을 강조했다.[7]

라이프치히 신학자 프란쯔 라우(Franz Lau, 그림 14)는 그가 죽은 후 그의 신학적 가르침이 구동독에서 루터 교리에 근거한 기독교인들의 저항운동이 일어나도록 결정적인 영향을 끼쳤던 대신학자로써 다음과 같이 반복하여 강조하였다.

> 루터교 교회 역시 루터가 무오하다고는 하지 않는다. 형식적으로 조작되지 않았을지라도 루터의 무오성에 대한 독단은 교황의 무오성보다 더 심각할 수 있다. 루터신학을 성경과 나란히 혹은 성경 위

---

4   Tödt, p. 65.
5   참조. Scharffenorth, Gerta: *Den Glauben ins Leben ziehen*. Kaiser: München 1982, p. 231.
6   Tödt, p. 67.
7   Tödt, p. 51.

에 둔다면 이것은 가장 심각하게 루터를 부정하는 것이다."[8]

이것은 예를 들면, 두 왕국설과 통치설, 그리고 그같은 류에 대한 루터의 가르침이 아우크스부르크 신앙고백[9] 같이 독일에서 루터교나 그 외에 대부분의 개신교 성직자들이 합의한 신앙고백 부분이 아니라고 말하는 것은 아니다. 그러나 그런 가르침은 신앙의 규범으로써의 효력은 없다.

단지 루터는 기독교인이 그들의 삶의 문제들을 해결할 수 있도록 도와주려고 한 것이다. 그는 사람들을 조언하고 그들이 올바른 선택을 할 수 있도록 기준을 제시해 주었다. 그는 어느 누구에게도 신학자인 자신을 따르게 하는 글을 제시하지 않았다. 그는 단지 성경에 쓰여 있는 그대로 말했다.

그러므로 루터 옹호주의자 영국 신학자 고든 럽(Gordon Rupp)는 "루터의 권력에 관한 교리는 로마서 13장 공부를 시작한 사람은 잘 이해할 수 있다"라고 말했다.

나는 여기서 한 발짝 더 나가보겠다.

우리가 루터를 이해하려고 하면 성경의 맨 첫장인 창세기부터 펼쳐봐야 한다. 루터는 구약성경학자이다. 루터에게는 성경이 역사적인 자료를 모아둔 것에 지나는 것이 아니라 하나님이 자신을 드러내신 "하나님

---

8 Lau: *Luthers Lehre von den beiden Reichen*, p. 94.
9 *Das Augsburger Bekenntnis, deutsch. 1530–1980.* 교정판, Gunter Gassmann, Vandenhoeck & Ruprecht: Göttingen 1986, Artikel 28.

의 증거"[10]였다. 창세기는 무질서의 우주를 질서의 세상으로 만든 변화의 역사이다. 창조된 세상의 질서는 하나님의 뜻에 부합하며 사탄은 이 질서를 파괴하려한다.

이로 인한 결과는 사람이 체스의 말과 같은 신세가 된 우스꽝스러운 전쟁이다. 이해할 수 없는 은혜의 행위로 하나님은 인간을 "당신의 형상"(imago Dei)으로 만드시고 창조의 질서 중에 특별한 자리에 두셨다.

그러나 성경이 이야기하고 있듯이 죄로 인하여 하나님과 같은 형상을 잃어버렸다. "사탄에게 자로 잡힌 인간은 하나님 형상(imago Dei)도 아니며 다른 어떤 형상도 가지고 있지 않다"라고 스웨덴 신학자 군나 힐러달(Gunnar Hillerdal)이 쓰고 있다.

> 다른 피조물과 구별되는 고귀한 본래 형상의 어떤 부분도 남아 있지 않다. 오히려 사탄의 지배하에 있는 인간은 사탄의 형상을 담고 있는 것처럼 행동한다.[11]

루터는 한 인간이 자신의 본래 형상을 회복할 능력이 없다고 강조했다. 이것이 바로 현대 루터 비판가들이 간과한 것으로 루터의 하나님 중심과 비판가들의 문화인류학적인 관점이 충돌하는 지점이다. "인간은 하나님의 형상이든지 아니면 사탄의 형상이다. 한 사람이 이 둘 중

---

10   WA 50, p. 282.7(저자가 현대 표준 독일어로 번역한 번역본).
11   Hillerdal, Gunnar: *Gehorsam gegen Gott und Menschen. Luthers Lehre von der Obrigkeit und die moderne evangeliche Saatsethik*, Vandenhoeck & Ruprecht: Göttingen 1955, p. 34.

누구를 따르는지에 따라 그가 따르는 자의 형상을 닮는다"고 루터는 말했다.

> 인간은 태초에 하나님의 형상대로 지음 받아 지혜, 덕 그리고 사랑으로 가득 찼으나...지금은 그 모습 그대로 있지 않으며 이 형상은 사라지고 사탄의 형상을 닮아가고 있다.[12]

루터가 그의 동료들을 불렀던 것처럼 하나님은 우리를 당신의 동역자로 만드셨다는 생각을 현대 루터교 신학자 미국의 필립 헤프너(Philip J. Hefner)는 좀 더 발전시켰다.

> 하나님이 원하시는 것은, 인간이 창조의 조력자로 계속 진행되고 있는 창조 과정에서 하나님의 파트너가 되는 것이다. 바로 이 동역자 혹은 창조의 조력자를 통하여 하나님은 이 세상에서 역사하신다. 인간이 하나님의 동역자로 기능을 발휘하기위해 창조주 하나님은 질서라는 형식을 세우셨다. 그 중 하나가 바로 인간이 번성하며 자손을 이어갈 수 있도록 하기 위한 결혼이다. 또 다른 질서는 세속적인 권력이다. 권력은 사탄의 파괴적인 힘에 대항한 담과 같은 것이다. 권력은 혼란을 방지하고 창조를 통하여 벗어난 태초의 무질서의 상태로의 귀환을 막는다.

---

12 WA 24, p. 51, 12-24(저자가 현대 표준 독일어로 번역한 번역본).

힐러달은 여기에 다음과 같이 덧 붙였다.

> 사탄은 세속 정부를 해체하거나 완전히 붕괴시키기 위해 봉기와 전쟁을 부추기며 때로는 심지어 자연의 힘까지 이용한다. 특히 사탄은 제후들과 권력자들을 유혹하여 그들의 직위를 남용하도록 한다. 왜냐하면 하나님이 만드신 질서는 설사 지배자가 기독교인이 아니더라도 이 땅에 하나님의 통치를 구현해왔기 때문이다.[13]

그러므로 사도 바울은 로마서 13:1에 쓰고 있다.

> 각 사람은 위에 있는 권세들에게 복종하라 권세는 하나님으로부터 나지 않음이 없나니 모든 권세는 다 하나님께서 정하신 바라 (롬 13:1).

통치자의 중요성을 부각시키기 위해서 바울은 이들에게도 자신이 가지고 있던 동일한 직위를 부여한다. 이 직위는 바로 하나님의 종(*leitourgoi gar Hteou*)[14] 또는 대리인이다. 바꾸어 말하면 바울과 이방인 정치가들(로마서에서는 로마 제국의 정부) 모두 동료인 것이다.

로마서 13:1-7과 병행 구절인 베드로전서 2:13-17은 신약에서 정치적인 질서에 대해 상세히 풀어 놓은 유일한 구절이다. 그러므로 이 구절들은 루터의 정치적인 관점의 기초가 되었을 뿐 아니라, 중세 신학자들

---

[13] Hillerdal, p. 30.
[14] 참조. 롬 15; 16장.

의 세속적인 권력에 대한 보편적 관점이었다. 한마디로 표현하면 권력은 왕 중의 왕, 그리고 주들 중의 주(rex regum et dominus dominanrinum)이신 하나님으로부터 왔다는 것이며, 그 권력 역시 잘못 악용하는 사례도 역사상 충분히 있어왔다.

세속적인 권력이 하나님으로부터 부여된 것이라는 인식은 사실 사도 바울로부터 나온 생각은 아니었다. 바울은 하나님이 당신의 백성의 지도자를 정하신다는 것을 반복적으로 강조하는 구약과 외경을 참조한 것이다(시 2:6; 삼상 13:14; 16:1, 12; 삼하 5:1-3). 솔로몬의 잠언 8:15에는 다음과 같이 말하고 있다.

> 나로 말미암아 왕들이 치리하며 방백들이 공의를 세우며(잠 8:15).

외경 지혜서 6:3에는 이렇게 쓰여 있다.

> 주로부터 너희들에게 권력이 주어졌고 가장 높으신 주재로부터 힘이 주어졌노라 그 분이 너희들에게 어떻게 하였는지 너희들의 계획이 무엇이었는지 물으실 것이라(지혜서 6:3).

예수님은 빌라도에게 말씀하시면서 모든 권력의 근원이 자신이심을 나타내셨다.

> 위에서 주지 아니하셨더라면 나를 해할 권한이 없었으리니 (요 19:11).

2. 두 왕국

하나님이 세속의 통치자에게 권력을 부여하셨다는 성경의 진술은 루터의 두 왕국설과 통치설의 핵심 내용이다. 이 교리는 후에 비참하게도 "독일 기독교인들"(Deutsche Christen)에 의해 변질되어졌으며 루터의 반대자들에 의해 악의적으로 왜곡되어 루터교 신학자들 중에는 이 교리의 오용이 참담하여 이 교리를 부정하는 사람도 생기게 되었다.

그러나 정작 루터 자신은 이 교리에 대하여 자부심이 대단했다.

> 사도 시대 이후 어떤 학자도 말하지 않았는데(성 어거스틴을 제외하고) 내가 세속의 권력은 훌륭하고 유용하다고 썼으며, 나는 선한 양심과 증거로 세상을 칭찬할 수 있다.[15]

루터에 의하면 모든 기독교인들은 양면적인 존재이다. 그들은 영적인 나라와 세속적인 나라, 두 왕국의 시민이다. 루터가 이 두 나라를 구분했던 유일한 신학자는 결코 아니다. 로마 가톨릭의 아버지라 불리는 어거스틴(그림 16)은 『하나님의 도성』에서 하나님 나라와 세속 나라를 구분짓고 있다.

가인 이후로 하나님의 백성은 세속 나라(civitas terrena)와 양립한다. 세속 나라는 불의, 이기심 그리고 지나친 자기애가 지배한다. 이에 반해 하나님 나라(civitas Dei)는 그리스도 예수께서 다스리는 교회이다. 이 나

---

15   WA 30, II, p. 110.

라의 법은 자기를 부인하기까지 실천하는 이웃사랑이 그 법이다.

예전에 어거스틴 수도원 사제였던 루터는 어거스틴의 견해에서 두 왕국설의 중요한 부분을 가져왔으나, 교리를 확립하였을 때에는 교리 핵심을 결정적으로 바꾸었다. 어거스틴 사상을 중세 시대적으로 해석하면 하나님이 통치하시는 나라는 한편으로는 보이는 조직인 가톨릭교회이며, 다른 한편으로는 말세에 임할 하나님 나라를 의미한다.

그러나 루터의 교리에 의하면 영적 나라를 믿음으로 보면 기독교인들에게 현실이 된다. 이 나라는 하나님의 말씀으로 성도들에게 임하는 나라이다. 그리고 이 나라는 볼 수 있는 말씀인 성찬에 의해 구현된다.

루터는 산상수훈의 요구와 세상의 구조와의 차이로부터 시작하여 두 나라의 특징을 다음과 같이 쓰고 있다.

① **영적 나라는 영원하다.**

이 나라는 계시된 하나님의 나라, 즉 예수께 계시된 하나님의 나라이다. 이 나라는 복음과 은혜와 믿음, 사랑의 나라로 하나님과 예수님이 다스리며 모든 인간들이 동등한 나라이다. 이 나라는 죄 많은 세상에서도 실존하는 현실이다.

이 나라는 하나님의 말씀이 선포되고 성찬이 이루어지며 예수께서 성도들의 죄를 사해주는 그 곳에서 실현된다. 영적인 나라, 교회의 나라는 멸망하지 않으며, 말세에 영광스럽게 완성된다. 그때까지는 두 나라가 서로 양립하여 존재한다고 루터는 말하고 있다.

> ...영적 정부나 지도자들은 사람들로 하여금 하나님이 얼마나 의롭게 다스리시며 축복하시는지를 보게 하기 위해 위를 보도록 하는 반면에, 세속 정부는 아래로 육체, 재물, 결혼, 여인, 아이, 집, 궁정 그리고 모든 재화들을 평화롭고 안전하게 유지하며 이 땅을 축복하도록 다스린다.[16]

② **세속적인 나라는 유한하다.**

이 나라는 은폐된 하나님의 나라이다(*Deus absconditus*). 이 나라에서는 하나님이 자신을 계시하시지 않으시는데, 이것이 이 나라가 하나님의 창조물이 아니라는 뜻은 아니다. 세속 나라를 사탄의 나라와 혼동해서는 안 된다. 사탄은 세속의 나라와 철저한 원수이다.[17] 프란쯔 라우는 다음과 같이 말했다.

> 이 세상은 하나님이 거의 겉으로 드러내시지 않는 나라로 이것이 바로 루터의 진정한 생각이었다. 루터는 하나님이 세속 나라가 당신의 주재권에서 벗어나지 않게 하는 충분한 방법을 알고 계시다는 것을 아주 명확하게 했다.[18]

---

16 Luther, Martin: *D Martin Luthers Psalmen-auslegung*, Erwin Mülhaupt, Band 3, 시편 91-150, Vandenhoeck & Ruprecht: Göttingen 1965, p. 103.
17 참조. WA 23, p. 514, 32 이하.
18 Lau, p. 95.

이것은 하나님이 이 나라에서 후퇴하신 것이 아니라 "검"(劍)을 권력자 즉 세상 통치자에게 넘겨주었음을 의미한다. 여기서 "검"이란 "세속 정부에 속한 모든 통치수단으로 법과 규칙, 규범과 관습, 몸짓, 형편, 서로 다른 직책, 인물들, 옷 등등을 의미한다."[19]

루터는 식탁 담화에서 세속적인 권력을 "성스러운 하나님의 은혜의 상징으로, 이는 하나님은 긍휼이 풍성하시고 살인을 기뻐하시지 않기 때문이다"라고 했다.[20]

세속 나라에서는 모든 사람들이 동등하지는 않다. 이곳에서는 사람이 시간적 생물학적인 생명에 기한이 있으므로 선임자와 후임자가 있다. 이곳에는 법이 지배하는데, 이 법은 은폐된 하나님으로부터 온 것이다. 루터는 이 세상은 이성이 다스리는 세상이며 하나님이 지혜, 영광과 믿음을 이 세상을 다스리기 위해 만드셨다고 말했다.

세속의 나라에 사는 사람의 눈에는—디트리히 본회퍼의 학술용어에 의하면—신의 부재(*esti Deus non daretur*) 즉 하나님이 계시지 않는 것 같이 보인다. 본회퍼는 다음과 같이 쓰고 있다.

> 하나님은 우리가 하나님이 없이도 잘 살 수 있는 사람들인 것처럼 살아야한다는 것을 알게 하신다. 우리와 함께하시는 하나님은 우리를 버리시는 하나님(막 15:24)이시다. 이 세상에 우리를 혼자 살게 하시는 하나님은 동시에 우리 앞에 항상 서 계시는 하나님이다. 하나님 앞에 하나님과 함께 그러나 우리는 하나님 없이 살아간다. 하나

---

19 WA 23, p. 514, 1-6.
20 WA TR(식탁담화) 1, p. 77.

> 님은 세상에 오셔서 십자가에 자신을 내어주시며, 이 하나님은 세상에서 힘이 없으시고 연약하시고 그렇기 때문에 바로 이 모습으로 우리와 함께하시고 우리를 도우신다. 그러므로 예수님이 자신의 전능한 힘으로 우리를 도우시는 것이 아니라 약함과 고난 가운데 있는 강함으로 우리의 도움이 되신다는 것은 명확한 사실이다 (마 8:17).[21]

세속 나라에서 권력을 가진 자가 불신자일 수 있다. 그래도 그는 무질서와 혼돈을 막음으로써 악의 세력을 약화시키는 것이기 때문에 하나님의 일을 하는 것이다. 이 나라가 죄로 가득한 나라라는 것은 사실이나 그럼에도 불구하고 죄를 대항하여 요새 역할을 한다. 이 나라에서 범죄는 용서되지 않으며 처벌을 받는다.

루터는 이 나라가 하나님의 명령(*ordinatio divina*)으로 만들어진 것이기는 하지만 예수님의 나라, 복음의 나라, 하나님 나라는 아니라는 것을 거듭 강조했다. 세속의 통치자는 거룩한 성직자일 필요는 없다. 루터는 "황제가 이성을 가지고 있다면 황제의 자질로써 충분하다"라고 강조했다.[22]

이것은 프란쯔 라우가 명확하게 설명한 바와 같이 모든 권력에 적용된다.

---

[21] Bonhoeffer, Dietrich: *Widerstand unf Ergebung*, Gütersloher Verl.-Haus: Gütersloh 1985, p. 178.
[22] WA 27, p. 418, 4.

어떤 지위에 있는 사람의 순종은 자신의 상사와 연관이 있을 뿐만 아니라 하나님과 연관되어 있다. 한 집안의 가장은 자신의 의무를 충실히 다함으로 하나님을 섬기는 일을 하는 것이다. 그가 하나님에 대해 알고 하나님을 믿는지 믿지 않는지와는 상관없이 그의 지위는 말씀이 부여한 지위이다. 한 제후가 자신의 지위에 맞게 잘 관리하고 공정하게 자신의 백성들을 다스린다면 그는 하나님의 뜻을 실현시키는 자이다. 이때도 마찬가지 그가 불신자든 가톨릭이든 에피쿠르스 철학을 신봉하는 사람이든지 상관이 없다. 순종하여 자신의 임무를 성실히 수행하는 하급자는 표면적으로는 그의 상급자에게 순종하는 것 같이 보이지만 결국 그는 세상적인 권력자 뒤에 계시는 하나님께 순종하는 것이다.[23]

두 나라는 분리되어 있지만 서로 상호 보완하며 존재한다. 라우는 이에 대해 또 이렇게 말했다.

영적 나라는 복음을 설교함으로 세속 나라를 보호하고 지지한다. 복음은 순종을 권면하고 세속 정부를 찬양한다. 루터는 자신이 설교자로서 이에 대한 의무감을 가지고 있었으며 모든 설교자들이 세속 나라를 지지하는 의무를 지도록 했다. 설교자의 지위는 세속 권력을 전복시킬 수 없으며 오히려 그 권력을 공고히 하도록 지원해야 한다....세속 질서는 설교자의 지위와 설교를 도와주며 이로 인하

---

23 Lau, p. 37.

> 여 하나님 나라의 성립과 확장을 지지한다. 또한 이 세속 질서는 복
> 음이 전파될 수 있도록 도와준다. 무질서 가운데에서는 말씀이 역
> 사할 수 없다.[24]

그러나 루터는 두 나라가 서로 분리되어야 한다는 사실을 끝까지 고수하고 있다. 아우크스부르크 신앙고백의 제29항에서도 명확하게 나와 있다. 이 사실은 바로 이 시대의 사람들이 자주 간과하는 점이다. 그 예로 "독일 기독교인들"(Deutsche Christen)이 민족사회주의자들의 피의 이념과 인종차별의 이념에 자신을 복종한 것이다.

또 다른 예로는 제3제국의 멸망 이후 교회에서 잡초처럼 자라고 있는 문화인류학 사상, 즉 페미니즘, 동성연애의 미화, 막스주의 성격을 띤 해방신학, 루터교와 정반대되는 평화주의로 "정치적 수정"(political correctness) 등인데, 만약 이런 사상이 지배한다면 대학살이 자행될 단초가 될 수 있다.

"우리는 영적 통치와 세속 통치가 서로 멀리 분리되어 있다는 사실을 배워야한다"라고 루터는 말했다.[25] 이 두 나라를 연합시키려는 끊임없는 시도들을 루터는 사탄에게 문을 열어주는 것과 다름이 없다고 보았다.

> 내가 이 두 나라의 차이에 대해 글로 쓰고 또 지겨울 정도로 말을 하
> 였지만 그러나 나는 이에 대해 항상 새롭게 주입시키고 곱 씹어야
> 하고 쇄기를 박아두어야 한다고 생각한다. 왜냐하면 사탄은 이 두

---

24 Lau, p. 53-54.
25 WA 47, p. 284, 12-14.

> 나라를 서로 같이 섞어서 요리하고 발효시키려는 노력을 중단하지 않기 때문이다. 세속의 지배자들은… 항상 예수님을 가르치려 하거나 지배하려한다. 이와 마찬가지로 거짓 목사와 썩은 성직자들이… 사람들이 세속의 정부를 어떻게 운용할지를 가르치려하고 지배하려한다. 따라서 사탄은 이 두 부류의 사람들을 상대로 부지런히 많은 일을 한다. 하나님, 이 사탄의 역사를 막아 주옵소서. 아멘!"[26]

노르웨이에서 파시즘 크비슬링(Quisling)(제2차 세계대전 중 노르웨이에서 독일 점령하에 총리직을 지낸 인물-역주) 정부에 대항하여 루터파 국교의 저항운동을 이끌었던 오슬로의 주교 에이빈드 버그라브(Eivind Berggrav)는 위의 사실을 현대적인 어법으로 요약하였다.

> 하나님께서 규범에 연관된 나라와 영에 연관된 나라를 정확하게 나누어 놓으신 것은 단지 줄을 긋기 위함이 아니다. 이렇게 해 놓으신 것에는 심오한 이유가 있다. 즉 이 경계가 지켜지지 않을 때에는 사탄이 이를 이용하기 때문이다. 사탄은 이 틈을 타서 슬그머니 기어들어와 두 나라를 동시에 장악하려 한다. 권력의 힘이 영을 지배하려한다면 이는 하나님의 영역을 침범하는 것이다. 반대로 교회가 세속적인 권력을 가지고자 한다면 교회는 그 즉시 악의 지배하에 들어가게 되는 것이다. 이렇게 되면 두 나라 모두가 위험에 빠진다. 교황과 황제, 국가와 교회 모두가 사탄을 섬기게 되는 것이다.[27]

---

26 Luther: *Psalmen-Auslegung*, Band 3, 시 101편, p. 100.
27 Berggrav, Eivind: *Der Staat und der Mensch*, Claasen: Hamburg 1946, p. 305.

"영을 지배하려는 권력," "하나님의 영역을 침해한다."

이 두 표현이 바로 핵심 내용이다. 또한 이 두 표현이 바로 지금까지 비난의 대상이었던 두 왕국설의 핵심이며, 이 교리는 기독교인들과 하나님과의 관계에 세속적인 것들이 혼합되지 않게 한다. 이 교리는 동시에 가톨릭, 종파분립주의자, 이교도들과 비기독교인들을 세속적인 권력의 박해로부터 보호한다. 루터는 다음과 같이 말했다.

> 영의 생각과 뜻은 하나님 외에는 아무도 알 수가 없다. 그러므로 어떤 사람을 무력으로 이것이나 저것을 믿으라고 명령하는 것은 허사며 불가능한 일이다.[28]

만약 이단들이 혼란을 초래하는 봉기를 부추기지 않는 한, 그들도 아무 제약 없이 설교할 수 있다고 루터는 말했다.

> 이단은 영적인 대상이기에, 사람이 철로 쳐부수거나 불에 태우거나 물에 익사시킬 수 있는 것이 아니다. 바울이 말한 바와 같이(고후 10장)우리의 싸우는 것은 육신에 속한 것이 아니요 오직 경고한 진을 무너뜨리는 하나님의 능력이다.[29]

루터는 무력으로 순수한 교리를 전파하려다 정반대의 결과를 초래하는 권력자들을 비난했다.

---

28 WA 11, p. 264, 2–5.
29 WA 11, p. 269, 27–32.

> 그러므로 보라, 젊은 귀족들이 얼마나 순진하고 영리한지! 그들은 이단들을 몰아내려하다가 결국 상대를 더 견고하게하고 이 사람들을 변호하게 되는 결과를 가져온다."[30]

루터는 또 이렇게 강조했다.

> 이단들을 화형시키는 것은 성령의 뜻을 거스르는 것이다.

그러면 도대체 종교개혁 시기의 신학자들 중에 과연 누가 보수주의자인가라는 질문을 하게 된다.

루터의 반대자들이 말하듯이 루터인가?

아니면 뮌처인가?

미국인 카터 린드버그는 이 주제에 대해 흥미로운 생각의 고리를 발달시켰다. 루터는 예수님의 성체에 관련된 중세 시대의 교황주의와 급진적 개혁주의자들이었던 안드레아스 칼슈타트(Andreas Karlstadt), 토마스 뮌처와 재세례파(16세기 종교개혁 당시 급진적 개혁을 따른 기독교 종파-역주)들을 거부했다. 루터는 오직 믿음으로 의롭다함을 받을 수 있다는 그의 교리를 근거로 이들을 받아들이지 않았다.

교황주의자든 뮌처이든 재세례론자이든 그들은 모두 교회에 관한 결정을 할 때에 정치적인 면도 고려되어야한다고 주장했다. 그들은 나아가 정치적인 계획들을 하나님의 뜻과 동일시 할 수 있다는 가정을 하

---

[30] WA 11, p. 269, 7-9.

였다. 루터는 바로 이점에서 농민봉기를 반대하였다고 린드버그는 밝히고 있다. 왜냐하면 "그의 신학적인 견해로 봤을 때 복음은 모든 '거룩한 전쟁'을 반대하며 정치에 '세례'를 주려는 모든 시도 또한 거부하기 때문이다."

린드버그는 다음과 같이 핵심을 요약했다.

뮌처는 정치적인 행위로 종교적인 합법을 재건하기 위하여 노력하였으므로 종교개혁 시대의 보수주의자라 할 수 있다. 그는 영적 나라와 세속 나라를 구분하는 경계를 무시하는 부적절한 행동을 함으로 종교개혁 이전의 시대로 다시 돌아가려하였다.

린드버그의 눈에는 실제로 뮌처가 아니라 루터가 진보개혁주의자로 보였다. 왜냐하면 루터는 "기독교인들이 정치적 윤리적 모호함이 존재하는 세상일을 자유롭게 하기를 원했기 때문이다." 따라서 루터는 법과 규범이 척도가 되는 인간적인 의와 은혜의 선물로 주어지는 하나님의 의를 명확하게 구분했다.[31]

따라서 두 왕국설은 루터의 은혜 교리, 즉 오직 은혜(*sola gratia*)와 아주 밀접한 관계가 있으며 이는 곧 "정치를 탈 이념화시키고"(린드버그) 국가를 영적인 것과 분리시킨다. 그러므로 프란쯔 라우는 이렇게 주장한다.

> 국가는 글자 그대로 '세속적이다.' 만약 전제국가나 마키아벨리 군주국가, 히틀러의 국가와 같이 우상화된 국가를 루터 교리에 의한 이상적인 국가로 본다면 이것이야말로 루터의 두 왕국설을 완전히

---

31 Linberg, Carter: 〈Theology and Politics. Luther the Radical and Müntzer the Reactionary〉, 〈Encounter〉에서 발췌, 1976/4, p. 371.

왜곡한 것이다,.. 정치적인 세상의 우상화를 루터 교리를 들어 설명하는 것은 루터를 잘못 이해한 것에서 비롯된 것이다. 정반대의 경우를 루터는 주장했다."[32]

노르웨이 혁명가 버그라브 주교도 동일한 의견이었다. 1941년 히틀러의 꼭두각시인 노르웨이 독재자 비드쿤 크비즐링(Vidkun Quisling)이 집권해 있을 당시에 버그라브는 목사협의회와 교회단체회의에서 다음과 같이 말했다.

만약 국가가 전부가 된다면 다시 말해서 국가 자체가 삶의 가치관이 되고 하나의 인생관을 강요하게 된다면 루터가 말한 것과 같이 사탄의 역사가 시작된 것이다. 이렇게 되면 국가는 거룩한 영광을 국가 자신을 위하여 추구하게 되고 결국 하나님의 자리를 국가가 차지하여 반 기독교적이게 된다. 권력이 권력을 주신 하나님을 소유할 동안, 이 권력은 하나님의 질서를 따른 권력이 된다.[33]

우리가 지금까지 살펴 본 루터는 에른스트 트뢸취와 토마스 만의 루터에 관한 견해와는 완전히 반대이다. 루터는 결코 중세 시대에 머물러 있었던 것이 아니라, 교회와 국가를 한데 묶어 둔 사슬을 끊고 독립적으로 분리시켜서 보는 진보적인 사고방식을 가지고 있었다.

토마스 뮌처는 오히려 이 사슬을 새로 복원시키려 하였다. 쉬러는 루

---

32 Lau, p. 72.
33 Berggrav, p. 306.

터를 "광신자이며 편협한 사람"이라 폄하하는 실수를 했지만 실제로 루터는 국가를 이념으로부터 다른 이교도들을 단두대의 공포에서 해방시키려고 한 것이었다.

이와는 달리 토마스 뮌처는 이들에게 생명권을 보장하였고 이상주의 이념과 혼용되어 재탄생된 그들은 토마스 뮌처의 발자취를 이어갔다. 이것의 근대적인 예가 바로 민족사회주의와 공산주의이다.

루터는 칼 5세가 복음을 검으로 확장시키려 할 때에 소스라치게 놀랐다. 루터에게 이 방법은 중세 시대로 돌아가는 것이었다. 그는 기독교인들, 황제의 십자군 원정대에게 사탄을 어떻게 피할 수 있는 지 충고하며 군사들에게 탈영할 것을 권고했으며[34] 현대인들의 귀에 솔깃할 다음과 같은 제안을 했다. 터키군대를 대항하기위하여 준비된 십자군 원정보다 아이들을 위한 교육과 학교를 건립하는 것이 더 나은 일이 될 것이다.[35] 뮌처는 이와 반대로 하나님의 나라의 길을 예비하기 위해서 피 흘릴 준비가 되어 있었다.

앞 장에서 언급되었던 평화운동주의 역사학자 리차드 마리우스는 테네시 주를 여행하면서 "밤낮으로 루터에 대해 집중적으로 연구"하였지만 베트남전쟁에 적용할 만한 합당한 말을 들을 수 없었다고 했다. 바로 이 사람 리차드 마리우스는 실제 면밀하게 루터를 파악하지는 못했다. 종교개혁가 루터에 대해 말하는 사람들 중에는 전쟁을 반대하는 입장에서 루터에 대한 해석을 했을 것이다.

다른 한편으로는 인도차이나에서 미국의 전쟁 참여를 찬성하는 사람

---

34   WA 30 II, p. 115, 1-16.
35   WA 15, p. 29-30.

들은 전쟁과 평화에 관한 루터의 논문에서 위로를 받았을 것이다. 왜냐하면 루터는 먼저 선제공격하는 전쟁에 반대했기 때문이었다. 그러므로 각 사람마다 베트남에서 선제공격자를 누구로 보느냐에 따라 해석이 달라질 수 있었다. 그러나 이 견해 차이에 대해서는 여기서 더 논쟁하지 않을 것이다.

그러나 루터는 이 딜레마에 대해 우리가 살고 있는 후기 파시즘, 공산주의 시대에 시사성이 큰 대답을 즉각적으로 했다. 기독교인이 명령을 받았는데, 이 명령이 하나님의 계명에 반한다는 사실을 인지했을 때 이 명령에 순종해야하는가에 대해 루터는 이렇게 대답했다

"절대 아니다!"

기독교인은 사람보다 하나님에게 순종해야할 의무가 있으며, 따라서 설사 자신의 생명과 부의 대가를 희생하더라도 범죄적인 명령에 대해서는 단호히 거부해야한다.[36]

다른 한편으로 기독교인이 선한 믿음으로 전쟁에 참여하였는데 나중에 이 전쟁이 올바르지 않았다고 증명되었다하더라도 그가 죄를 지은 것은 아니다.

---

36 WA 19, p. 659, 25-32.

3. 루터식의 저항

고정관념으로 격하된 루터 교리는 왜 이렇게 유명한 것일까?

이유는 루터 교리에는 고정관념을 퍼뜨리는 편협한 사람들이 간과한 많은 상대적인 요소들이 존재하기 때문이다. 다른 말로 하면 루터의 교리는 아주 복합적이어서 각 요소들에 대해 유연한 해석이 가능하여 사고의 고정적인 틀을 깬다.

그러나 루터를 순수하게 있는 그대로 알기를 원한다면 "그의 교리에서 각 개별적인 요소와 중요한 결과를 '단순하게' 연결짓기 어렵다는 것을 알아차릴 수 있다"라고 라우는 주장하면서 이유를 이렇게 밝혔다.

> 루터의 말은 항상 변증법적이기 때문이다.[37]

다른 한편으로 루터의 언어는 16세기의 과장된 작센의 어투를 사용하였기 때문에 농부와 학식 있는 자들과 귀족들도 이해할 수 있을 정도로 명료했다. 결론적으로 그는 무엇보다 설교자였다. 이것은 기독교인이 권력자를 언제 어떻게 대항해도 되는지 혹은 대항해야하는지에 대한 루터의 견해에 대해 토론해보면 더욱 명확해진다.

루터는 정말 "우울한 대주교" 잉게가 주장한 것처럼 "무조건적 순종"을 주장한 설교자였는가?

그는 토마스 만이 말한 것처럼 자신의 민족을 "권력의 하수인"으로 만

---

[37] Lau, p. 92.

든 사람인가?

그는 정말 트뢸취와 니버가 주장한 "정적주의자"였는가?

16세기 당시의 과장되고 거친 작센식 말투에 익숙하지 않은 사람들이 "언제," "그러나"를 따지지 않은채, 제후들에게 농군들을 "찌르고, 때리고, 교살하라"[38]고 말한 루터의 외침을 읽으면, 실제로 루터에게 향한 비난들이 사실인 것처럼 보인다.

하지만 이것이 고정관념으로 격하되는 것을 막으려고 보면 이에 반하는 상대적인 요소들을 고려해야만 한다.

① **언어**

나 역시 이에 속하는 한 사람으로, 작센 사람들은 **과장법**을 자주 사용했으며 400년 전에는 오늘날보다 더 심했다. 흉내낼 수 없는 풍자를 사용하여 자신의 의사를 표현하는데 예를 들면 다음과 같다.

"턱주가리를 날린다, 나자빠지게 한다."

그러나 이 사람들이 실제로 마음에 살인의 의도를 가지고 있는 것이 아니라 작센사람들의 상스러운 표현으로 말을 맛깔스럽게 만드는 양념과 같은 역할을 한다고 이해하면 된다.

이에 좋은 예로는 루터가 과장된 표현을 사용할 때 자주 인용했던 말로 좋은 설교자는 "설교단 위에 젖꼭지를 매달아 두어서 성도들이 잘 **빨**아먹게 해야 한다"가 있다. 20, 21세기의 예민하고 세련된 귀를 가진 앵글로색슨족에게는(그러나 16세기 사람들에게는 아닐 것이다) 이 표현이 거칠

---

38 WA 18, p. 361, 25.

고 음란하게 들릴 수 있다. 그러나 루터뿐만 아니라 그의 적수였던 뮌처와 면죄부 매매 성직자 테첼(Tetzel)까지 포함하여 작센 사람들은 이런 우스꽝스러운 표현을 이해했고 자주 즐겨 사용하였다.

그렇다고 루터가 선동과 봉기를 죽음의 형벌로 다스려야 한다는 것에 진심으로 찬성하지 않았다는 것은 아니다. 그는 신학적이고 법률적인 관점에서 선동과 봉기는 살인보다 더 심각한 범죄라고 보았다. 일반적인 살인자와는 반대로 "선동자는 검으로 검을 휘두르는 권력을 잡고자 하는 것으로 이는 하나님이 세우시고 부여하신 것과는 다르다…."[39]

이것은 조잡한 폭력 범죄자와는 달리 선동자들은 세속적인 권력을 추구한다는 것을 의미한다. 루터는 항상 말했던 바와 같이 무정부 상태를 방지하거나 중지시키기 위해 정당한 권력을 가지는 길을 선택할 것을 요구했다.

② **루터의 제후들에 대한 비판**

루터는 피를 보더라도 농민봉기를 진압할 것을 촉구하기 바로 직전에 이 무장봉기는 제후들의 교만한 행동으로 일어났다며 먼저 제후들을 비판했다.

> …괴롭히고 착취하는 당신들의 방자함과 교만을 더 이상 가난한 평민이 참을 수 없거나 참고 싶지 않을 지경까지 이르렀다. 당신들은 목에 검이 놓인 것 같이 뻣뻣하고 심지어 사람들이 당신들을 일으

---

[39] WA 17 I, p. 265, 35-266.

> 켜 세울 수조차 없도록 말안장에 꽉 붙들어 매어 앉아있는 꼴이다. 이런 자기방어와 오만불손함이 결국 당신들의 목을 부러트릴 날이 도래하는 것을 목도하게 하리라. 내가 시편 107:40 "여호와께서 고관들에게는 능욕을 쏟아 부으시고…" 라는 말씀으로 당신들을 여러 번 경고하였노라. 루터는 제후들을 향하여 혐오와 경멸을 쏟아부었다.[40]

이와 같이 항복하는 농군들에게는 은혜를 베풀 것을 호소하고, 권력자들에게는 질타를 퍼붓은 루터의 말들은 권력의 하수인이 하는 말로는 적합하지 않다. 루터는 "피의 학살에 굶주린 격분하고 제멋대로며 허탄한 독재자들"을 지탄하였다.

그리고 이미 이전에 만약 농군들이 권력을 나누어가지게 되면 무슨 일이 생길 것인지에 대해 걱정하고 있었다. 만약 이렇게 된다면 "사탄이 수도원장"이 되는 것이었다. 혹 이런 독재자가 통치권을 가지게 되면 사탄의 어머니가 수도원 여 원장이 되는 것과 같다.

> 그러므로 나는 농군들이 진정하기를 바라며 동시에 경건한 제후들을 가르치고 권면하고자 하였다. 그러나 농군들이 나의 말을 듣지 않았다. 그들은 자업자득을 한 것이다.…그들이 회개하지 않는 한 지옥 같은 불길, 떨며 이를 가는 것이 그들의 영원한 몫이 될 것이다.[41]

---

40 WA 18, p. 294.
41 WA 18, p. 400, 24-401, 10.

③ 성경적으로 봉기는 금지조항

루터는 농군들의 많은 요구를 지지했다. 그러나 그들이 폭력적으로 변하여 귀족들을 죽이고 성곽들을 불태우는 것은 태초부터 존재해 온 하나님의 질서에[42] 정면 대항하는 것이었다. 그들은 예수의 명령인 "가이사의 것은 가이사에게"(마 22:21)와 사도 바울의 권면인 "각 사람은 위에 있는 권세들에게 복종하라"(롬 13:1)를 어겼다. 살인하고 난동을 부리는 끔찍하고 혐오스러운 방법으로 하나님의 계명을 어겼다.

그들은 하나님의 말씀에 대항하여 검을 겨눈 것이다.[43] 더욱이 그들은 그들의 범죄 행위를 "복음의 이름"을 빌려 스스로를 "기독교 형제들"이라 부르므로 더 심각한 결과를 초래했다. 루터의 눈에는 이것이 바로 신성모독이었다.[44]

루터가 하나님이 권력자를 세우셨기 때문에 모든 정부에 대해 순종하여야 한다고 요구하는가?

절대 그렇지 않다고 프란쯔 라우는 말하고 있다.

> 루터는 벙어리 같은 굴욕의 순종을 가르치는 선생이 아니라 무모하다 할 정도로 불법을 저지르는 모든 권력의 반대편을 고수했던 사람이다.… 그는 모든 권력의 폭력과 신성모독에 대항하여 자신의 목소리를 내었다.… 그는 정치인들에게 할 말을 적극적으로 했지만

---

[42] WA 11, p. 248.
[43] WA 18, p. 360.
[44] WA 18, p. 359.

> 그렇다고 정치에 간섭하지는 않았다."⁴⁵

버그라브도 이렇게 생각했다.

> 불의를 보고 침묵하는 자도 공범이다. 그는 하나님을 기만했다. 그들이 우리를 다스리는 힘을 가지고 있을지라도 이것이 우리를 억누를 수는 없다.⁴⁶

독일이 노르웨이를 점령하고 있던 시기에 버그라브(그림 17)는 노르웨이 목사들에게 독재 권력에 저항하는 모든 기독교인들에게 루터가 부탁한 말을 상기시켰다.

> 당신들의 입이 바로 예수님의 입이다.⁴⁷

루터는 정적주의를 결코 설교하지 않았다. 이와는 완전히 반대로 노골적인 표현으로 정적주의 설교자들을 믿음 없는 돼지라고 비난하였다.

> 지금 너무나 많은 주교와 설교자들이 설교단 위에 서서 하나님을 충성되이 섬기지 않고, 거짓말하거나 농담을 한다. 이들은 제후들과 영주들에게 그들의 악덕을 말하지 않는 게으르고 무익한 설교자

---

45 Lau, p. 88-89.
46 Berggrav, p. 309.
47 WA 8, p. 682.

들이다. 이들은 이런 사실들을 전혀 개의치 않고 그들의 직위에서 코나 골고 앉아서 실제로 자신의 직위에 걸 맞는 일은 하나도 하지 않고 실제 좋은 설교자가 서야 할 자리에 자리만 차지하고 있는 돼지들이다.[48]

그러나 성직자들만이 부당하고 무자비한 통치자들을 맞서야 하는 것은 아니며 평범한 시민들도 하되 모든 겸손을 다하여 행하여야 한다. 루터는 하나님이 우리에게 의, 진실 그리고 신념을 위해 용감하게 행동할 것과 포기할 수 없는 기독교인의 의무인 시민 용기를 요구하신다고 말했다.

그러므로 디트리히 본회퍼는(그림 18) 제3제국 시절 감옥에서 시민 용기의 결핍을 비판하며 다음과 같은 유명한 루터 교리에 근거한 말을 남겼다.

> 시민의 용기는 자유로운 사람이 자발적인 책임감에서 나오는 것이다. […]이 용기는 하나님에 기인한 것으로 하나님은 자발적인 믿음의 도전으로 책임 있는 행동을 요구하시며 이로 인하여 죄인이 되더라도 용서와 위로를 약속하시는 하나님이시다.[49]

---

48 Luther, Martin: *D Martin Luthers Psalmen-Auslegung*, Band 2, Erwin Mülhaupt, Vandenhoeck & Ruprecht: Göttingen 1962, p. 471.

49 Bonhoeffer: *Widerstand und Ergebung*, p. 12.

그러나 루터는 기독교인은 자유롭게 자신의 의견을 말하는 것 이상으로 더 나가면 않된다고 말했다. 그 다음 행동으로 옮기는 것에는 하나님께 맡겨야 한다. 루터는 대화를 통한 평화적인 저항에 대해 예수님의 말씀인 요한복음 18:13을 그 근거로 제시하였다.

> 예수께서 대답하시되 '내가 잘못하였으면 그 잘못한 것을 증언하라'고 하신 것처럼 우리는 다른 사람의 뺨을 후려치는 것과 우리를 때리는 사람을 말로 벌을 주는 것과는 큰 차이점이 있다는 것을 알아야한다. 그리스도는 고난을 받아야함에도 불구하고 불의에 대해서는 말로 맞섰다. 누군가가 재판정에서 뺨을 때릴지라도 나는 진실을 말해야 한다. 설령 열대의 따귀 세례를 받을지라도 나는 진실을 양보하지 말아야 할 것이다....그러므로 입과 손은 서로 분리하여야 한다. 내가 불의를 찬성하는데 입을 사용하지 않아야하며 손은 조용히 간직하고 있어야지 스스로 손을 이용하여 복수하지 말아야 한다.[50]

이것은 트뢸취가 특히 비난했던 루터의 저항론의 특징이다. 기독교인은 이웃을 위해 나서야하지만 자신의 개인적인 이익을 위해서는 싸우지 말아야한다. 트뢸취는 이것을 루터의 "이중적인 도덕"에 대한 증거라고 보았다.

그러나 실제 루터는 여기에서도 성경에 근거를 두었다. 루터는 그리

---

50 WA 28, p. 283, 19-32.

스도의 삶과 산상수훈에서, 성도들은 심판하기 위해서가 아니라 고난받기 위하여 부름을 받았다는 결론에 이르렀다. 따라서 세상의 질서는 인간이 즉각적으로 심판하거나 무죄 판결을 내릴 수 없도록 되어 있다. 봉기는 바로 이 근본적인 질서에 어긋난다. 각자가 재판자요 사형집행자가 된다면 이 세상의 기초가 위협받게 된다고 루터는 말했다.

이것은 군나 힐러달(Gunnar Hillerdal)이 강조한 바와 같이 또한 루터의 십자가 신학과도 일치한다.

> 기독교인이 고난당하고 십자가에 내버려진 주를 따라간다면 동시에 영광도 보게 될 것이다. 그러므로 기독교인은 자신을 위하여 자신의 이익을 위하여 싸우지 않으며 주가 십자가에서 당하신 것처럼 불의, 능욕과 고뇌를 참고 인내한다. 그리스도가 한 사람의 편을 든다면 그에게 불행이나 불의가 닥치더라도 그것은 그에게 거의 아무 의미가 없다. 사람의 자유와 기쁨은 그리스도 안에 있으며 이것은 세상적인 성공이나 다른 사람이 주거나 거절할 수 있는 존경과 영광에 달려 있는 것이 아니다.[51]

루터는 기독교인들의 자발적인 비폭력은 결국 고난과 억압을 가져오게 된다고 전제했다 그러나 그는 이것을 의와 진실을 옹호한 대가로 보았다. 성도들은 이 대가를 받아들여야한다. 기독교인들이 군주의 불의한 행위를 같이 해야 할 의무는 없으며 수동적인 저항을 해야 한다. 기

---

51 Hillerdal, p. 99.

독교인들은 폭동을 일으켜서는 안 된다.

  이것이 바로 루터, 칼빈, 그리고 17세기 잉글랜드 국교회의 신학과 일치하는 황금률이다. 잉글랜드 국교회의 신학자 템펠과 잉게는 루터를 비판하면서 1640년에 만들어진 자신들의 교회신학 표준을 간과했다.

  이 표준 문서에는 다음과 같이 쓰여 있다.

> 왕을 대항하여 무기를 드는 것은 어떤 핑계를 댈지라도 하나님의 질서에 대항하는 것과 동일하다.

  루터는 무장된 저항에 반대하는 입장에 있었지만 예외를 두었다. 여기에 대해서는 뒤에 다시 언급하고자 한다. 어쨌든 폭동은 절대로 허용될 수 없는데, 이는 자연법에 저촉되기 때문이었다.

  힐러달은 여기에 대해 다음과 같이 썼다.

> 자연법(*lex naturae*)에 관한 루터의 교리는 하나님이 이 법을 모든 인간의 마음 속에 새겨두셨으므로 누구도 이 법에서 자유로울 수 없다는 것이다. 하나님의 뜻을 어기는 사람은 이 자연법을 어긴 것이다. 자연법은 멀리는 하나님을 아는 지식의 근원이 된다. 자연법에서 직접적으로 하나님을 아는 지식을 얻을 수는 없지만 인간이 특정한 상황에서 어떻게 행동하여야 할지를 가르쳐주는 도덕적 이성이다.[52]

---

[52] Ibid., p. 113.

로드 벤지테트의 주장은 루터가 이성을 배척하여 결과적으로 모든 독일인들이 비이성적으로 되었다고 하는데, 이 주장 또한 터무니가 없다. 루터의 신학에서 이성의 중요성은 척도로 나타낼 수 없을 정도로 중요하다. 물론 이성도 세속의 삶에 다른 모든 것과 같이 죄에 자유로울 수는 없다. 그러나 이성은 "모든 것들의 우두머리이며...그리고 삶의 많은 부분을 평가하는 잣대이기에 가장 최선의 것으로 거룩하다."[53]

이성은 하나님이 태초에 만드신 질서를 지켜나가는 힘이다. "하나님은 세속의 권력을 이성에 복종시켜두셨다"라고 루터는 썼다.

> 왜냐하면 창세기 2장 8절 이하에 따라 하나님이 인간아래에 두신 육체적 세속적인 피조물들을 다스려야 하기 때문이다.[54]

이방인 통치자조차도 이성으로 다스린다. "이성과 자연적인 이해력은 심장이며 법률의 여왕이요 솟아나는 샘물로 이에서 법이 생기고 흐른다"라고[55] 본회퍼가 말한 바와 같이 마치 하나님이 계시지 않는 것처럼(*etsi Deus non daretur*) 사는 삶을 이성이 가능하게 한다. 이 점에서 이성은 "아름답고 훌륭하다"라고 루터는 말했으며 그러나 이성은 "오직 세속의 나라"에 속한다고 밝혔다.[56]

---

53   WA 39 Ⅰ, p. 175, 9-10.
54   Luther: *Psalmen-Auslegung*, Band 3, p. 103.
55   WA Tischreden(식탁 담화), Band 6, Nr. 6955, p. 290, 34-36.
56   WA 16, p. 261, 29-32.

> 한시적인 일들 그리고 사람들이 하는 일들에는 이성 외에 다른 빛이 필요없다. 그러므로 하나님은 성경에서 집을 짓는 방법이나 옷을 만드는 방법, 결혼, 전쟁, 배타는 법 등과 같은 일은 가르치시지 않는데, 이는 자연적인 빛(이성)으로 충분하기 때문이다."[57]

이성에 반하는 모든 일은 "더 거세게 하나님에 대항"하는 것이다.

> 세속적인 진실에 반하는 일이 어떻게 천국의 진실에 반하지 않겠는가?[58]

그러므로 "폭동은 이성이 아니며 이는 잘못이 있는 사람들뿐만 아니라 잘못이 없는 사람들에게도 피해를 주게 된다. 그러므로 폭동은 정당화 될 수 없으며…이로 인하여 개선되기보다는 해를 더 초래한다."[59]

폭동은 하나님이 세우신 질서를 파괴하는 폭도가 지배하는 것으로 비기독교적이다.[60]

> 폭도는 기준을 가지고 있지 않으며 알지도 못한다, 그들 각자 속에는 5명의 독재가가 숨어있다. 그러니 차라리 권력자 한 사람인 독재자에게 괴롭힘을 당하는 것이 셀 수 없는 많은 독재자들에게 시달

---

57 WA 10 Ⅰ, Teil 1, p. 531, 6–16.
58 WA 8, p. 629, 31–630, 1.
59 WA 8, p. 680, 18–21.
60 WA 17 Ⅰ, p. 149, 23–25.

리는 것보다 나을 것이라.⁶¹

그러나 기독교인이 권력에 복종하여야한다는 규칙에는 예외가 있다.

> 불순종할 수 있는 것은 이때 허용되는데, 제후, 왕, 군주가 광적으로 변한다면 이 권력자를 파면시킬 수 있다. 왜냐하면 이 권력자는 이제 더 이상 사람으로 보기가 힘든데 그에게 이성이 없기 때문이다.

그러나 광적으로 변해버린 권력자를 무력적으로 파면시키는 일이 폭도의 몫은 아니다. 이 일을 위해서는 발터 퀸네트가 말한 바와 같이 필수적인 선행조건이 필요하다.

> 무력적인 방법을 사용하는 것을 고려하고 실행에 옮기기 위해서는 정부에서 이에 상응하는 책임 있는 지위에 있는 사람이나 이전에 직위를 가지고 있던 사람이 있어야 가능하다….주어진 상황에 따라 평범한 시민 중에도 직위에 합당한 사람으로 성장할 수도 있다. 가장 중요한 것은 조직적이고 세분화된 책임에 대한 인식이다.⁶²

이와 유사한 예로 버그라브 주교는 헬무트 제임스 폰 몰트케(Helmuth James von Moltke) 백작의 독재자 암살은 신학적으로 올바른지에 대한 물

---

61 WA 19, p. 635, 11–16.
62 Künneth, Walter: *Das Widerstandsrecht als theologisch-ethisches Problem*, Claudius: München 1954, p. 14.

음에 다음과 같이 충고했다. 그는 독일계 미국인 역사학자 클레멘스 폰 클렘퍼러(Klemens von Klemperer)의 말을 인용하여 암살자는

> ...히틀러를 죽이고 바로 새로운 정부를 구성하고 평화협정을 체결할 수 있는 능력이 있어야 한다.

여기에 덧붙여 당시 1942년 초는 그러기에는 이미 때가 너무 늦었었다고 말했다.[63]

4. 하나님의 "기적의 사람"과 사탄의 앞잡이

퀸네트와 버그라브는 루터의 권력에 대한 생각의 가장 중요한 특징을 지적하였다. 하나님의 자녀들은 한편으로는 "독재자를 단지 견뎌내는 것 뿐 아니라, 그들을 위하여 기도하고 잘 되기를 기원하며 실제로 행동하여야한다."[64]

다른 한편으로 루터는 견딜 수 없는 독재가 지속될 수 없다는 것을 확신하고 있었다. 여기에 대하여 프란쯔 라우는 다음과 같이 밝혔다.

---

63 Klemperer, Klemens von: 〈Glaube, Religion, Kirche und der deutsche Widerstand gegen den Nationalsozialismus〉, 〈Vierteljahreshefte fur Zeitgeschichte〉 28년도 Stuttgart 1980, p. 307.
64 Luther: *Psalmen-Auslegung*, Band 3, p. 113.

하나님이 직접 관여하신다. 하나님은 비밀스러운 방법으로 끔찍한 피폐함을 다시 하나님의 섭리를 통해 회복시키신다. 하나님은 다른 사람을 통해 독재자를 벌하신다. 그는 폭력을 행사하는 자를 그의 직위에서 내려오게 하시고 낮은 자를 높이신다. 이것이 바로 하나님의 비밀스러운 질서이며 찬미의 질서이다.[65]

독재자들이 의로운 자들을 보호하고 불의한 자들을 벌해야 하는 자신의 의무를 게을리한다면 하나님은 그에게 갑자기 불을 내리시거나 갑작스러운 죽음을 내리신다. 혹은 시편 101편에 상세히 표현되어 있는 하나님의 기적의 사람 즉 루터와 같은 사람을 보내신다.

여기에서 "기적의 사람"(Wundermann)이라는 개념은 하나님으로부터 보내심을 받은 자가 기적의 일을 이루어낸다는 뜻이 아니다. 이 표현은 하나님의 은혜를 입은 한 사람의 출현 자체가 하나님의 기적이라는 뜻이다.

이 "기적의 사람"은 성령의 생기(*afflatus*)를 가진 사람이다. 그는 세속 나라에서 영적 나라의 선지자와 같은 역할을 하는 존재이다. 하나님의 선물인 셈이다.

소련 연방의 붕괴에 대해 구동독과 발트해 연안 국가에 있던 루터교 신학자들 사이에 논쟁이 있었는데 루터의 "기적의 사람"에 고르바초프가 해당되는가였다.

---

65   Lau, p. 87.

> 하나님이 직접 다스리시는 기적의 사람이 있는 그곳이 바로 하나님의 고귀한 은혜가 있는 곳이다.⁶⁶

여기에 직접적으로 연관하여 루터는 어떻게 생각하는지 다시 한 번 루터의 글을 읽어 보는 것이 유용할 것 같다.

> 하나님이 직접 가르치시고 세우시는 몇 명의 사람들은 하나님 앞에 특별한 별과 같다. 그들은 이 땅위의 좋은 기운과 같아서 우리가 말하는 행복과 승리를 가져온다. 그들이 시작하면 진행이 순조롭고 모든 세상이 반대한다 할지라도 거침없이 나아간다. 왜냐하면 하나님이 그들의 마음에 의미와 용기를 심어주시고 그들의 손을 통해 일이 일어나고 성사되게 하시기 때문이다. 삼손, 다윗, 여호야다와 같은 사람들이 바로 이런 사람들이다. 그러나 이런 사람들은 하나님의 백성 가운데만 있는 것이 아니라 불신자들과 이방인들 가운데에도 나타나며 또한 제후의 신분에서만이 아니라 시민계급, 농군들, 장인들의 신분에서도 나타난다. 페르시아 왕국에서 고레스 왕, 그리스의 제후 테미스토클레스와 알렉산더 대제, 로마 제국에서는 아우구스투스 황제, 베스파시안 황제 등등… 이런 사람들을 나는 교육으로 만들어진 인물들이 아니라 하나님으로부터 창조되고 보냄 받은 제후들이요 왕들이라고 본다."⁶⁷

---

66 Luther: *Psalmen-Auslegung*, Band 3, p. 78.
67 Ibid.: p. 70.

루터의 눈에는 그의 후원자였던 "작센의 선제후 프리드리히 현자가 이런 사람으로 평화로 다스리는 현명한 제후였다."[68] 위대한 사람은 다윗에서 볼 수 있듯이 반드시 거룩한 사람일 필요는 없다.

> 그는 간음과 살인을 행하여 하나님 앞에 큰 죄를 저질렀다.[69]

기적의 사람의 특징은 한마디로 공적 임무를 위한 범상치 않은 천성을 소유했다는 것이다. 힐러달은 다음과 같이 평했다.

> 그들의 임무 중에는 불의한 권력을 몰락시키는 것도 해당된다. 기적의 사람은 단지 하나님의 도구이므로 그가 투쟁하여 쟁취한 승리에서 그는 자신을 위한 어떤 이익도 얻을 수 없다. 그는 나그네와 같이 행동하며 먼 이방 땅에서 낯선 사람들을 도와주러 온 이방인과 같다.[70]

그렇다면 하나님으로부터 보내심을 받은 자로 이성과 지혜를 갖춘 기적의 사람이 하는 일은 최종적인 결정으로 항상 유효한가?
그래서 그것은 절대 다시 되돌릴 수 없는가?
만약 그렇다면 이것은 완전히 루터와 정반대되는 생각이다.
루터는 예화를 들어 다음과 같이 설명한다.

68　Ibid.: p. 72.
69　Ibid.: p. 122.
70　Hillerdal, p. 118.

> 세상은 이렇게 되어간다. 하나님이 교회를 세우는 곳에 바로 사탄이 그 옆에 자신의 예배당을 그것도 셀 수 없이 많이 세운다. 하나님이 기적의 한 사람을 영적인 나라나 세속 나라에 보내는 곳에 사탄은 그의 졸개들을 보내어 모든 것을 따라하게 하며 원숭이 흉내 내는 놀이나 마술들을 요란스럽게 한다.[71]

"하나님은 자신을 세상에서 소외시키신다"라고 루터교 학자인 디트리히 본회퍼가 감옥에서 썼다. 그러나 이것은 사실 비루터적 사고방식으로 우리는 이것을 세속의 나라에서 하나님이 숨어서 역사하시는 드라마의 마지막 대사라고 간주한다. 본회퍼의 말을 다시 한 번 인용하겠다.

> 나는 하나님은 모든 것, 즉 가장 악한 것에서 선한 것을 만들어내실 수 있으며 만들어내시기를 원하신다는 것을 믿는다. 이를 위해 하나님은 모든 일을 합력하여 선을 이루어낼 인간을 필요로 하신다. 나는 하나님이 모든 고난 가운데 있는 우리에게 필요한 만큼의 저항할 힘을 주신다고 믿는다. [...] 나는 또한 우리의 실수와 착오도 헛된 것이 아니라고 믿는다.[72]

---

71 Luther: *Psalmen-Auslegung*, Band 3, 시 101편, p. 73-74.
72 Bonhoeffer: *Widerstand und Ergebung*, p. 18-19.

5. 언제 무력적인 저항이 허락되는가

디트리히 본회퍼는 세상을 범죄 권력자의 손에서 해방시키기 위해 수동적인 저항을 넘어설 준비가 되어 있었다. 본회퍼는 더욱이 신학적으로 보수적인 루터교도였다. 그럼에도 불구하고 히틀러를 대항하여 암살 계획에 대해 이미 찬성하고 있었다.

제2차 세계대전 발발 직전에 그는 예수님의 말씀 "칼을 가진 자는 다 칼로 망하느니라"(마 26:52)에 대해 질문을 받았다.

본회퍼는 이에 대해 반란자들에게도 이 말씀이 적용된다고 대답했다.

우리는 이 심판이 우리에게 임할 수 있다는 것을 받아들여야한다.[73]

그러나 지금은 이 심판의 부담을 질 수 있는 사람이 필요하다.

위의 말은 본회퍼가 루터에게 멀어졌다는 뜻인가?

본회퍼의 전기 중에 이 부분을 서술한 에버하르트 베트케(Eberhard Bethge)는 절대 그렇지 않다고 말했다.[74] 베트케는 나에게 본회퍼는 이 사건을 통해 루터의 명령어인 담대하게 죄를 저질러라(*pessa forliter!*)에 방점을 찍었다고 말했다.

이 명령형의 충고는 1521년 8월 1일 루터가 그의 친한 친구 필립 멜란히톤(Philipp Melanchton)에게 보낸 편지에서 쓴 표현으로 종종 문맥에

73　Bethge, Eberhard: *Dietrich Bonhoeffer. Theologe, Christ, Zeitgenosse*, Chr. Kaiser: München 1967, p. 704.
74　Ibid..

서 이 부분만 빼낸 피터 비너(Peter F. Wiener)의 예에서 본 것처럼, 루터에 관하여 어처구니없는 고정관념을 형성하는데 사용되고 있다. 비너는 이 표현을 인용하여 루터를 복음 설교자가 아니라 죄의 설교자로 묘사하고 있다.

그러나 이 문장은 전체 문맥상으로 살펴봐야 한다. 그러면 이 문장이 기독교인이(이 땅에서 죄인으로 살아갈 수 없는) 세상에서 어떻게 살아야 하는가라는 주제에 귀결된다는 것을 알게 된다.

> 죄인으로 담대하라. 그리고 담대하게 죄를 저질러라, 그러나 더 담대하게 그리스도를 신뢰하고 그로 인하여 기뻐하라, 그는 죄와 사망과 세상을 이기셨다. 우리가 우리 모습 그대로 존재하는 한 죄를 저지를 수밖에 없다. 이 땅은 우리가 살 영원한 의(義)의 집이 아니다. 베드로가 말했듯이 우리는 약속의 의가 거주하는 새 하늘과 새 땅을 기다린다.[75]

본회퍼는 16세기 말 위그노전쟁에 큰 영향을 끼친 순수-루터주의(gnesio-lutherisch) 전통을 접목시켜 기독교인들이 악한 독재자를 대항하여 검을 드는 것에 정당성을 부여하였다. 그네지오스(*gnesios*) 라는 단어는 그리스어로 진리 또는 순수를 의미한다. 1530년 6월 30일 칼 5세가 아우크스부르크 독일의회에서 루터교를 지지하는 나라에 최후의 통첩을 보낸 사건은 루터에게 저항에 대한 생각의 전환을 가져오게 한다.

---

[75] WA, Briefwechsel(교환 서신), Band 2, 372, p. 84-88.

칼 5세의 최후통첩에 의하면 6개월 내에 그들은 로마 가톨릭으로 돌아와야 했다. 이 기간 동안에 루터주의자들은 종교적인 글을 공식적으로 쓰는 것과 다른 사람들을 전도하는 것이 금지되었다. 게다가 그들은 가톨릭과 함께 성례주의자와 재세례파들을 대항하는 것에 앞장서야 했다.

루터는 독일국회가 열리는 동안 코부르그(Coburg)에 있었으며 이를 듣고 굉장히 흥분했다. 그는 칼 황제의 조건을 받아들일 수 없었으며 동시에 황제가 최후통첩의 시일이 지나면 무력을 사용할 것이라고 보았다.

따라서 그는 "그의 사랑하는 독일 민족에게" 그들의 영혼 구원을 위해 이 조건을 절대로 허용할 수 없다는 것을 경고했다. 황제는 영적인 부분에서 힘을 행사할 수 없다. 복음이 있는 곳에 기독교인들은 인간이 아니라 하나님에게 순종하여야 한다. 이 "경고"에서 루터는 독재자에 대항하여 무력적인 저항을 명시적으로 허용함으로 이전에 자신이 취한 입장을 바꾸었다.

> 전쟁이 일어나는 곳에 하나님이 계시며, 나는 이 살인적이고 피에 굶주린 가톨릭에 대항하여 방어하려하며, 난동을 부리며 비난하지도 않을 뿐만 아니라 비난하도록 두지도 않을 것이며 일어나는 대로 지켜보다가 정당방위가 되게 하여 세상의 법과 법률가에게 이를 호소할 것이다. 살인자와 독재자가 전쟁을 벌이고, 사람을 죽이려는 이 경우에 이들을 대항하여 일어나서 방어하는 것은 난동이 아니다. [...] 기독교인은 하나님의 것은 하나님에게 가이사의 것은 가

> 이사에게(마 22:21) 주어야하나 잔악한 독재자에게는 그들의 것이 아닌 것을 그들에게 주지 말아야한다는 것을 잘 안다. […] 잔인한 독재자가 날뛰는 대로 그대로 모든 것을 놔 둘 필요는 없다.[76]

이것이 저항에 관한 루터신학의 기초가 되었다. 아우크스부르크 독일 의회 이후 루터는 먼저 법률적인 논평과 함께 이 주제에 대한 자신의 생각을 더 발전시켜 나갔다. 1530년 10월 루터는 그의 동역자 필립 멜란히톤, 유스투스 요나스(Justus Jonas)와 게오르그 슈팔라틴(Georg Spalatin)과 함께 "토르가우 성명"(Torgauer Gutachten)에 서명을 하는데, 이 성명에 의하면 권력에 대하여 저항할 수 있는 권리는 바로 권력에 의해 보장되어야 한다는 것이었다.

다시 바꾸어 말하면 권력에 반하여 저항을 할 수 없다고 가르쳤던 루터와 그의 종교개혁 동역자들은 이 성명 이전에는 저항의 권리가 바로 권력에 의해 보장되어야한다는 사실을 확실히 인식하고 있지 않았다던 것이다.[77]

그러나 그로부터 8년이 지난 후에 황제가 루터교도들에게 전쟁을 선포하자, 루터는 황제가 자신들의 종교, 영적인 지위와 사적인 삶을 위하여 싸워야할 독재자라고 설명했다.

---

76 WA 30, Ⅲ, p. 282, 22-283, 8.
77 Ruchbach, Gerhard: 〈Das Widerstandsrecht als Problem der deutschen Protestanen 1523-1546〉, *Texte zur Kirchen-und Theologiegeschichte*, Band 5에서 발췌, Heinz Scheible. Gerd Mohn: Güntersloch 1969. p. 67. 원본: Denn was wir bisher geleret, stracks nit widderzustehen der oberkeit, haben wir nicht gewusst, das solchs der oberkeit rechte selbs geben, welchen wir doch allenthalben zu gehorchen vleissig geleret haben.

이런 상황에서는 기독교인이 자신의 믿음을 위해 싸워야할지 말아야할지는 더 이상 물음의 대상이 될 수 없었다. 그는 오히려 그의 가족과 아이들을 위해서 반드시 싸워야 했다. 미국 역사학자 리차드 베너트(Richard R. Benert)[78]는 루터교도들이 저항권을 주장한 근거에 대해 3가지 논거를 제시하였다.

① 최고 영역
모든 기독교인들은 하나님을 사랑함으로 사탄의 군대에 대항하여 맞서야 한다. 그러나 이 경우는 역사 속에 극히 드물게 나타난다.

② 중간 영역
자연법에 의하면 모든 인간은 가족과 이웃을 보호할 의무가 있다. 도둑이나 살인자로 타락한 권력자에게도 대항하여 이 의무를 수행하여야 한다.

③ 최저 영역
실정법과 제도에 의하면 황제가 협약을 어겼을 경우 황제를 거스르는 것을 허용한다. 협약을 파기하는 것과 동시에 권력자에 대한 의무 또한 사라지게 한다.

베너트는 여기에 다음과 같이 부연 설명하였다.

---

[78] Benert, Richard Roy: 〈Inferior Magistrates in Sixteenth Century Political and Legal Thought〉, 미네소타대학교의 출간되지 않은 박사학위 논문

> 로마 가톨릭 교회법과 게르만 민족의 법이 혼재되어 있는 봉건제도는 권력자와 공식적인 공무원들에 맞서 자기방어를 허용하고 있는데, 단 그들이 약속을 지키지 않는다거나 자신의 권한을 남용할 경우에 한 한다.[79]

베네트는 개신교에서 루터주의자들의 기여는 영적인 분야에 제한되고 칼빈주의자들만 정치적인 활동성에 대해 발전시켜나갔다는 고정관념에 대해 수정이 필요하다고 주장했다.

이와 관련하여 역사학자들은 하부 관료들에 대한 행동지침을 담은 16세기 루터 문서의 초안이 있음을 알리고 있다. 실제로는 하부 관료들의 권리와 의무에 관한 것은 칼빈주의에 의해 만들어진 것으로 널리 알려져 있다. 그러나 원래 이것이 루터주의에 의해 만들어졌고 발전되어져 왔다는 증거는 적지 않게 많이 남아 있다. 이 점에 대해 순수 루터 운동에 역동적으로 참여하고 있는 미국의 신학자 올리버 올슨(Oliver K. Olson)은 다음과 같이 강조한다.

> 실제로 칼빈은 하부 관료들이 그들 밑에 있는 수하들을 독재적인 권력 남용으로부터 보호해야할 의무가 있음을 인정했지만 무력적인 저항이 아닌 다른 방법을 사용하도록 하고 있다.[80]

---

79 Ibid.
80 Olson, Oliver: 〈Theoloy of Revolution: Magdeburg, 1550-1551〉, 〈Sixteenth Century Journal〉, Band 3에서 발췌, 1972. 04.01, p. 59.

자신의 친족과 이웃을 방어할 권리와 의무를 한 집안의 가장에게까지 확대 적용한 것은 루터였다. 만약 법률에 의한 정당한 권력이 부재한 가운데 공격을 받는 상황이 벌어지면 각 개인이 정부 관료로서 행동해야 한다(*plebs est magistratus*).[81]

위의 주제에 대한 결정적인 진술은 루터, 요나스, 부처(Bucer), 그리고 멜란히톤이 1538년 11월 선제후 요한 프리드리히 폰 작센과 필립 폰 헤센에게 전달한 문서에 나와 있다.

> 복음이 권력자에게 합당한 직위를 보장해 주는 것과 동시에 복음은 자연법적인 권리와 실정법적인 권리 또한 보장하고 있다. 사도 바울이 말한 바와 같이 율법은 불법한 자에게 주어진 것(*Lex est iniustis positia*, 딤전 1:9)이다. 모든 가정의 가장이 그의 능력에 따라 아내와 아이들을 공식적으로 자행되는 살인으로부터 보호할 의무가 있다는 것은 의심할 여지가 없으며 개인적으로 자행되는 살인과 황제가 자신의 권한을 넘어 불법적인 무력과 특히 공식적으로 악명 높은 무력을 사용하여 자행하는 살인에는 차이가 없다고 할 것이다. 공식적인 폭력(*violentia*)이 자행되면 부하와 상사 사이에 존재하는 모든 의무들은 자연법에 의거하여(*iure naturae*) 폐지되어진다.[82]

이로 루터와 그의 동역자들은 400년 전에 이미 21세기에도 적용될 수 있는 초안을 작성하였다. 하나님이 세우신 상급자에게 순종의 의무

---

81 WA, Tischreden(식탁 담화), Band 4, p. 238, 17.
82 Ruhbach, p. 93.

를 가진 "하부 권력"은 상황에 따라 권력자에 대항하여 검을 들 수 있다는 생각은 칼빈에서부터 시작되었다는 것은 사실이 아니다. 올리브 올손은 다음과 같이 쓰고 있다.

> 슈말칼덴 전쟁 전에 비텐베르그 신학자들과 작센 선제후국 법률가들 사이에서 이루어진 토론을 통해 도출된 것이다. 그런데 때마침 제네바의 칼빈의 추종자였던 테오도르 폰 베자(Theodor von Beza)가 독재 군주에 대항하는 저항운동에 이를 적용하였으며… 바돌로메 대학살(1572년 8월 23-24) 이후 프랑스의 왕에 대항하여 개신교 저항운동을 지휘하고 동참하도록 호소하는데 이론적인 근거가 되었다.[83]

6. 막데부르그 신앙고백

저항론에서 막데부르그는 결정적인 역할을 하였다. 막데부르그는 루터의 종교개혁을 공식적으로 선언한 북부 독일의 첫 도시이다. 초기 독일 개신교가 직면했던 큰 위기 중 하나였던 슈말칼덴전쟁에서 막데부르그는 마지막 보루였다.

1546년 루터의 죽음 직후에 슈말칼덴전쟁이 발발되어 1547년 칼 5세의 승리로 끝났지만 막데부르그와 브레멘은 황제에게 굴복하지 않았다.

---

[83] Olson, p. 56.

전쟁이 끝난 다음해 막데부르그는 칼 황제가 명령한 과도기적 독일 교회 단일화 방안인 아우크스부르크 "임시 명령"에 항거하였다.

가톨릭 신학자들은 브란덴부르크 궁정 설교자였던 요한 아그리콜라(Johann Agricola)와 임시 명령 협약을 체결하였다. 이 협약에 따르면 개신교도들은 복음적인 설교는 허용하되 이신칭의 교리는 로마가톨릭에 맞추어야하며 루터교도들은 종교개혁을 "더 이상 관여하거나 확장시키지 않도록 요청되었다."

성직자의 결혼과 성만찬에서 평신도에게 포도주 잔을 나누는 것은 개신교도들에게 위임하지만 가톨릭 영역에서는 금지되고 그들의 교구에서만 가능하다. 황제가 내린 임시 명령에 반하여 가르치거나 글을 쓰는 것, 설교하는 것은 엄격하게 금지되는 상황이었다.

오래된 예식들이 다시 복원되었다. 루터가 아무 의미가 없다고 보았던 산 사람과 죽은 사람을 위한 새 제물을 드리는 제사 의식에 관한 규례가 큰 목소리로 낭독되었다. 제사 의식, 행렬, 축제, 절기 그리고 미사 예복들이 다시 복원되어 들어왔다.

이 중 특히 미사 예복은 뜨거운 논쟁의 불씨가 되었다. 임시 명령에 대해 겁을 먹고 있던 멜란히톤(그림 19)은 미사 예복에 대해 이것은 선도 악도 아닌 부수적인 일, 즉 아디아포라(adiaphora)에 불과하다고 보았다.

루터도 목사가 몸에 무엇을 걸치고 있는가는 중요하지 않으며 혹 이 예복이 25개의 종류라 하더라도 복음만 정확하게 전파되면 되지 않는가라고 말하지 않았는가?

반면 달마티안 지방 출신인 마티아스 플라시우스(Mattias Flacius, 그림 20)는 이것을 완전히 다르게 봤다. 비텐베르그대학교 구약 교수였던 그는 이것이 복음의 교리를 변질시킬 수 있다고 보았다. 그는 이것이 아우크스부르크 신앙고백을 위반하는 요소가 있으며 로마 가톨릭의 제사로 돌아가는 화(*skandalon*)가 될 수 있다고 생각했다.

왜냐하면 복음의 반대자들의 압력에 못 이겨 양보를 하고 이로 인하여 그들이 설교한 진리를 배반하게 된다면 개신교는 교회 공동체의 눈에 신뢰를 잃게 되기 때문이었다. 교회 성도들이 더 이상 복음설교를 신뢰하지 않게 되면 냉소주의와 무신론의 위협을 받게 될 것이다.

따라서 플라시우스는 400년 후 본회퍼가 인용하게 되는 역사적인 한 문장을 남기게 된다.

> 신앙고백을 한 후에 화가 되는 일에 지배를 당하면 이것은 부수적인 일이 아니다(*In casu confessionis et scandalii nihil est adiaphoron*).

이 한마디로 플라시우스는 저항운동의 머리가 되었다. 전 독일에서 뜻을 굽히지 않았던 개신교 신학자들이 막데부르그시로 피난하여 몰려들었으며 시의 원로들과 교회 지도자들은 순수-루터주의자로 탁월한 모범을 보인 플라시우스의 견해를 따랐다.

플라시우스의 영향 아래에 막데부르그 인쇄업자들은 황제의 명령을 어기고 소책자들을 찍어냈으며 이 책들은 북부 독일 전역에 보급되어 읽혀졌다. 독일 개신교도들은 이 당시 막데부르그를 "그리스도의 관청"이라고 불렀다.

1549년에서 1551년 동안 막데부르그에는 공작 모리쯔 폰 작센(Moritz von Sachsen)이 다스리고 있었다. 그는 당시 상황이 이렇게 돌아가자 황제에게로 달려갔고 이로 인하여 그는 "마이센의 유다"로 구전되어 온다. 막데부르그 시민들은 끈질긴 저항을 했고 모리쯔 공작의 군대가 6배나 많은 군사력을 가지고 있었지만 이를 저지할 수 없었다.

이로 인하여 점차 상황이 개신교도들에게 유리하게 바뀌었다. 저항 운동이 진행되는 동안 막데부르그의 순수-루터주의 신학자들은 플라시우스의 영향을 받아 1550년 『막데부르그 개신교 교회의 목사와 설교자들의 권고와 가르침』(Bekentnis Vnterricht und vermanung der Pfarrhen und Prediger der Christlichen Kirchen zu Magdeburgk)[84]이라는 기념비적인 문서를 펴낸다. 그들은 이 문서가 다른 것이 아니라 저항에 관한 루터의 이념을 새롭게 펴낸 것이며 애매모호한 비텐베르그 겁쟁이들로부터 자유롭게 하였다고 설명했다.

막데부르그 신앙고백(그림 21)은 우리가 바로 보게 되겠지만 국제적으로 아주 중요한 결과를 가져왔다.

그중 가장 급진적인 주장 중에 하나는 "하급자들과 하인들 그리고 아이들은 그들의 상급자, 주인 그리고 부모들이 "하나님을 두려워하고 하나님께 영광을 돌리는 삶"에서 멀어질 경우 그들에게 순종할 의무가 없다"이다. 이 권력자들과 부모들은 다시 말해서 더 이상 "하나님의 질서가 아니라 사탄의 지배아래"에 있으며 따라서 그들을 대항하여 '아무 양심의 가책 없이 저항할 수 있다"라고 설명하고 있다.

막데부르그 신앙고백은[85] 불의에 대해 4가지 관점에서 정의하고 있으

---

84   http://www.controversia-et-confessio.de/cc-digital/quellen/modus/ls/10/70/10/an-sicht/3449-magdeburger-bekenntnis-dt.html; 2016.04.05.

85   Ibid.

며 이에 적절한 대응 방안을 추천하고 있다. 이 문서는 양이 방대하기 때문에 나의 연구와 관련이 있는 부분만 발췌하여 요약정리하였다.

① 우리 모든 인간들과 마찬가지로 권력자도 죄성과 죄짐을 가지고 있다. 그러므로 그들도 종종 불의하다. 그러나 이것이 심각하거나 중요한 경우가 아닌 경우에는 하급 관리들이 그의 상급자에게 무력적으로 대항하여서는 안 된다.

② 한 권력자가 불의한 전쟁을 하여 자신의 수하에 있는 죄 없는 하부 권력자의 "생명과 여자와 아이들, 자유, 봉토와 백성들을 동원하려하면… 우리는 이 전쟁을 하나님의 이름을 걸고 저지하라고 아무에게도 말할 수 없다.… 그러나 동시에 누군가 이 경우에 자기를 위하여 이 전쟁을 저지한다고 해서 그 사람의 양심에 가책을 느끼게 할 수도 없다."

③ 한 권력자가 부하에게 죄를 저지르라고 강요하지만 이 부하는 스스로 죄를 저지르는 불의를 참을 수가 없다면 이 사람은 자신이 무력적인 저항을 하여 상위법이나 하나님의 계명을 어기는 것이 아닌지 이로 인하여 자신의 저항이 불의한 것이 아닌지를 세심하게 살펴보아야 할 것이다.

④ 독재자가 이성을 잃어버리고 무기를 동원하여 전쟁을 하고…아래 사람들의 가장 크고 필수불가결한 권리와 그리스도를 스스로 침해하고 모든 가능한 만행들을 허용하는 새로운 법들을 공포한다면, 우리 기독교인들은 확신 가운데 이에 대항하여야 할 것이다.

한 세대를 지난 후에 주목할 만한 가치가 있는 이 문서는 종교개혁 시대에 일어난 극적인 사건에 영향을 준다. 이 사건은 더욱이 독일이 아니라 프랑스에서 일어났던 것으로 바로 위그노전쟁이다. 이 전쟁은 1572년 바돌로메 대학살로 시작하여 1598년 낭트 칙령으로 끝이 났다. 이 칙령으로 당시에 루터교도들이라 불렸던 프랑스 개신교도들이 종교의 자유를 얻게 되었다.

1572년 바돌로메의 밤이라 불리는 "파리 피의 결혼식" 이후 제네바의 칼빈의 추종자 테오도르 폰 베자(Theodor von Beza)는 무력 저항을 호소하는 논평을 했다. 당시 위그노 군대의 영적인 아버지였던 베자는 그의 글에 다음과 같은 제목을 붙였다. 『백성들을 다스리는 권력자의 권한에 대하여. 권력자와 백성들의 의무를 설명하고 있는 없어서는 안 될 중요한 소책자. 1550년에 막데부르그에서 발간되었으며 여러 번의 교정을 거치면서 많은 근거와 예들로 보강되어졌음』(*Vom Recht der Magistrate über ihre Untertanen. Ein sehr notwendiges Traktat für diese Zeiten, um die Magistrate und ihre Untertanen über ihre Pflichten aufzuklären: publiziert von jenen in Magdeburg* [*sic!*] *im Jahr 1550 und nunmehr revidiert und ergänzt mit vielen Gründen und Beispielen*).

막데부르그라고 언급한 것은 은폐하기 위한 수단이었다. 그는 제네바 관청을 속이고 프랑스 왕의 분노를 피하려고 하였는데, 그렇지 않았다면 저항이 확산되는 것이 저지되었을 것이라고 미국 역사학자 로버트 킹던(Robert M. Kingdon)은 쓰고 있다.[86]

그러나 베짜는 결코 막데부르그 신앙고백서를 베끼지 않았다. 그는

---

86 Kingdon, Robert: 〈Vorwort〉, Bèze, Theodore: *Du Droit des Magistrats*, Librarie Droz: Genf 1970, p. xxxi.

부분적으로 완전히 다른 곳에서 발췌하였으며 순수-루터주의자들과는 다르게 저항에 대한 근거를 주장하고 있다. 그러나 위그노들에게 배부된 베자의 책자에 나오는 핵심 어구인 **정부 권력자의 정당성**(*Du Droit des Magistrats*)은 막데부르그 신앙고백서의 느낌이 난다. 왜냐하면 10장의 제목이 막데부르그 신앙고백서의 4번째 불의를 정의한 내용을 요약한 것과 같아 보이기 때문이다.

> 사람이 자신의 믿음으로 인하여 박해를 받는다면 아무 양심의 가책 없이 무력으로 자신을 방어할 수 있다(*Si, esatant persécuté pour la religion, on se peut defendre par armes en bonne conscience*).

7. 본회퍼가 플라시우스에게 경의를 표하다

꼭 400년 후에 디트리히 본회퍼와 그의 동료들은 히틀러를 대항하면서 플라시우스를 인용했다. 순수-루터주의자들이 보기에 민족사회주의자들은 명확하게 신학적 합법적인 저항운동의 대상이 되는 조건을 충족했다. 그들은 "백성들의 가장 크고 필수불가결한 권리와 우리 주 하나님 자체에 공격을 가했다." 그리고 생각할 수 있는 모든 가능한 만행을 허용하는 법률들을 공포하였다(위를 참조). 그들은 위의 요건을 충족한 끔찍한 독재자이기에, 기독교인들이 양심의 가책 없이 무력적으로 대항하여야 하는 것이었다.

1940년 제2차 세계대전 발발 직후 괴팅엔에서 플라시우스와 **아디아**

포라(Adiaporon) 질문 그리고 막데부르그에 관한 글이 발표된 것은 우연이 아닐 것이다. 이 글의 제목은 『루터 교회의 형상. 1548년 임시 명령에 대항한 플라시우스의 신앙고백』이다. 이 글의 저자는 본회퍼의 사촌 한스 크리스토프 폰 하제(Hans Christoph von Hase)와 그의 동역자들이다. 본회퍼는 이것이 발표되기 전에 이미 알고 있었으며 이 글의 작성에도 영향을 끼쳤을 것이라고 볼 수 있다. 본회퍼는 이전에도 제3제국을 플라시우스가 살던 시기에 있었던 사건과 동일시하였는데, 우리도 이 부분을 살펴보고자 한다.

이것이 책으로 발간되었다는 사실 자체가 이미 큰 도전이었다. 독재국가에 대항하는 사람들은 그들의 만행을 언급하기 위해서 자주 역사적으로 비유될 만한 사건들을 예로 들었는데, 이는 독재국가에서 비유 외에는 그들의 만행을 직접적으로 비난할 수단이 없었기 때문이었다. 이 책의 머리말에서 이미 밝혀 둔 바와 같이 하제는 비유를 사용하여 그들의 만행을 비난했다.

> 개신교 측의 혼란이 너무나 크다. 순수한 루터의 제자였던 마티아스 플라시우스는 당시에 굽히지 않는 용기로 교황의 무력에 대항하여 루터교 믿음의 자유를 옹호하였으며 신앙고백의 개념을 명확하게 했다.... 우리는 그 시대에 당시 용감했던 막데부르그 사람들처럼 신실한 독일인의 마음과 정서가 아직 살아있다는 것과 하나님의 말씀과 조국과 자유를 사랑한다는 것을 증명하려고 한다.

하제가 쓴 책에서 인용한 이 부분은 "막데부르그 저항운동"을 직접 본 산 증인의 증언이었다.[87] 우리는 하제가 작성한 다음 문장에서 그가 누구를 생각하고 있었는지 오래 생각할 필요 없이 알아챌 수 있다.

> 플라시우스는 비텐베르그 개신교 신학자들이 저항운동에 있어서 불신병에 걸려있다고 보았다. 모든 것을 감추고 침묵하고 양보하는 것은, 그들이 루터가 추구하던 길을 더 이상 가지 않는다는 것을 의미하는 것이었다. 플라시우스는 말하기를 박해가 없는 안전한 교회의 방주에 올라타서 홀로 말씀을 바라보며 기쁜 얼굴로 파도를 넘어 급히 그리스도를 향하여 간다. 그러나 나머지 사람들은 이 기쁜 그의 항해'를 조롱했다. 배가 가라앉기 시작했다."[88]

의심할 여지없이 이것은 멜란히톤과 두려움에 사로잡힌 비텐베르그 신학자들을 암시한 것이며 나아가 제3제국 시절 겁에 질린 교회 지도자들을 가리킨 것이었다. 플라시우스는 그들이 저항에 관하여서 얼마나 비루터적으로 행동하였는가를 분명하게 밝혔다.

그는 다음과 같이 인용하였다.

> 무엇이 베드로가 바다 위를 걷게 했으며
> 무엇이 이 시대에 우리를 익사시키는가…

---

[87] Hase, Hans Christoph von: *Die Gestalt der Kirche Luthers. Der casus confessionis im Kampf des Matthias Flacius gegen das Interim von 1548*, Vandenhoeck & Ruprecht: Göttingen 1940.
[88] Ibid. p. 38.

그도 그것을 원하지 않았고 우리도 그것을 원하지 않았는데

믿음으로 오로지 그리스도만을 바라보지 않고

인간적인 지혜들로 우리는 주위를 멍하게 바라보고 있네

바람을 따라

바다 그리고 물결을 따라.

이것이 바로 루터가 그렇게 싫어했던 옛 아담의 아름다운 지혜였다.[89]

"독일 기독교인들"이라는 단어 선택에 있어서 이는 멜란히톤과 비텐베르그 신학자들을 의미했다. 또한 이 단어는 아디아포라적인 개념이었다. 동시에 "독일 기독교인들"이란 단어는 "아리아 인종"을 의미하는 하는 것으로 그들은 유대 혈통의 개신교 교회 지도자들을 그들의 직위에서 해제시킬 것을 요구했다.

당시 유대 혈통 출신의 목사들은 독일 전역에 있는 18,000명의 목사 중에 29명밖에 되지 않는 소수였지만,[90] 디트리히 본회퍼는 결국 이것의 범위가 훨씬 확대될 것이라는 것을 알았다. 나중에는 소수의 교회 지도자들뿐 아니라 모든 비아리아인들이 교회에서 쫓겨나게 되었다[91].

1933년 9월 6일 그는 제네바에 있는 세계교회 장로들에게 다음과 같은 내용의 전보를 보냈다.

---

89 Ibid. p. 39.
90 Gerlach, Wolfgang: *Als die Zeugen schwiegen*, Institut Kirche und Judentum: Berlin 1987, p. 61.
91 Ibid., p. 11.

> 단지 게르만 민족만이 공의회에 참석이 허용되었다. 아리아인들이 지금 큰 세력을 모으고 있으니 이에 대항하여 진정서를 작성하고 언론에 알려 달라.[92]

본회퍼와 그의 가족들은 이미 히틀러가 집권하기 전부터 교회와 사회의 유대인 배척주의에 대항하여 싸웠다. 본회퍼의 할머니 율리는 1933년 4월 1일 91살의 나이에 항의의 의미로 유대인 상점에 쳐 놓은 금지 푯말을 부수고 그곳에 물건을 사러 들어갔다. 디트리리 본회퍼에게는 "순수 독일인" 교회라는 이념 아래 생물학적인 이유로 어떤 믿는 자들을 배제시킨다는 것은 신학적으로 이치에 맞지 않았다.

민족사회주의자들이 유대인들을 공적인 국가 업무에서 배제시켰을 때에 본회퍼는 그의 강의 중에 다음과 같이 말했다.

> 기독교인의 의무에 대해 말하고자 한다. 유대인과 독일인이 하나님의 말씀 아래 같이 서 있는 곳이 바로 교회이며 여기에서 교회가 교회인가 아닌가가 이미 증명된다. 이곳에서 유대인 출신의 기독교인을 교회 공동체에서 제외시키는 것은 물론이고 그들과 교제 나누는 것조차 저지당한다고 느끼지 않는 사람이 없다. 나는 마지막으로 엄숙하게 경고하노니, 이런 사람은 그리스도 예수가 있는 곳에서 떠나 달라."[93]

---

92 Bonhoeffer: *Gesammelte Schriften*, Band 2, Chr. Kaiser: München 1959, p. 70. 이후로 이 책은 GS Ⅱ로 표기함.
93 GS Ⅱ, p. 53.

본회퍼는 루터신학에 근거한 자신의 신념에 한치의 의심이 없었다. 그는 루터의 말로 강의를 시작하였다. 기독교인들이 유대인들에게 지금 하듯이 유대인이었던 사도들이 이방인들을 그냥 지나쳐갔다면 이방인 중에 기독교인이 된 사람이 아무도 없었을 것이다.

본회퍼는 그의 강의를 시편 110편에 대한 루터의 강해 중에 한 부분을 인용하며 말을 끝냈다.

> 누구든지 하나님의 백성이며 그리스도의 교회라면 주의 말씀을 영접하고 순수하게 가르치고 고백하고 이에 상충할 경우 박해받고 고난 받는 것 외에 그 어떤 규칙도 시험도 있을 수 없다.[94]

이 주제에 대한 본회퍼의 관점이 순수-루터주의였다는 것은 플라시우스주의의 영향을 많이 받은 신앙고백서에 그가 자필로 남긴 각주에도 나타나 있다.[95] 1577년 루터교 신앙고백서의 두 번째 부분 X 조항은 "상세한 해석"(*Solida Declaratio*)라 불리는데, 다음과 같은 제목이 붙여져 있다. "아디아포라 또는 중간물로 부르는 교회 관습에 관하여."

이 조항의 마지막 문장은 다음과 같다.

---

94 Walch, Johann Georg(Hrsg): *Dr. Martin Luthers Smmtliche Schriften*, Band 5, Concordia Publishing Hause: St. Louios 1880-1910, 987단, 136조. Online: http://www.maartenluther.net/walch6.html.
95 에버하르트 베트케가 소장하고 있는 자료

금식에 대한 다른 생각이 믿음의 하나 됨을 갈라놓을 수 없다.

이 문장에 본회퍼는 초록색 펜으로 줄을 긋고 가장 자리에 "독일 기독교의 유대인 정책은 사교이다!"라고 썼다.

플라시우스처럼 본회퍼는 큰 위험을 무릎쓰고 『아디아포라-문제』(Adiaphora-Frage)라는 소책자를 펴냈다. 이 책에는 다음과 같이 쓰여 있다.

독일 기독교인들은 말한다. 아리아인 조항은 아디아포라이므로 이 사실은 교회의 신앙고백과 연관이 없는 문제이다. 그러나 우리는 이로 인하여… 교회와 목사직의 본질 즉 신앙고백이 훼손되어졌다고 본다.[96]

플라시우스가 그러했던 것처럼 400년 후에 본회퍼 또한 신앙고백을 한 사람이라면 좋거나 나쁠 수 없으며 지금 이 때야말로 우리 기독교인들이 이에 맞서 싸워야 할 때인 것을 확신했다. 바로 그가 확신한 대로 행했으며, 그가 방위군에 입대했을 때에 히틀러에 저항하는 군대 정보군의 비호 아래 유대인들의 도피를 도왔으며 이로 인하여 결국 그는 체포되어 사형에 처해졌다.

민족사회주의 국가가 교회 지도부에게 자신들을 추종하도록 강권하자, "고백교회"(Bekennende Kirche)에는 큰 위기가 닥쳤다. "고백교회" 내

---

[96] GS Ⅱ, p. 68.

의 루터교 신학자들은 국가 간섭에 반대하는 저항운동의 뒤에 극단적인 "개혁주의자들"의 영향이 있는 것으로 보고 이 저항운동은 잘못된 가르침이라고 말했다.

이에 본회퍼는 플라시우스를 직접적인 근거로 들어 순수-루터주의적인 관점에서 이런 말은 올바른 루터교에 오명을 남기는 것이라고 반격하였다[97]. 그는 또한 『고백교회에 존재하는 이단적인 가르침』이라는 글도 썼다. 이 글에서 1936년 6월 24일 폼메른 지방의 고백교회 공의회인 형제회에 다음과 같이 강조하여 말했다.

> 교회의 규범은 신앙고백과 결부되어져 있어야하며, 신앙고백에 따른 의무 외에 어떤 다른 것이 규범 속에 들어있으면 안 되는 것이 바로 루터와 종교개혁의 가르침이며 이것은 오늘날도 동일하게 적용된다.[98]

본회퍼는 계속하여 다음과 같이 덧붙였다.

> 교회의 모든 지위와 규범은 신앙고백에 의거하여 만들어져야한다는 것이 루터 교리이다. 신앙고백에 준하여 그들의 교회 권리와 법이 결정된다. 신앙고백과 교회의 규범은 분리할 수 없다. 루터 교리에 의하면 교회는 자유롭게 복음을 전파하기 위한 그들의 의무에 맞추어 규범을 정할 수 있으며 복음을 위하여 외부로부터 영향을

---

[97] GS Ⅱ, p. 264.
[98] GS Ⅱ, p. 275.

교회가 받거나 교회의 규범에 신앙고백 이외에 다른 것을 첨부하는 것은 허락되지 않는다. 교회 내에서 아디아포라인 것이 교회 밖에서는 아디아포라가 아닌 것이 아니라 이 모든 것은 신앙고백에 달려 있는 것이다. 신앙고백과 교회의 규범은 하나이다.[99]

이것은 순수한 플라시우스적인 표현이다 그러나 본회퍼는 여기에서 한 걸음 더 나아갔다. 루터신앙고백서에서 줄을 그어 놓은 문구, 즉 교회 규범은 최종적으로 신앙고백에 준해야한다는 내용을 참조하여 본회퍼는 다음과 같이 밝히고 있다.

루터교 신학자 플라시우스가 '대중을 선교의 대상'으로 주장한 것은 주목할만하다. 무지한 백성은 대부분 행해지는 의식을 보는데, 이 의식들은 교리를 정확하게 볼 수 없게 대중의 눈을 채우기 때문이다. [...] 대중은 손상된 규범에서 잘못된 교리가 침투했음을 알게 된다."[100]

본회퍼의 사촌 한스 크리스토퍼 폰 하제는 교회 규범에 대해 상세히 논의하지 않고 이 문제에서 길을 잃은 루터교 형제들에게 플라시우스의 핵심적인 내용을 들어 그들의 잘못을 다음과 같이 지적하였다.

가장 위대한 바보는/ 스스로 생각하기를/ 전쟁과 짓밟힘으로부터 자유할 수 있다고/ 온갖 더러운 것으로 가득 찬, 그리고 하나님이

---

[99] GS Ⅱ, p. 270.
[100] GS Ⅱ, p. 271.

> 없다고 믿는 사람들과 그렇게 잘 지낼 수 있을 것이라고 생각함에 틀림없다./그러나 하나님은 완전한 권력자이자 강한 재판관을 일으키신다.[101]

본회퍼가 민족사회주의자들과 타협하지 않은 것은 합당한 이유가 있었다. 그의 친구 에버하르트 베트케는 본회퍼가 반기독교주의자 히틀러 속에서 루터의 찬송가 "내 주는 강한 성이요"에서 친척과 재물과 명예와 생명을 빼앗아가는 권세로 정의한 적그리스도를 보았다고 전했다.

그러므로 히틀러는 반드시 제거되어야한다고 본회퍼는 말했다. 또한 이를 위하여 그는 민족사회주의 정부에 대항하는 암살 요원이자 한편으로는 제3제국의 비밀요원으로 이중적인 역할을 수행했다. 이때 그는 세계교회협의회(WCC)의 수석 비서인 비서트 후프트(W. A. Visser't Hooft)에게 다음과 같이 말했다.

> …내가 조국의 패배를 위하여 기도하는 이유는 이것이 내 조국이 이 세상에 일으킨 모든 고통의 대가를 지불할 수 있는 유일한 길이기 때문입니다.[102]

이후 그는 1942년 노르웨이로 건너갔다. 그가 노르웨이로 건너간 것은 개신교 루터교의 "미샤엘형제회"(Michaels-Bruderschahft) 소속이었던 독일 점령군 사령관들이 베를린에 있던 제3제국 비밀부대에게 오슬로

101　Flacius의 〈Gotsburg〉 C 2b, 하제에 의해 인용, p. 39.
102　Bethge, p. 834.

의 버그라브 주교의 체포에 대해 언급했기 때문이었다. 비밀부대는 2명의 요원을 오슬로에 급파했는데 이중 한 사람이 바로 본회퍼였다.

그의 친구 베트케는 다음과 같이 말했다.

> 이 여행의 공식적인 임무는 독일 점령군의 안위를 위협하는 행위인 교회투쟁을 면밀히 감시하기 위함이었고, 다른 비밀스러운 임무는 노르웨이 루터교도들에게 그들이 가고 있는 길에서 물러서지 말라고 독려하기 위함이었다."[103]

브리트 고돈 루프는 공표되지 않은 사실이지만 실제 노르웨이 루터교도들의 크비슬링에 대항한 저항운동은 독일 교회투쟁을 배운 것이라고 상기했다. 영웅적인 저항운동에서 그들의 교회 지도자들이 후퇴하자 그들은 뮌처, 엥엘스, 트뢸취, 잉게, 비너, 템플, 쉬러 그리고 토마스 만이 제후들의 시녀라 비난했던 마틴 루터, 개신교 창시자의 이름으로 모여들어 힘을 모았다.

> 루터가 말했듯이 우리도 하나님의 말씀과 계명에 준하는 한 권력자에게 충성을 다하고자 했다. 그러나 우리가 우리의 믿음을 지키고 교회의 의가 국가의 불의와 맞서야 할 때가 왔다. 통치의 형태는 달라질 수 있으나-개신교의 창시자가 말했듯이-독재자를 대항하여 하나님이 검과 성령으로 맞서 계심을 교회는 알고 있다. 우리가 이

---

[103] Ibid., p. 648.

> 하나님께 순종하지 않고 사람에게 순종한다면 화가 있을지어다.[104]

지금까지 내용을 요약하고자 한다.

몇몇 학자들은 거대하고 복합적인 신학을 이루고 있는 구성 요소들을 전체 맥락을 무시한채, 일부분만을 발췌하여 오늘날까지 루터교를 따라다니는 고정관념을 이 세상에 낳게 했다. 고정관념을 양산한 사람들은 루터의 두 왕국설에 나오는 아주 중요한 몇 가지 점을 간과하였다.

① 루터는 정치인도 사회학자도 윤리학자도 아닌 신학자로, 세속의 질서도 하나님이 만드신 것이라는 성경에 그 근거를 두고 있다.
② 루터는 끊임없이 세속 나라에서 이성의 중요성을 강조했다.
③ 루터의 두 왕국설은 정치적이고 윤리적인 다양성이 존재하는 세속의 나라를 섬기기 위하여 기독교인들을 종교적인 사슬에서 자유케 했다는 점에서 혁명적인 이론이다.
④ 루터는 정적주의 반대자로 그는 기독교인들이 권력자의 불의를 탄핵해야한다고 주장했다
⑤ 로마 가톨릭과 광신자 그리고 이상주의자들과는 달리 이교도나 무신론자들에 대한 권력자의 불관용을 비난했다.
⑥ 루터교 교회는 무오한 루터를 주장하지 않으며 루터 자신도 스스로 무오하다고 주장한 적이 한 번도 없다. 오히려 무력적 저항에 대해서 그는 대담한 태도의 변화를 보여주었다.

---

104 Rupp, p. 68.

우리는 위와 같은 사실들을 감안할 때 어떤 결론을 도출해 낼 수 있는가?

우리가 히틀러나 스탈린에 관하여 논할 때, 항상 두 명의 루터(전기 루터와 후기 루터-편집자주)가 언급된다.

그 중 어떤 루터도 폭동과 난폭한 통치권을 참으라고 하지 않는다. 특히 후기 루터는 특정한 상황에서는 기독교인이 무력으로 악한 통치권자를 맞서야 하며 그러나 이때 절대 자신의 개인적인 이익을 위해서가 아니라 자신의 믿음과 가족을 위해 싸워야한다고 말했다.

본회퍼는 후기 루터를 따랐다. 목사이자 나중에 독일 대통령이 된 오이겐 게르스텐마이어(Eugen Gerstenmaier)도 그러했다. 예수수도회 신부 알프레드 델프(Alfred Delp)도 루터교도로 앞의 두 사람의 견해에 동참하면서 히틀러는 제거되어야한다고 했다.

다음 장에서 히틀러를 대항한 저항운동에서 리더였던 칼 괴르델러는 초기 루터의 견해를 따라 행동했다는 것을 보게 될 것이다.

이렇든 저렇든 예를 든 두 경우 모두에서 루터는 시민 용기와 믿음의 힘을 가르친 저항의 스승임이 증명된다.

제4장

루터에 관한 고정관념의 반론(Ⅰ): 괴르델러의 저항

언제 어떻게 기독교인들은 그들의 권력자들을 대항하여 저항운동을 할 수 있는가는 개신교 신학의 가장 논쟁이 되는 주제 중 하나이다. 프란쯔 라우는 제2차 세계대전 직후 다음과 밝혔다.

> 취리히의 종교개혁가 울리히 츠빙글리는 하나님을 대적하는 권력은 전복되어야한다고 했다.... 츠빙글리의 이러한 견해는 칼빈주의에 큰 영향을 주었다.... 그러나 결과는 항상 실망스러웠다... 적극적인 불순종과 국가의 권력과 질서에 근본적인 거부, 그리고 복음에 적대적이며 독재적인 정부는 루터의 두 왕국설에는 등장하지 않는다. '기독교적인' 혁명의 권리에 대해 성경적인 믿음에 근거하여 주장하려고 하는 사람은 루터에게서 그 근거를 찾을 수 없다.[1]

---

1 Lau, p. 86.

라우가 이 문장을 적을 당시에 그는 초기의 루터를 생각하고 적었을 것이다. 라우는 계속해서 루터교도였던 히틀러 저항운동의 몇 명의 지도자들이(그들 모두는 평신도였다) 저항에 대한 생각을 어떻게 내면화하였는지를 요약하고 있다.

이들 중에 예를 들면 헬무트 제임스 폰 몰트케(Helmuth James von Moltke) 백작은 롤란드 프라이슬러(Roland Freisler)의 민중 재판 중에 마지막으로 "내 주는 강한 성이요"의 4절 문구를 인용하면서 "친척과 재물과 명예와 생명을 다 빼앗긴 대도 진리는 살아서 그 나라 영원하리라"는 말을 남겼다.

또 다른 인물로는 독일 외교관 한스 베른트 폰 헤프텐(Hans Bernd von Haeften)으로 그는 종교적인 이유로 독재자의 암살을 거부하고 그의 동생이자 슈타우펜베르그 백작의 부관이었던 베르너 칼(Werner Karl)이 히틀러를 총으로 사살하지 못하도록 했는데, 이유는 강도를 강도의 방법으로 죽일 수 없기 때문이었다. 여기에 바로 칼 괴르델러가 있었으며 그는 용감하고 정직하며 신앙이 깊은 라이프치히의 시장으로 비폭력 저항주의 루터교도의 전형적인 인물이다.

내가 괴르델러(그림 22)에 대해 살펴보기 전에 먼저 가능한 오해를 미리 방지하고자 한다. 나는 이 연구에서 히틀러 암살 계획이 도덕적으로 신학적으로 정당한가에 대한 문제에 대해 심한 양심의 가책이 수반되는 토론을 하려는 것이 아니다. 또한 이 논쟁은 나의 연구 대상이 아니다.

나는 단지 루터가 그의 추종자들을 수백 년 동안 비겁한 정적주의자요 권력의 하수인으로 만들었다고 하는 비난을 반박하고자 한다. 이 점에서 암살에 대하여 찬성한 본회퍼와 독재자에 항거한 괴르델러는 나의 논거를 증명할 귀한 인물이다. 이 두 사람은 독재자에게 용감하게 저항했으며 담대하게 저항운동을 이끌었고 나중에는 사형에 처해졌다.

감히 본회퍼와 괴르델러에 대해 옳고 그름을 판단하다는 것은 주제넘는 일일 것이다. 나는 어쨌든 할 수 없다. 서로 상대를 높이 평가하는 위대한 독일인이었던 이 두 인물을 판단할 수 있는 자격이 나에겐 없다.

에버하르트 베트케는 본회퍼는 항상 밝고 빛나는 괴르델러를 생각했으며 그가 감옥에 있을 때에 낙천주의에 대해 다음과 같이 밝혔다고 전했다.

> 낙천주의는 본질적으로 현실 상황에 대한 관점이 아니라 모든 사람이 낙담하였을 때 삶의 힘과 희망의 힘이며 모든 것이 실패한 것처럼 보일 때 머리를 들고 나아갈 수 있는 힘이고, 충고를 받아들일 수 있는 힘이자, 미래를 반대자에게 내주지 않는 힘인 것이다... 낙천주의는 그가 백 번의 실수를 하더라도 누구도 조롱당하고 무시하지 않게 하는 미래를 향한 의지이다.[2]

칼 괴르델러는 시민 군대의 지도자였다. 그의 동역자는 루드비히 벡(Ludwig Beck) 장군과 프란쯔 할더(Franz Halder)였다. 괴르델러는 자신의 목숨을 돌보지 않고 민족사회주의라는 악을 세상에 경고한 첫 번째 인물이다. 외국의 책임 있는 중요한 자리에 있는 사람들이 그의 경고에 귀 기울이지 않은 책임을 그에게 전가할 수는 없다. 1944년 7월 20일 이루

---

2 Bonhoeffer: *WIderstand und Ergebung*, p. 23.

어진 전복 시도가 성공했더라면 괴르델러는 독일 제국의 수상이 되었을 인물이었다. 그는 1945년 2월 2일 사형에 처해졌다.

그는 법률가로 뛰어난 실무 능력을 가진 사람이었다. "아마도 그는 이런 상황 저런 상황에서 루터는 어떻게 행동했을까?라는 질문을 한 번도 하지 않았을 것이다"라고 괴르델러의 딸인 마리안네 마이어-크라머 박사가 나에게 말했다. 이 점에서 그는 확실히 신학자였던 디트리히 본회퍼와는 달랐다.

여기에 대하여 마리안네 마이어-크라머 박사는 다음과 같이 덧붙였다.

> 신학자들은 루터를 머릿 속에 가지고 있지만 나의 아버지는 루터를 핏속에 가지고 있었다.

괴르델러의 경우는 학문적으로 얻은 지식적인 루터교도의 행동이 아니라 이미 내재화되어있는 루터교도의 특성에 대해 다루는 본 연구에 더욱 흥미롭다.

괴르델러(1884-1945)는 프로이센 귀족 중에 핵심적인 인물이다. 높은 교양과 그에 상응하는 도덕적 가치를 가지고 있었으며 경제학적으로 자유주의자였으며 정치적으로는 보수주의자였다. 그는 민족사회주의에 대항한 독일 저항운동단체를 이끈 인물로 이 단체 구성원들은 높은 관직을 가진 사람, 귀족들, 교회 지도자들과 장교들로 구성된 전통적인 엘리트 출신들이었다.

황제 국가 독일에 뿌리를 두고 있는 그들의 보수적인 사고방식은 아주 강한 기독교적인 요소를 가지고 있었다고 베를린 출신으로 민족사회주의를 피해 미국으로 망명했던 역사학자 클레멘스 폰 클렘퍼러가 강조한 바 있다.

> 만약 존재하는 기존 질서를 긍정하는 것이 유럽 보수주의의 중요한 특징이라면 이는 바로 근본적으로 이 질서를 하나님이 만드신 질서로 받아들이는 것을 의미한다. 따라서 보수주의는 종교적인 차원의 재발견이며 이것이 정치적인 분야로 전이된 것이다.[3]

질서를 보존하거나 다시 복원하려는 루터교도로서의 노력을 괴르델러는 그가 사는 날 동안 계속적으로 행하였다. 그는 쾨닉스베르그(Königberg)에서 부시장으로, 라이프치히에서 시장으로 직책을 수행하면서 공공의 살림살이를 양심적으로 규범대로 운영함으로 뛰어난 자치 행정가 중의 한 사람으로 유럽에서 큰 명성을 얻었다.

그에게 가장 중요한 것은 하나님이 원하시는 질서를 지키는 것이었으며 이를 위하여 그는 민족사회주의의 반대자가 되었다. 그는 나치의 유대인배척주의를 전통적인 루터교의 교리를 내세워 반대하였다. 나치의 민족사회주의는 그에게 "문명에 역행하는 참을 수 없는 범죄"였다. 루터가 농민봉기 때 말한 것과 같이 괴르델러는 나치 시대에 "폭군 통치"

---

3   Klemperer, Klemens von: 〈Der deutsche Widerstand gegen den Nationalsozialismus im Lichte der konservativen Tradition〉, *Demokratie und Diktatur. Geist und Gestalt politischer Herrschaft in Deutschland und Europa* 수록. K.D. Bracher의 기념논문집. Manfred Funke: Düsseldorf 1987.

에 대해 말하였다. 괴르델러의 모토는 다음과 같다.

> 그리스도 안에서 모든 것이 새로워진다(ominia restaurare in Christo).

이 모토에 따라 그는 히틀러를 "질서정연한 방법으로" 붕괴시키려고 시도하였다. 이것은 바로 봉기가 아니라 군부 국가를 통하여 이 독재자를 법이 정하는 재판정 앞에 세우는 것이었다. 그의 질서에 대한 개념으로 인하여 그는 암살시도에 반대했다.

여기에 두 가지 이유가 있었는데, 이에 대해서 그의 딸 마리안네 마이어-크라머 박사가 내가 본 연구를 위해 하이델베르그 그녀의 아름다운 작은 집에 머물고 있을 때 이야기해 주었다.

> 첫째, 그의 관점에서 암살 시도는 십계명의 5번째 계명 살인하지 말라에 어긋나는 것이었다. 둘째, 마리안나 마이어-크라머가 말하기를 나의 아버지는 암살로 인하여 생각지도 못한 허를 찔리는 일이 일어날 수도 있다는 것과 이 와중에 시민전쟁이 일어날 수도 있다는 것을 염려하였다.

시민전쟁을 피하려고 한 이유는 바로 전통적인 루터주의 생각이다. "시민전쟁은 혼란을 초래할 수 있다. 나의 아버지는 히틀러의 범죄가 법이 규정하는 절차대로 처리된다면 이 혼란을 피할 수 있다고 믿었다"라고 전했다.

그녀와의 대화는 이외에도 나의 연구에 기초가 되었다.

괴르델러와 그의 동역자들은 루터가 한 다음의 말을 인용하며 이 원리를 따라 행동했다.

> 네가 무엇을 하든지 그 행동의 결과를 생각하라.

1938년 주데텐 위기가(주데텐은 체코와 폴란드 사이에 있는 산맥 이름으로 이 지역을 나치 독일이 자신들의 영토에 편입시키려함으로써 촉발된 위기-역주) 절정에 달했을 때 히틀러를 직위에서 끌어내리려고 한 그들의 계획은 그들의 행동원리를 보여준 좋은 예가 된다.

"그들의 지도자들 중에 어느 누구도 암살을 계획하지 않았다는 것은 독일의 시민 군대 저항운동이 혁명적이거나 급진적이지 않은 특성을 가지고 있다는 것을 보여준다"[4]라고 게르하르트 리터(Gerhard Ritter)는 자신의 괴르델러 전기문에 쓰고 있다.

> 프란쯔 할더(Franz Halder)의 생각은 군사쿠데타를 일으켜 기습 공격함으로 독재자를 체포하여 독일 국민들 앞에 전모를 밝히는 것이었다.

리터는 할더의 기준이 곧 괴르델러의 기준과 동일한 것으로 군사적인 불순종은 명백한 범죄자가 명령을 내릴 때 가능하다고 설명하고 있다. 이것은 앞장에서 살펴본 바와 같이 루터의 생각과 완전히 일치한다.

---

[4] Ritter, Gerhard: *Carkl Goerdeler und die deutsche Widerstandsbewegung*, DVA: Stuttgart 1954, p. 186.

리터는 이 주제에 대해 계속해서 다음과 같이 써 내려가고 있다.

> 히틀러가 명백한 범죄자로 세상 앞에 서게 된다면 히틀러를 따라 열광하는 열기도 식어질 것이며 어쩌면 완전히 그에게 돌아설 수도 있을 것이다. 어쨌든 저항운동의 지도자들은 국가를 배신한 배신자나 태업자가 아니라 조국의 구원자로 등장해야 한다.

이에 마리안네 마이어-크라머는 이렇게 말했다.

> 나의 아버지는 단순하게 행동할 상황이 아니라고 판단했다. 사람은 항상 그 다음 발걸음을 준비해야 하고 그리고는 또 그 다음 또 그 다음을 염두에 두고 행동하여야 한다. 이렇듯 아버지는 항상 책임질 수 있는 행동을 해야 한다고 하셨고 이 생각은 적어도 저항운동의 50퍼센트 정도에 영향을 미쳤다. 그러므로 아버지는 쿠데타 전에 상세한 내각 구성을 계획하셨고 히틀러가 실각한 후에 정권을 잡을 정부에서 할 일들 또한 상세하게 준비하셨다. 그러므로 그는 랍비 레오 백(Leo Baeck)에게 나치 정권에서 해방된 독일에서 유대인의 지위와 역할에 관한 계획을 준비해달라고 부탁하셨다. 그리고 자신이 사형 선고를 받고 감옥에 있으면서도 전쟁으로 폐허가 된 독일 도시의 재건 계획을 세우셨고 이후 유럽의 암울한 시기를 극복할 유럽 경제 공동체를 구상하셨다. 이 구상에는 유럽연합 외무부, 유럽

연합 경제부, 그리고 유럽 연합 군대까지 미리 포함되어 있었다.[5]

이를 통해 살펴보면 다음과 같은 결과를 도출해 낼 수 있다.

① 괴르델러가 히틀러를 대항하는 것을 넘어 새로운 나라를 염두에 두고 구상했다는 것은 그가 신학자는 아니었지만 앞장에서 살펴본 동시대 신학자 퀸네트와 버그라브와 신념을 같이 하였다는 것을 말한다.
② 그가 자신의 행동의 결과를 냉정하게 계산하고 이에 적절한 준비를 했다는 것은 그가 감정에 의해-여기에는 명예욕과 같은 가능한 모든 것이 속한다-움직이지 않았으며, 루터가 이성이라고 부른 세속 나라의 "여 황제"에 의해 움직였다는 것이다.

게르하르트 리터도 다음과 같이 쓰고 있다.

> 실제로 괴르델러는 휴머니즘적인 이성주의자로서 놀라울 정도로 높은 이성의 힘에 대한 신뢰를 소유하고 있었다. 그의 움직임은(얼굴 표정까지) 그가 존경하던 프라이헤어 폰 슈타인(Freiherr von Stein)을

---

5   1992년 3월에 우베 시몬-네토가 마리안네 마이어-크라머를 인터뷰한 내용. 2015년 5월 26일 역사학자 피터 호프만(몬트리올)이 나에게 다음과 같은 메일을 썼다: 〈레오 벡(Leo Baeck)이 써서 계획한 일은 실행이 불투명해졌다.〉 학문적 당파를 짓고 싶지 않지만 그럼에도 불구하고 마이어-크라머가 말한 진술을 전달합니다. 왜냐하면 그녀는 괴르델러의 딸로 우리가 한 인터뷰에서 반복적으로 이 주제에 대해 같은 견해를 밝혔으며 이 책의 영문 원고와 독일어 본을 인쇄하기 전에 그녀가 감수했기 때문입니다.

상기시키게 했다.[6]

이런 아버지의 영향을 받아 프라이헤어 폰 슈타인을 주제로 한 논문으로 박사학위를 받은 마리안네 마이어-크라머는 괴르델러와 두 사람 사이에 의미있는 공통점을 발견해냈다. 두 사람 모두 독일 사람들이 독재자 아래에서 "더 나빠지고 더 비굴해지며 더 천박해질 것을" 염려했다.[7]

칼 폰 슈타인(Karl von Stein, 1757-1831, 그림 23; 프라이헤어 폰 슈타인의 다른 이름-역주)은 프로이센 정부를 개혁하였으며 각 지방에 자치권을 허용하였고 백성들을 노예에서 해방시켰다. 당시까지 시민을 계몽하는 국가 개념을 넘어서 각 국민의 개개인의 삶에 대한 국가의 책임을 강조한 사람이 바로 슈타인이었다. 그는 시민들에게 자유를 주었고 그들의 생명과 재산을 제후로부터 보호함으로 국민과 국가의 연대를 강화시켰다.

이리하여 그는 새로운 국가 개념을 만들어냈는데, 여기에 대해 신학자 에리히 포스터(Erich Foerster)는 "그가 개혁적 루터주의를 새롭게 혁신시켰다"[8]라고 말했다. 이 새로운 국가 개념은 통치자의 책임감뿐만 아니라 "하부 권력자"의 책임감 또한 강조하였다. 이를 루터식으로 말한다면

---

6   Ritter, p. 48.
7   Goerdeler, Marianne: *Die Reicheidee in den Bundesplaenen 1813/15 und ihr geistlicher Hintergrund*, Weida Thüringen 1943; 라이프치히대학교 박사논문. 인용 구절은 Denkschrift des Freiherrn vom Stein 1913년 8월 발췌.
8   Foerster, Erich: *Die Einstellung der Preußischen Landeskirche unter der Regierung König Friedrich Wilhelms des Dritten*, Band 1, Mohr: Tübingen 1905, p. 126.

시장과 시참사 의원 그리고 또한 가정의 가장들까지도 이 책임을 진다.

역사학자 프란쯔 슈나벨(Franz Schnabel)은 이에 대해 다음과 같이 보충하였다.

> 새로운 개신교적 신앙은 프로이센 제국의 개혁과 자유전쟁을 통해 실현되었다.... 가장 결정적인 것은 이 시대 개혁의 지도자가 기독교인이었다는 것과 그의 의무가 기독교의 영적인 것과 다르지 않았다는 것이었다. 프라이헤어 폰 슈타인은 독일 역사에 등장하는 그 어떤 다른 인물보다 더 전형적인 개신교 루터주의 지도자였다."[9]

바로 전형적인 루터주의 지도자였던 이 사람을 모델로 칼 괴르델러는 자신의 인생을 살았다. 괴르델러의 딸이 나와의 인터뷰에서 밝힌 바와 같이 그의 루터주의를 올바르게 평가하기 위해서는 그가 19세기 자유주의에 영향을 많이 받은 루터교도라는 것을 유념해야 한다. 그의 딸은 그가 하나님의 존재를 너무나 당연한 것으로 전재했다고 전했다. 리터가 전하듯이 그는 평생 확신있는 기독교인이었다.

괴르델러의 종교적 열심은 민족사회주의 신성모독 속에서 더욱 불타올랐다. 그는 가족을 데리고 매주 교회를 찾았고, 식사 시간 전에 기도했으며 그의 사이드 책상 위에는 항상 성경이 놓여 있었으며 성경을 읽는데 열심을 내었다. 괴르델러의 신앙의 중심에는 "항상 그리스도의 이웃사랑의 계명이 있었다. 종교적으로 고양된 윤리, 즉 고귀한 윤리의식

---

9   Schnabel, Franz: *Deutsche Geschichte im neunzehnten Jahrhundert*, Band 4: 〈Die religiosen Krafte〉, DTV: München 1987(Herder 판의 복사본: Freiburg 1937), p. 309.

을 소유하고 있었다"라고 리터는 설명했다.

그러나 이것만 가지고는 괴르델러의 그리스도론은 자유주의 신학자 에른스트 트뢸취의 그리스도론처럼 불충분했으며 이로 인하여 그는 사형선고를 받고 감옥에 갇혀 있을 때에 엄청난 어려움을 겪게 된다. 19세기 자유주의에 영향을 받은 기독교인의 신앙에는 루터 교리에 나오는 은폐된 하나님에 대한 이해가 없었으며 이 하나님을 인간적 이성으로 이해하기가 어려웠을뿐만 아니라 바울의 이 말을 받아들이기도 어려웠다.

> 이 사람아 네가 누구이기에 감히 반문하느냐 지음을 받은 물건이 지은 자에게 어찌 나를 이 같이 만들었느냐 말하겠느냐(롬 9:20).

괴르델러와 함께 수감되었던 리터는 그의 영적인 고통을 다음과 같이 묘사했다.

> 감옥에서 그는 죄인이 복이 있다는 어거스틴의 말을 가지고 괴로워했다. 그는 이 문구를 이해할 수도 인정할 수도 없었다. 이것은 이성에 반하는 사실이었다. 그는 세 가지 가능성을 언급했다. 하나님이 전혀 자비로우시지 않으시며 사람들은 이 하나님에 대해 무관심하든지 아니면 하나님이 계시지 않든지 또는 만약 계신다면 자연과 인간에게 계명을 주시고 모든 것을 맡겨 두시고 본인만 의로운 하나님이시다....
> 어쩌면 하나님은 독일이 유대인들을 멸절시키려 하였기 때문에 손

가락 하나도 까닥하지 않고 순진한 아이들을 포함하여 독일 백성에게 벌을 내리고 계시는 것일까?
아니면 하나님은 여전히 사랑이 많으시고 긍휼이 풍성하신 하나님인가?
아니면 우리 인간에게 죽음과 고통을 극복하게 하고 전진시키기 위한 단지 철학적인 힘에 불과한가?[10]

괴르델러가 자신의 가족에게 보낸 마지막 편지에 그의 절망적인 외침이 극에 달해 있음을 볼 수 있다.

> 아니, 이성은 어떤 해결의 실마리도 주지 못한다. 시편 기자처럼 오늘 하나님을 불러본다.
> 돌아보소서! 죄 없는 자의 고통을 더 이상 참지 말아 주소서. 이는 무딘 용서와 서서히 끓어오르는 분노와 조롱하는 완악함만이 남습니다! 너무나 가혹한 벌을 받은 인간이 당신을 찾으려합니다. 하나님은 살인을 금지하셨나이다…암살 시도를 실패하게 하였나이다. 이로 인하여 당신은 수백만의 죄 없는 사람들을 죽음에 처하게 하였나이다!… 그러나 나는 그리스도를 통해 긍휼의 하나님을 찾습니다. 그런데 만나지는 못했습니다.
> 그리스도 안에 진리는, 위로는 어디에 있습니까?[11]

---

10 Ritter, p. 336.
11 Ibid., p. 443.

괴르델러가 신학적인 실마리보다 개신교적인 자유주의를 더 선호하였다는 것이 그의 가장 큰 비극이었다. 신학적인 이해가 있었더라면 그는 이런 상황을 적절한 기독교적인 맥락 가운데 초연함을 보여주었을 수도 있었을 것이다.

이와 관련하여 미국의 군목이었던 윌리암 메디(William P. Mahedy)는 자신의 조국으로부터 버림받은 베트남 노병 이야기를 담은 신정론[12]에 관한 책에서 다음과 같이 설명하고 있다.

> 십자가를 그린 그림보다 더 굴욕적이고 더 끔찍한 성화는 없다. 그가 악과 대결했을 때 지고 말았다. 그가 죄에 대항하여 맞섰을 때 죄가 그를 이겼다. 고난을 받고 싶지 않은 것이 그의 소원이었으나 이는 그에게 허락되지 않았다. 우리 모두처럼 당장 눈앞에 닥쳐온 적을 대항하였지만 그는 죽음에 자신을 내어주어야만 했다…가장 괴로웠던 것은 예수님이 십자가에서 육체적인 고통만 당한 것이 아니라 영적인 버림도 견뎌야만 했던 것이다. '검은 밤'의 고통이 바로 그의 고통이었다. 죽음이 가까이 왔을 때 그는 시편 기자의 말처럼 "하나님, 하나님, 어찌하여 나를 버리시나이까?"(막 15:34)[13]라고 외쳤다.

우리는 종교사회학자인 막스 베버(Max Weber)로부터 많은 것을 배울

---

12 신정론: 이 이론은 신이 전능하면서도 선하다고 한다면 어째서 이 세상에 고통이 존재하는가를 묻는 물음에 대한 다양한 대답을 담고 있다.

13 Mahedy, William: *Out of the Night*, Ballentine Books: New York 1986, p. 165.

수 있다. 이미 내재화 된 교리가 세대가 거듭되면서 희석된다 할지라도 오랫동안 남아 이 교리는 윤리와 행동이라는 열매로 나타난다.[14] 이렇게 본다면 칼 괴르델러는 베버의 해석에 비추어 뛰어난 루터교도라고 할 수 있다. 루터교의 윤리가 그의 삶 전체에 다음과 같은 다양한 방식으로 나타난다.

- 그는 질서를 사랑했고 폭군적인 지도자를 혐오했다.
- 그는 국가적으로 행해진 유대인 박해를 비난했다.
- 그는 일반적으로 선제공격하는 전쟁을 거부했다.[15]
- 그는 용감하게 민족사회주의 정부의 악함을 비판했다.
- 그는 악한 정부에 대항하여 싸울 준비가 되어 있었으며—비폭력 저항운동—이를 위해 자신의 목숨도 버릴 각오였다

내재된 루터교의 윤리가 결실을 맺어 가장 빛나는 진주가 된 예가 바로 프로이센의 전통적인 관료주의이다. 민족사회주의도 공산주의도 바로 이 관료주의 특성을 없애려고 노력하였다.

괴르델러는 다음과 같이 말했다.

프로이센 관료들은 그의 상사에게 순종할 뿐 아니라 자신의 의견을

---

14 참조. Weber, Max: *Gesammelte Aufsätze zur Religionssoziologie* I, Mohr Siebeck: Tübingen 1920, p. 12 이하.
15 이것은 제한적인 조건하에서 적용된다. 피터 호프만이 2016년 6월 26일에 나에게 쓴 메일에 나와 있는 것처럼 괴르델러는 1919년 독일 영토에 병합된 폴란드를 반환받기 위해 군사적인 수단을 쓰는 것을 옹호하였다.

과감 없이 말할 의무가 있다고 교육받았다. 오늘날 독일에서 이런 관료를 찾으려면 눈에 불을 키고 뒤져야 한다. 따라서 공공의 정부가 점차 위기에 처해져가고 있다.[16]

마리안네 마이어-크라머는 그녀의 아버지가 제3제국에서의 관료들의 퇴행을 한탄했으며 그중 특히 라이프치히의 사법부 수장에 대해서는 더욱 그러했다.

> 나의 아버지는 사법부의 수장은 정보력에서 뛰어나다고 하셨다. 이런 정보력을 가지고 있는 사람은 민족사회주의 정부의 범죄를 알려야 하는 의무를 가지고 있다. 아버지는 그들에게서 기회주의를 보았으며 이는 악한 권위에 저항하는 독일 관료주의 역행이라고 보았다. 나아가 아버지는 국가가 범죄자의 손에 넘어가지 않도록 살피는 것이 고위 관료의 의무라고 하셨다.[17]

라이프치히의 유대인 공동체의 비서였던 프레드 그루벨(Fred Grubel 1908-1998) 박사는 히틀러가 정권을 잡기 전부터 이미 괴르델러는 이렇게 생각하고 있었다고 증언했다. 그루벨은 이후에 뉴욕에 있는 레오-백 연구소의 소장을 오래 지내면서 마리안네 마이어-크라머에게 다음과 같이 편지 했다.

---

16 Meyer-Kramer, Marianne: *Carl Goerdeler und sein Weg in den Widerstand*, Herder, Freiburg 1989, p. 121.

17 Marianne Meyer-Kramer와의 인터뷰.

> 나는 1932년 여름 당신의 아버지와 함께 기차를 타고 베를린으로 갔던 때를 기억합니다. 우리의 대화 주제는 당연히 그 당시의 정치였습니다.... 앞좌석에 모르는 사람이 앉아 있는데도 당신의 아버지는 제3제국의 민족사회주의당이 해체되고 금지되어지고 히틀러와 그의 추종자들을 감옥에 보낼 때 독일은 해방될 수 있다며 자신의 생각을 확고하게 밝혔습니다. 우리는 당시 정치적으로 우익측에 있는 시장으로부터-더욱이 공공연히-이런 급진적인 의견을 듣고 모두 깜짝 놀랐습니다.[18]

유대교인 중 라이프치히 출신의 망명가는 괴르델러의 딸에게 그녀의 아버지가 히틀러가 정권을 잡은 이후에도 높은 시민 용기를 드러내었다고 말했다. 부에노스 아이레스 출신의 헤르만 샤피어(Hermann Scharfir)는 다음과 같이 전했다.

> 1933년 시작과 동시에 나는 나치의 돌격대에 의해 체포되었고 함부르크 나치 돌격대가 점령하고 있던 신문사로 끌려갔다. 공산주의자들과 유대인들은 고문을 당했다.... 3일째 되던 날 괴르델러 시장이 나타났고 우리를 그곳에서 꺼내주었다.... 괴르델러 박사가 내 생명을 구해준 것이다.[19]

---

18 Meyer-Kramer, p. 69.
19 Ibid., p. 73.

헨리 로제달레(Henry Rosedale)는 마리안네 마이어-크라머에게 다음과 같이 증언했다.

> 당신의 아버지는 유대인이 보이콧을 당한 어느 날 검은 색 양복을 입고 라이프치히 브륄거리[20]에 와서 몇 개의 유대인 궐련 상점[모피 상점]을 방문함으로 그가 이에 반대함을 명확하게 표명하셨다.[21]

괴르델러가 민족사회주의에 대해 적극적으로 저항을 시작한 것은 1936년 10월로 그의 부재중 기간에 라이프치히 연주 홀 앞에 있던 멘델스존-기념 동상이 제거된 후부터였다. 그는 즉시 시장 자리에서 사퇴했다. 라이프치히 사람들은 작곡가 펠릭스 멘델스존-바돌디에 대해 특별한 애착을 가지고 있었다. 그는 토마스 합창단의 잊혀져가는 음악에서 요한 세바스티안 바흐를 다시 살려내었으며 세계에서 가장 좋은 학교 중의 하나인 라이프치히음악전문대학을 창설하였다.

괴르델러가 보기에 멘델스존의 기념 동상을 파괴한 것은 미개함으로 후퇴하는 것이었다. 나중에 그는 감옥에 있으면서 여기에 대해 다음과 같이 회고했다.

> 나는 당시 문화적 범죄행위에 대한 책임을 지지 말아야겠다는 확고한 결심이 섰다.... 멘델스존을 부정한다는 것은 비겁하고 조롱받을

---

20 라이프치히 시내의 상가로, 18세기부터 유대인 거주지역으로 세계적으로 모피와 담배 상점이 유명하다.

21 Meyer-Kramer, p. 73.

거리였다.... 전 세계가 보는 앞에서 나는 멘델스존의 동상을 파괴한 것에 대한 항의의 표시로 직위에서 물러났다. 또한 전국적으로 이를 항의의 표시로 받아들였다."[22]

그때부터 사업가 로버트 보쉬(Robert Bosch, 1861-1942, 그림 24)는 라이프치히 시장이었던 괴르델러를 경제적으로 후원했다. 로버트 보쉬의 이야기는 다시 또 하나의 고정관념을 반박한다. **모든 독일 자본가들은 히틀러의 동역자라는 선입관이 바로 그것이다.**

실제로 보쉬는 저항운동의 드러나지 않은 영웅이었다. 그는 실제 루터교인이 아니었으며, 오히려 불가지론자로 슈바벤 지방 출신의 자유주의자이면서 민주주의자였다.

그는 민족사회주의를 대항한 투쟁을 위해 거대한 액수의 비용을 지불했다. 그의 경제적 지원으로 인하여 쫓기던 유대인들이 망명할 수 있었고 고백교회의 젊은 추종자들이 신학을 공부할 수 있었다. 그는 백작 코덴호브-칼러기(Coudenhove-Kalergi)의 범 유럽연합운동을 지원하였다. 전 세계적인 기업의 대표로 그는 독일 저항운동에 대해 외국에 알리는 역할을 하였다.

괴르델러가 미국, 캐나다, 영국 그리고 프랑스를 돌며 이 나라의 수장들에게 경고의 메시지를 전하는 동안 보쉬는 그에게 일정의 급여를 지불했다.

---

22 Meyer-Kramer, Marianne: *Carl Goerdeler und sein Weg in den Widerstand*. Herder, Freiburg 1989, p. 93.

> 이 세상에 자행되고 있는 모든 폭력과 인간의 생명을 경시하는 끔찍한 일들을 직시하여야한다. 독일 민족은 경악을 금치 못하는 고통의 길을 가려고 하고 있다. 민족사회주의에 숙련되면 이 끔찍함은 배가 될 것이며 그 사이 독일 민족의 80%가 전 세계를 기만하고 있다."[23]

위의 언급한 부분이 바로 1937년 괴르델러의 "정치적인 입장"을 나타내는 핵심 문구이며 이 글은 그가 미국에 체류할 때에 뉴욕으로 망명 온 라이프치히 언론인 프리드리히 크라우제(Friedrich Krause)가 간직하고 있었던 기사이다.

괴르델러가 어디를 가든지 이 말을 반복했다. 그의 딸에 의하면 그는 다음과 같은 두 가지 목표를 지향했다.

① 전 세계에 독일의 지금 정권과는 다른 격이 있는 독일이 있으며 이에 대한 명예를 그는 지키고 싶어했다.
② 전 세계의 지도자들에게 히틀러에 정면 반대하다는 것을 선언하는 것이었으며 그들에게 히틀러는 볼셰비키 노선에 대항하는 마지막 보루가 아니라는 것을 설득시키고자 하였다.

> 경제 분야의 지도자들의 무지가 전체 경제에 심각한 위기를 초래할 것이다. 이는 히틀러의 영적 도덕적 견해에 정통한 사람들이 예견

---

[23] Krause, Friedrich: *Goerdelers politisches Testament. Dokumente aus dem anderen deutschland*, Krause: New York p. 43.

했던 것과 일치한다. 나치즘은... 볼셰비키 노선과 다를 바 없이 변
조되고 있으며 특히 독일의 상황에서는 더 잘 들어맞아서 모든 잔
악한 행위들은 보이지 않게 은폐되고 독일의 전통적인 미덕들(하나
님, 국가, 자유, 사회주의)은 가차 없이 오용되고 있다. 이 미덕들은 단
지 낚시 바늘과 떡밥으로 이를 이용하여 히틀러는 여러 다른 물고
기를 낚아채서 파멸시키고 있다."[24]

이것이 바로 괴르델러가 1939년 7월 터키에 있을 때 문서화시킨 그
의 핵심 사상이며 이 문서를 미국, 영국과 프랑스에 보냈다. 그의 딸은
괴르델러가 민족사회주의와 공산주의를 같은 것으로 본 그의 관점으로
인하여 전쟁 이후 다수 지식인들의 격분을 샀으며 수십 년 동안 철의 장
막 시대 양 진영으로부터 히틀러를 대항한 미진한 독일 저항운동은 좌
익측에서 이루어진 것이라는 설이 지배적이었다고 확신했다.

괴르델러는 영국의 신뢰할만한 소식통을 통하여 히틀러가 세 부류의
적을 멸절시키려고 한다는 사실을 영국 정부에 알렸다. 먼저, 유대인 그
리고 기독교인, 마지막으로 자본주의자이다.

> 히틀러식의 변형된 사회주의는... 절대주의 볼셰비키주의자들의 야
> 만적인 꿈과 전혀 다르지 않다. 그러나 히틀러는 야만적인 방법으
> 로는 절대 새로운 가치를 만들어 낼 수 없을 뿐 아니라 단지 예전 것
> 을 멸절시킬 수 있을 뿐이라는 것을 잘 알고 있었다.... 한 당의 독재

---

[24] Goerdeler: 〈Zur Lage. Ende Juli 1939〉, 공개되지 않은 괴르델러의 원고로 마리안네 마
이어-크라머가 보관하고 있다. p. 13.

> 정권에 대한 논리에 사로잡혀 이를 실현시키고자 한 이 사람은…자기와 다른 가치관과 자유를 허용하지 않듯이 그 외에 다른 신을 허용할 수 없었다… 분노하며 그는 새로운 폭력을 자행했으며, 이 폭력은 바로 종교를 겨냥하고 있었다. 히틀러는 특히 유대교에 대해 흥분했고 인간의 전 삶을 계명과 율법으로 간섭하는 하나님에 대한 교리는 그를 증오로 불타오르게 했다. 그가 증오했던 그 다음 순위에는 기독교가 있다. 겸손과 이웃사랑에 대해 그는 광분하며 날뛰었다. 이런 삶을 살 수 있다는 것에 그는 더욱 광분했다. 사람이 하나님의 자녀로 하나님과 직접적인 소통의 관계에 있다는 것은 그에게 말도 안되는 잘못된 가르침이었으며… 그가 기독교에 대하여 아주 무지한 가운데 그는 스스로를 그리스도의 자리에 세웠다."[25]

괴르델러와 그의 사상을 같이 하는 친구들에게는 히틀러와의 충돌은 진정한 신앙과 상상을 초월하는 힘으로 무장되어 국가를 우상화한 유사 종교와의 서사적인 싸움이었다. 유대교, 기독교 그리고 자본주의는 큰 위험에 처한 같은 배를 탄 신세라며 괴르델러가 외국에서나 독일에서 외국인 친구(이름은 영국 사업가로 아더 프라임로즈 영[Arther Primrose Young]이며 위에서 언급한 괴르델러의 신뢰할 만한 소식통이다)를 만났을 때 입에 달고 다니며 하던 얘기이다.

영은 로버트 보쉬의 친구이기도 하다. 그는 영국 외무부 비서였던 로버트 벤지테트 경의 지시로 괴르델러와 접촉했다. 영과 괴르델러는

---

[25] Goerdeler: 〈Zur Lage〉, p. 9-11.

1937년 처음으로 영국에서 서로 만나게 되며 이때는 더욱이 주데텐 위기가 절정에 다다랐을 때였다.

이 영국인은 독일 손님에게 매우 호의를 보였다.

> 괴르델러의 강인한 성격과 호의적인 유머가 매우 인상적이었다. 그의 대단한 도덕적인 용기는 그의 모든 것을 대변했다. 그는 히틀러와 그의 추종자들이 잔혹한 범죄를 저지르고 있으며 누군가 이를 저지하지 않는다면 이 만행은 더 심해질 것이라며 한 치의 의심의 여지없이 이 사실을 우리에게 확신시켰다 그는 엄숙하게 자신이 확신하고 결심하고 있는 정치에 대해 말하였고 그가 유일하게 히틀러를 잘 파악하고 있으며 그의 범죄적인 행위를 저지할 수 있다는 사실을 진지하게 말했다.[26]

벤지테트의 요구에 따라 영은 비밀리에 괴르델러를 독일, 스위스 그리고 영국에서 5번 더 만났다. 그는 괴르델러를 "고귀한 영적인 자질을 가진 사람"으로 평가했다. 괴르델러는 루터의 십자가 신학을 잘 알지 못했지만 십자가가 그를 기다리고 있음을 알았다. 영은 런던의 외교부에서 다음과 같이 말했다.

> [괴르델러의 의견에 따르면]히틀러는...유일하며 모든 것을 능가하는 역사적인 예외 인물이다. 그는 악의 화신이다. 괴르델러는 그

---

26 Young, A. P.: *Die X-Dokumente. Die geheimen Kontakte Carl Goerdelers mit der britischen Regierung 1938/1939*, Sidney Aster. Piper: München, p. 26.

의 목숨을 걸고 이 악의 세력과 맞서 싸우는 데 자신을 헌신하여야 한다는 생각이 확고했다. 그의 힘의 가장 큰 원천은 바로 그의 기독교 신앙으로 그는 신앙으로 그의 앞에 놓인 고난의 길을 갈 것이다. 1938년 8월 6일 비밀리에 이루어진 우리의 첫 대화를 마친 후에 그는 내가 쾨니히스베르그(Konigsberg)로 돌아가야 했기 때문에 나를 기차역으로 데려다 주었다. 그때 그의 동생도 같이 있었는데 기차역 출구에서 그는 빠르게 다음과 같이 말했다.

"나에게 혹시 무슨 일이 생기면 내가 모든 것을 털어 놓는 여기 있는 내 동생과 연락을 취하면 됩니다."

그의 목소리의 떨림과 울림이 오늘도 내 귀에 들리는 듯하다. 그는 나에게 말하기를 그는 이미 그 앞에 무슨 일이 있을지 짐작하고 있다고 했다.[27]

괴르델러와의 대화를 기록한 영의 문서는 영국 외무부 내의 X파일(그림 36)로 불렸다. "Mr. X"가 괴르델러를 칭하는 것으로 영이 사용한 가명이었다. 이 기록은 외교부의 고위 공직자나 네빌 챔버레인(Neville Chamberlain) 수상뿐만 아니라 미국 외무부 장관 코델 홀(Cordell Hull)과 엘러나 루즈벨트(Eleanor Roosevelt)도 읽었다. 영은 다음과 같이 썼다.

> 영부인 루즈벨트 여사도 알고 있었으므로 X파일의 주요 내용을 미국 대통령도 알고 있었을 것으로 추정한다. 루즈벨트 대통령과

---

[27] Young, p. 354.

외무부 장관인 코델 홀(Cordell Hull)의 발언을 보면 히틀러에 관한 괴르델러의 확고한 정치관이 충분한 근거를 가지고 있으며 이것이 미국의 외교를 결정하는 두 인물에게 유일하게 가능한 정책이라는 인상을 남겼다.[28]

「짜이트」(Zeit)의 편집자인 칼-하인쯔 얀센(Karl-Heinz Janßen)에 따르면 루즈벨트 대통령이 1939년 4월 히틀러에게 평화를 호소한 유명한 사실은 "X-파일"에 그 근거를 두고 있다고 한다.[29]

이 장의 마지막 부분에서 나는 이 중요한 정보에 대해 다시 논의하고자 하는데, 이는 독일에서 히틀러에 반대하는 당이 있었음에도 불구하고 백악관이 이후에 정치적 전략적으로 중요한 결정을 할 때에 이것을 고려하지 않았다는 것은 바로 심각한 고정관념의 폐해로 인한 것이기 때문이다.

우선 여기에서는 수상이었던 챔버레인(그림 27)이 무시한, 이로 인하여 이 세상에 재앙적인 결과를 초래한, 괴르델러의 중요한 논점을 살펴보고자 한다. 영은 괴르델러가 그에게 다음과 같이 강조하였다고 한다.

- X는 확신을 가지고 우리가 가졌던 담화 가운데 했던 말을 다시 반복하며 강조했다. 범죄 집단과 같은 이 사람들(갱단의 조직과 같은)은 그들의 원래 권한 밖인 모든 법률마저도 무시한다.... 세상은 그들

---

28 Ibid., p. 76-77.
29 Janßen, Karl-Heinz: Auf Goerdeler zu spät gehört ⟨Die Zeit⟩ 1989. 07.20. Nr. 30에서 발췌, p. 32.

이 그들의 정책, 즉 그들의 범죄성에 근거하여 독일 정부를 이끌어 가는 방식과 본질을 알아야한다.[30]
- X는 말하기를…히틀러는 자신을 하나님의 자리에 두는 단계에까지 이르렀다. 실제로 그는 이성을 잃어버렸다.
- X의 생각에 의하면 히틀러를 대할 때에는 항상 비정상적인 현상을 다룬다는 전제하에 해야 하며 이 사람은 끊임없이 성공하면서 진행되는 모험을 통하여 지금의 권력에까지 올랐다. 독재자가 자신의 지위를 유지하려면 연속하여 화려한 성공을 계속적으로 보여주어야만 한다.
- 짧게 요약하면 독일은 지금 현재 약 100,000개의 악한 요소들에 의해 지배되고 있으며 이 하등한 지배자들은 도덕적인 행동에 대한 감각마저도 포기하고 그들이 만든 것 이외의 어떤 법도 존중하지 않는다.[31]
- 너무나 충격적인 것은 언론, 교회 그리고 서구 민주주의국가 정부가 10,000명의 폴란드 유대인들이 독일에서 야만적이고 가학적이며 잔악한 방법으로 박해를 받은 것에 대해 강한 반응을 보이지 않았다는 것이다.

이 불쌍한 사람들을 야생동물 쫓듯이 뒤에서 기계와 무기들로 쫓아 스위스의 라인강을 넘어 폴란드 국경까지 밀려나게 했다. 수만 명의 사람들이 절망 가운데 빠져있다. 로마 황제의 기독교 박해 이후로 현

---

30   이 이야기에 나오는 3가지 사례는 영(Young)의 책, p. 81–82 참조.
31   Ibid., p. 83.

재 독일에서 일어나는 것과 같은 기독교 박해는 지금까지 없었다.[32]

당시 세계유대인협회 의장이었던 하임 바이쯔만(Chaim Weizmann)은 챔버레인을 움직여 괴르델러의 말을 듣게 하려고 노력하였지만 허사였다. 바이쯔만은 그의 기억을 더듬어서 다음과 같이 전한다.

> 나는 우연히 비밀스러운 통로로 특별한 독일 문서를 입수하게 되었는데 이 문서를 총리에게 전달해달라는 부탁을 받았다. 생명의 위협을 받고 있던 라이프치히 시장 괴르델러가 써서 전달해온 것으로... 이 문서는 독일에서 일어나고 있는 일들에 대한 상세한 진술로 챔버레인에게 하는 간곡한 부탁으로 끝을 맺고 있는데, 챔버레인이 고데스베르그나 뮌헨에서 히틀러를 만나게 되면 속지 말고 계속 진행되는 일들에 대해 용인하지 않기를 바란다고 적혀있다. 나는 이 문서를 내각에 있던 내 친구 중 한 사람에게 보여주고 이것을 챔버레인에게 읽어보도록 전달해 달라고 했다. 그러나 이것은 이루어지지 않았다. 그래서 나는 챔버레인의 가까운 친구이자 그의 사무실 옆 사무실에 근무하던 영국의 공무원 조직의 장이었던 워렌 피쉬(Warren Fisher) 경에게 갔다. 내가 그에게 그 문서를 보여주었더니... 그는 그의 책상 서랍을 열고 내가 가지고 갔던 문서의 복사본을 나에게 보여주었다. 그가 "나도 이미 10일 전에 이 문서를 손에 넣었고 챔버레인에게 보여주려고 하였지만 헛수고였다"라고 말했다.[33]

---

32 Ibid., p. 153-154.
33 Weizmann, Chaim: *Memoiren. Das Werden des Saates Israel*, Toth: Hamburg 1951, p. 601.

괴르델러의 계획은 정말 성공할 가능성이 있었을까?

이것에 대해 그의 딸도, 역사학자 클레멘스 클렘퍼러도 확신할 수 없다. 그러나 영은 가능성을 보았다. 1938년 9월 의회는 휴가 중이었다. 괴르델러는 주데텐 위기에 대한 논쟁을 되살리자고 제안했고 야당 지도자였던 클레멘트 아틀리(Clement Attlee)도 이를 승인하였다.

> "큰 주제에 대한 솔직한 토론을 했다면 이 주제의 가장 꼭대기에 있던 히틀러를 향한 결정적인 설명과 여기에 대한 올바른 대답을 찾을 수도 있을 것이다"라고 영은 쓰고 있다. 그러나 거기까지 더 이상의 진전은 없었다. 변화된 세계 정치 분위기에서 갑작스러운 영국의회 소집이 제대로 작동했더라면(괴르델러가 온 힘을 다해 주장했지만) 그의 계획은 실행되었을 것이고 전쟁을 막을 수도 있었을 것이다. 역사 앞에서 총리와 그와 견해를 함께한 사람들은 한 민족의 운명을 결정짓는 중요한 순간에 그들의 목소리를 억압하여 잔인하고 불필요했던 전쟁의 포문을 연 것에 대한 심판을 받아야 한다. 형언할 수 없는 고통이 우리나라를 덮쳤고 3천만 명의 사람들이 죽었으며-이 중 6백만은 유대인으로 히틀러의 손에 죽었다-그리고 2천 2백만 러시아인 사상자를 내었다.

리터도 이와 같은 관점을 가지고 있다.

> 다수의 독일 장교들이 전쟁을 거부했고 많은 독일인들이 왜 자신들의 지도자가 전쟁을 하는지를 이해하지 못했다.

이것으로 봐서 "그때에 전 군대 장교들 협의체를 통해 단체 행동으로 이끌 수도 있었을 것이며, 평화를 위하여 단체 행동을 함으로 누구도 조국을 배신했다는 비난을 받지 않을 수 있었을 것이다."[34]

런던에서 히틀러를 대항하여 강력한 정책이 필요하다는 사실을 설득하려했던 괴르델러의 시도는 실패했다. 그러나 그는 여기에서 좌절하지 않았다. 그는 영국 정부에게 독일 사람들이 본국의 방송을 더 이상 신뢰하지 않기 때문에 영국과 프랑스 라디오를 갈수록 더 많이 청취하고 있다는 사실을 알렸다.

그는 날마다 강제수용소에서 일어나는 고문에 대해 전하면서 독일인들이 실체를 바로 알게 되면 민족사회주의 정부에 대항하여 일어날 것이라는 사실을 확신 있게 보여주었다. 그는 다음과 같이 보고 했다.

> 독일 전역에서 말도 안 되는 잔악한 유대인 박해에 대한 반대의 목소리가 일어나고 있다. 비유대인들이 박해받는 유대인들을 위해 자신의 목숨을 내어 놓고 도와주는 수많은 사례가 있다.[35]

그리고 그는 런던에 히틀러가 개인적으로 1938년 11월 9일에서 10일로 넘어가는 밤을 "제국의 빛나는 밤"으로 제정하여 유대인 학살을 계획하고 있다는 사실도 알렸다. 영은 계속해서 써 내려가고 있다.

---

34 Ritter, p. 202.
35 Young, p. 177.

X는 많은 독일 국민들이 자신과 가족들의 위험에도 불구하고 어려움에 처해 있는 유대인들을 여러 가지 모양으로 도와주고 있다는 사실을 말했다. 그는 분노를 감추지 못하며 대학살 중에 끔찍한 두 사례를 얘기했다. 작은 아이가 얇은 잠옷 하나만 걸친 채로 거리로 내몰렸으며 배고픔과 추위에 그대로 속수무책이었다. 유대 여성들은 대학살을 자행했던 나치 범죄자들에 의해 성폭행을 당했다. 그가 알고 있던 지인 중에 한 젊은 유대인 여성은 자신이 매독에 걸렸다고 말해서 이 끔찍한 운명을 피해갈 수 있었다고 이야기했다.[36]

추가 내용은 다음과 같다.

괴르델러는 아주 이전부터 런던에 히틀러와 스탈린 사이에 불가침 조약이 체결될 것이라고 경고했다. 이 조약으로 인하여 독일은 폴란드를 침입했을 때 소비에트 연방과의 전쟁을 비켜갈 수 있었다.

그러나 벤지테트는 전혀 미동도 하지 않았다. "걱정할 필요가 없네"라며 독일 저항군이 보낸 대사 에리히 코르트(Erich Kordt)에게 말했다. "소비에트 연방이 협약을 체결한다면 그 상대는 우리가 될 것이라고 나는 백퍼센트 확신하네."

---

[36] 페터 호프만은 아주 인상적인 방법으로 민족사회주의 정부에 대해 제3국의 개입을 주장한 괴르델러의 견해를 다음 책에 자세히 서술하고 있다: *Carl Goerdeler gegen die Vrfolgung der Juden*. Böhlau: Köln 2013.

히틀러가 벨기에와 네덜란드 그리고 스위스를 손에 넣으려고 한다는 괴르델러의 경고를 제일 먼저 런던에서 무시했는데, 이는 영국비밀정보원의 보고서의 내용과 이 사실이 일치하지 않았기 때문이었다.[37]

그러면 왜 괴르델러의 히틀러를 대항한 새로운 정부에 대한 구상은 영국 정부의 주목을 받지 못했을까?

여기에는 의심할 여지없이 복합적인 이유가 존재한다. 그중 가장 중요한 이유는 바로 영국에 퍼져 있던 선입관적 사고였다. 영국국책은행(영국중앙은행)의 은행장 몬테규 노먼(Montagu Norman) 경은 괴르델러를 비난하였다.

> 훌륭한 애국자는 자신의 조국을 고발하지 않는다.

영국 외무부차관이었던 어므 사겐트(Orme Sargent) 경도 BBC방송을 통해 히틀러에 대한 진실을 독일로 많이 퍼트려달라는 괴르델러의 제안을 무뚝뚝하게 묵살하였다.

> 괴르델러 박사가 자신의 생각을 과장하여 사람들을 제대로 사고하지 못하게 하는 것은 유감스러운 일이다.[38]

---

37 Aster, Sidney: 〈Carl Goerdeler and the Foreign Office〉, 영(Young): *The X-Documents*, André Deutsch: 런던 1974, p. 238-238에서 발췌. 나는 페터 호프만이 2016년 5월 26일 나에게 이메일을 보내 1939년 1월 25일 외무부장관이었던 헬리팩스(Halifax)가 정부에 서방 국가가 직면한 히틀러의 공격에 대한 위험을 알렸으며 이는 괴르델러가 준 정보에 의거하여 이루어졌다는 사실을 알려준 것에 대해 감사한다.

38 Young: *Die X-Dokumente*, p. 267.

영(Young) 만이 루터교도 괴르델러의 도덕적 분노와 보수주의 프로이센 사람이었던 괴르델러의 내적인 갈등을 이해했다.

> 그는 18년 전 두 가지 가치관 사이에 결정을 해야 했던 영국 간호사 에디스 카벨(Edith Cavell)[39]과 같은 정신으로 용감하게 자신을 세웠다. 이 두 가지 가치는 조국에 대한 충성심과 그보다 상위에 존재하는 영적인 분에 대한 충성으로 이분은 피곤치 아니하시며 '영원히 유효한 도덕법'이라 불리는 분에 근거한 가치이다. 건강하고 개화된 문명사회에서는 이 두 가지 가치 사이에 모순은 존재하지 않는다. 히틀러는 역사에 단 한 번 존재 했던 예외적인 인물이었다. 그는 악의 화신이었다.[40]

1. 독일 군국주의에 관한 고정관념

벤지테트는 이를 받아들이려고 하지 않았다. 그는 챔버레인의 유화정책을 반대하면서도 괴르델러와 영의 만남을 주선해 주었다. 그런데 또 가능한 군사쿠데타에 대하여는 괴르델러를 차갑게 비난하였다. 즉 군사쿠데타는 철저한 반역이라는 것이었다.

특히 그는 괴르델러가 한 말 중에 히틀러 정권이 무너지고 나서 들어서게 될 새 독일 정부는 베르사이유 조약의 불편한 몇 가지 조항을 다

---

39 Edith Cavel(1865-1915); 독일이 주둔한 벨기에에서 스파이 활동을 하다가 처형당했다.
40 Young, p. 224.

시 협상하기를 원한다는 부분에—괴르델러는 예를 들면 지금의 폴란드 영토인 폴란드 회랑 지역을 염두에 두었다—대해 경멸적으로 반응했다. 영은 벤제테트의 말을 다음과 같이 적고 있다.

> 나는 한 동안 괴르델러가 민족사회주의당과는 또 다른 독일 군국주의 팽창을 위한 허수아비일 뿐이라는 의심을 해왔다. 독일 신군국주의와 민족사회주의에는 별 차이를 느낄 수 없었다…. 괴르델러 박사는-가끔씩 주는 정보를 제외하고는-나에게 전혀 신뢰감을 주지 못했다. 그는 결코 신뢰할 만한 사람이 아니었으며 그는 잘못된 사람들과 관계하며 잘못된 관점들을 가지고 있었는데, 왜냐하면 그의 견해는 오류 그 자체였기 때문이었다.[41]

위의 문장들은 선입견의 전형적인 예가 된다. 벤지테트가 상대적인 요소들이 얽혀있는 전체를 보지 않았기 때문에 괴르델러를 비판하였다. 그가 보지 못한 상대적인 요소들 중의 하나는 괴르델러가 두 가지 측면인 도덕적인 관점과 정치적인 관점으로 생각하고 있었다는 사실이었다.

괴르델러는 종교적 도덕적인 신념으로 지금까지 없었던 전대미문의 악이 자신의 나라를 침범했으며 전 세계에 재난의 상황이 오기 전에 이는 반드시 저지되어야한다고 확신하고 있었다.

정치적으로 그는 베르사이유 조약이 독일에게 불공정하며 민족사회주의가 세력을 얻는 것은 많은 부분이 불공정한 협약의 결과라고 믿었다.

41　Young, p. 262.

불공정한 협약은 다시 재협상되어야하며 이것이 안될 경우 민족사회주의 정부의 실권 후에 서게 될 새 정부는 국민들의 신임을 얻기 어렵다고 보았다. 누구보다 더 유럽 보수주의자였던 괴르델러는 자신의 나라에 질서와 평화를 걱정했으나 그는 독일 국민의 신뢰가 없다면 질서도 평화도 재건되기 힘들다고 믿었다.

물론 괴르델러의 요구였던 예를 들면 독일의 식민지였던 폴란드 회랑지역을 반환받겠다는 것은 현대적인 판단에는 다소 이색적으로 들릴 수 있다. 그러나 로버트 벤지테트에게 이 요구는 사실상 당시의 상황에 비추어 볼 때 이상한 것이 아니었다.

벤지테트도 영국 제국주의 중에 극우주의 정치가였던 로이드 조지(Lloyd Georg) 휘하에서 일했다. 괴르델러와 벤지테트가 살았던 시대에는 식민 통치가 두루 행해지던 때였다. 괴르델러가 자신의 조국을 위해 폴란드 회랑지역을 반환해 달라는 요구는 다른 유럽 국가들과 동등한 권한을 가지겠다는 것 그 이하도 아니었다. 실제로 벤지테트도 자신의 전기 작가인 아론 골드만(Aron Goldman)이 쓴 그것과 같았다.

> 1936년 말 즈음에 독재자들[히틀러와 무솔리니]을 용인했다고 한다. 그는 그들로 인하여 전 유럽이 새로운 국면의 합의에 이를 수 있기를 바랐다. 벤지테트도 베르사이유 협정은 지키기 어려운 협정이라고 보았으므로 터지기 직전의 힘을 제어하기위해서라도 독일과 이탈리아의 식민지에 주둔하고 있던 영국 군대를 철수하는데 찬성하고 있었다. 그는 그렇지 않으면 이 팽창해진 힘이 결국 전쟁으로 이어질 것을 두려워하였다....

> 그러면 벤지테트는 자신이 이전에 히틀러를 만났기 때문에 유화정책을 주장하는 사람들을 그렇게 맹렬히 비난하였던 것일까?[42]

특히 주목할 만한 것은 벤지테트는 이후에 다음과 같이 썼다.

> 베르사이유 조약은 이 전쟁과 별 관련이 없다.[43]

리터에 따르면, 괴르델러에 대한 벤지테트의 고정 관념적 반응에 깔려있는 개인적인 이유는 독일 장교들의 영원한 "군국주의"에 대한 불운한 고정관념에 있다고 한다. 독일 저항운동에 참여한 어떤 장교도 민족사회주의를 군국주의 독재자로 대체하려고 생각한 적이 없다는 사실을 알았음에도 불구하고 민족사회주의가 아니라 군국주의가 실제로 위험한 것이라고 제2차 세계대전 당시 벤지테트는 주장했다.[44]

군국주의에 대한 고정관념은 벤지테트와 윈스턴 처칠(그림 29) 그리고 우리가 바로 살펴볼 프랭클린 루즈벨트가 공통적으로 가지고 있었던 굳어진 사상이었다. 이것은 괴르델러의 친구들이었던 육군 사령관 루드비히 벡(Ludwig Beck)과 프란쯔 할더(Franz Halder), 장교 한스 오스터(Hans Oster) 그리고 에어빈 폰 비츠레벤(Erwin von Witzleben)과 같은 연륜 있는 장교들의 종교적인 성향을 간과한 결과이다.

---

42 Goldmann, Aaron: 〈Germans and Nazis: The Controversy over Vansittartism im Britain during the Second World War, 〈Journal of Contemporary History〉 제14호, Nr. 1/1971, p. 159에서 발췌.

43 Vansittart, Robert: *Lessons of my Life*, Hutchinson: New York 1943, p. 34.

44 Vansittart, *Lessons*, p. 255.

"X-파일"과 괴르델러와의 면담을 통하여 벤지테트는 이 사람들이 히틀러의 전쟁놀이에 얼마나 절망하고 있었는지 알고 있었음에 틀림이 없다. 또한 그들이 선제적인 전쟁을 혐오한다는 것과 젊은 장교 일당들에 대해 염려하고 있다는 것도 알았다. 이 젊은 장교들은 히틀러를 추종하는 청년들의 모임에서 리더였으며 그들에게는 전통적 프로이센의 군대 윤리는 중요하지 않았으며, 자신들의 "지도자"에게 광적으로 헌신했다.

군국주의-고정관념을 좀 더 자세히 분석해 볼 필요가 있는데, 서구 국가들이 보수적인 독일 저항운동을 제2차 세계대전 이전 혹은 이후에도 진지하게 받아들이지 않은 이유가 바로 이 고정관념에 기인하기 때문이다. 또한 이 고정관념은 일부분 "카사블랑카 회담"에 영향을 미쳐 독일에 무조건적인 항복을 요구하기에 이르렀다.

홀로코스트 대학살 전에 히틀러를 대항한 쿠데타에 대한 가능성이 있었지만 이 가능성은 카사블랑카 회담으로 인하여 완전히 사라져버렸다. 연구를 해보면 군국주의-고정관념은 결국은 독일의 분단뿐만 아니라 유럽의 분단(동부 유럽이 소비에트 연방의 지배를 받게 됨)을 초래한 원인 중에 하나가 된다.

군국주의-고정관념은 독일 민족들의 행위를 인종차별적인 해석을 가능하게 한 주춧돌이 되는데, 런던 신문인 「이브닝 스탠다드」(*Evening Standard*) 편집장 프랑크 오웬(Frank Owen)은 전쟁이 최고조에 달했을 때 다음과 같이 말했다.

> 이 부분에 있어서 역으로 벤지테트가 나치이다.[45]

벤지테트는 영국이 히틀러를 상대로 전쟁을 하는 것이 아니라 도덕적으로 쓰레기인 80%의 "저주 받은 인종"과 전쟁을 한다며 인종주의적인 발언을 하였다.[46]

믿음이 신실했던 저항 운동가들로 로데스-숄라(Rhodes-Scholar)와 외교관 아담 트로츠(Adam Trott zu Solz, 그림 28)는 런던과 워싱턴에 정통하였는데 1942/43년에 그들은 독일 군국주의에 대한 무시무시한 개념들과 불가피한 정복 여론에 대해 굉장히 염려스러워했다.

리터에 의하면 이런 주제들은 영어권 저널리즘과 전쟁을 다루는 책들에 게재되었을 뿐만 아니라 영국 고위 관료들의 입에서도 자주 언급되는 것을 볼 수 있었다고 한다.[47] 벤지테트의 눈에는 독일이 이렇게 까지 무너진 데는 루터의 책임이 크다고 보였다.

> 독일인을 '순수하고 탁월하다'라고 보던 독일의 정신적인 지주인 루터가… 형언할 수 없는 분노로 유대인들을 욕했으며 그들을 가장 나쁜 방법으로 대하라고 명령했다…. 그는 이성을 '사탄의 가장 큰 창부'로 보며 증오했다. 여성에 대한 그의 관점은 편협하고 야만적이었다. 그는 이익이 되거나 편하다는 이유로도 거짓말을 허용했다…

45　Owen, Frank: 〈This Man Makes More Nazis〉, 〈The Evening Standard〉 1942.02.24에서 발췌.
46　Goldman, p. 160.
47　Ritter, p. 385.

> 그는 그의 교리에 맞게 성경의 번역을 바꾸었다... 그는 마치 지도자인 것처럼 모순적인 말들을 썼다. "나는 절대적인 확신으로 말하노니 나의 교리와 맞지 않는 모든 교리는 저주"라고 했다.[48]

영국에서 일컬어지고 있는 소위 "벤지테트주의"의 근간에는 "독일 인종"이 수천 년을 거치며 군국주의를 가지고 태어난다는 생각을 전제하고 있다. 「블랙 레코드」(Black Record)라는 전쟁 중에 발행된 영국 팜플렛으로 인하여 큰 논쟁이 일어났는데, 여기에서 벤지테트는(그는 당시 처칠 정부의 외무부 자문으로 가장 신임이 높았다) 그의 국민들이 피에 굶주린 한 나라 국민 전체를 대항하여 싸우고 있으며, 독일인들은 아직 원시인들로 "부끄러움이 없는 혈연집단"으로 존재한다고 주장했다.

> 독일 야만주의는 378년 아드리안폴리스전쟁에서 로마의 문명을 박살내었고, 낭만주의 문명국인 프랑크를 파괴하려하였으며...그 후 전쟁은 샤를레망의 야망으로 변한 정복과 팽창주의였다.... 12세기 유명한 전쟁 찬미론자였던 프리드히 바바로사(Friedrich Barbarossa)가 왕위에 오르자 그들은 어떻게 하면 평화롭게 살 것인가에 대해서는 토론하지 않고 어떤 민족들부터 정복하고 지배할 것인가에 혈안이 되어, 이번에는 이탈리아 아니면 슬라브족?...바로 이 잔인한 민족적 특성이 뵈멘에서 30년 전쟁을 발발시켰고, 체코인들 대부분을 노예로 삼았으며 1939년과 동일하게 박해했다.[49]

---

48 Vansittart: *Lessons*, p. 221-222.
49 Vansittart, Robert: *Black Record. German's Past and Present*, Hamish Hamilton: London 1941, p. 20-22.

이런 내용이 무려 55쪽에 걸쳐 나온다. 그러나 벤제테트의 주장을 반격할 수 있는 요소들은 무시되었다. 예를 들면 칼 대제는 지금 프랑스 영토까지 다스리던 왕이었다. 벤지테트는 암묵적으로 프랑크족이 카롤링거 왕조의 군국주의에 저항했다고 주장했다. 그러나 그는 루드비히 14세와 나폴레옹이 러시아로 진격한 100년 전쟁에 대해서는 언급하고 있지 않다.

이와 유사한 방법으로 벤지테트는 30년 전쟁의 또 다른 중요한 점을 간과하였는데, 예를 들면 스페인, 프랑스, 스웨덴 그리고 다른 이외의 나라의 군대들이 독일을 파괴했다는 사실이다. 이 나라들이 감행한 독일 공격으로 인하여 독일 인구가 1,600만 명에서 6백만 명으로 줄어들었으며(몇 명의 역사학자가 추정하는 바와 같이) 상점과 산업, 공장 그리고 영적인 삶이 완전히 황폐화되었다.

벤지테트에 의하면 민족사회주의는 그 뿌리가 깊다.

> 군국주의를 가지고 태어나는 인종인 그들은 우월감을 먹고 마시며 전 인류를 그들의 용도와 이익을 위해 노예화하는 것이 그들의 임무라고 확신하며, 이 목표는 모든 수단 중에 가장 더러운 것까지도 거룩하게 한다. 이리하여 너는 이 세상에 저주가 되는 가장 열등하고 천한 인종을 생산하게 된다.[50]

실제로 고급 교육을 받은 사람의 주장이라고 하기에는 너무 무례하기

---

50 Vansittart: *Black Record*, p. 12.

에, 이 주장이 실제로 다수의 자국 국민들에 전달되지 않았었기를 바라고 싶다.

당시 "반벤지테트주의"를 주장하는 목소리도 컸다. 그 중에 대표적으로 치체스터(Chichester)주 주교였던 조지 벨(George Bell)은 당시 본회퍼와 다른 독일 저항주의자들과 친분을 가지고 있었으며 당시 영국 정부에게 "다른 독일"이 있다는 사실을 설득시키려 노력하였다.

많은 반벤지테트주의자들은 특히 정치적인 스펙트럼에서 좌익의 끝 부분에 위치해 있었다. 정치가 마이클 풋트(Michael Foot), 출판업자 빅토 골랜츠(Victor Gollancz), 영국 저널리스트 킹슬리 마틴(Kingsley Martin), 미국 저널리스트 허버트 모리슨(Herbert Morison)은 30대에 벤지테트가 히틀러를 용인했을 때부터 단호한 나치 반대자들이었다.

그러나 영국 국민들은 벤지테트의 주장에 갈수록 귀를 기울였다. 그의 전기를 쓴 골드만은 다음과 같이 전하고 있다.

> 독일에 대한 적대감은 본래 제1차 세계대전 이후에는 그렇게 강하지 않았으나 제2차 세계대전을 치르면서 국민들뿐만 아니라 정부 고위공직자들마저도 점점 독일에 대하여 적대적으로 변하였다. 여론조사에 의하면 벤지테트가 많은 영국인들의 마음을 파고든 것으로 나타난다. 1943년 초에 대중 여론조사기관(Mass-Observation)[51]에서 나온 결과를 보면 영국인들의 43퍼센트가 독일인들을 미워하거나 불쾌하게 생각한다고 답하고 있다. 1945년 2월에는 54퍼센트로

---

51 http://en.wikipedia.org/wiki/Mass-Observation.

그 비율이 높아졌다.⁵²

계속해서 골드만은 다음과 같이 쓰고 있다.

독일과 나치를 구분하는 기준이 점점 약화되는 현상이 영국 내각과 언론 그리고 BBC에서 나타난다. 이곳에서 당과 독일 민족을 구분하는 것은 이미 의미가 없어졌으며 따라서 뉴스에서 '나치'라는 단어는 배제되어 버렸다.... 여론은 벤지테트의 주장과 유사하게 정형화된 독단으로 굳어져 갔다."⁵³

나아가 본래 독일 저항운동가들에 대해 감탄했었던 윈스턴 처칠의 말이 그 사이에 오히려 벤지테트보다 더 완강하게 바뀌었다. 1941년 전 세계로 송출되는 라디오 방송에서 처칠은 "몇몇 구제 가능한 사람 빼고는 다른 사람을 죽이는데 준비되어 있는 7천만의 야만인들에 관하여"라고 말했다.⁵⁴

골드만은 영국 공군의 무작위 공중폭격과 연합군의 고위 지도부에 작용한 벤지테트식 사고방식 사이에 연관성이 존재한다고 지적하였다.

전쟁이 시작되면서 영국 각 부 장관들과 정부는 적국의 일반 시민

---

52 Goldman, p. 156-157.
53 Ibid., p. 161.
54 Goldman, p. 165. 영어 원문: 〈Seventy millionhuns-some of whom are curable and others killable〉.

들을 공중폭격으로 희생시킴으로 사기를 떨어뜨리고자 하는 계획이 전혀 없다고 발표했다. 그러나 시간이 지남에 따라 영국 정부는 이 입장에서 물러서서 독일인들을 [시내 중심을 공중 폭격함으로] 본보기로 삼았으며 그들은 이에 상응하는 고통을 받아야한다고 주장하기에 이르렀다. 이리하여 적은 곧 악이라는 전제로 서로 일반 시민들에게 공중 폭격을 감행했다. 영국 언론은 1940년 당시에 독일에 무작위 폭탄 투하가 가해진 것을 몰랐다. 1940년 가을에 전쟁 내각은 독일 몇 개의 도시를 선별하여 집중 폭격하기로 결정하였다. 그러나 그들은 언론에 공중폭격은 전략적인 목표물에 집중하여 이루어진 것으로 독일 시민들은 의도하지 않게 희생되었다고 전달했다."[55]

골드만이 제시한 증거들로 보면 60만이 넘는 독일 시민들, 이중 대부분은 여자들과 아이들로 그들의 죽음에 대한 책임의 일부는 인종차별주의로 인한 것이었다는 결론에 이른다. 특히 고정관념의 악의적인 변종에는 근거가 있다. 이 고정관념의 변종은 한 "인종"에 불쾌한 특성을 부가하는 것으로, 열등한 인종으로 혹은 벤지테트의 언어를 사용한다면 저주 받은 인종으로 규정되어진다.

나는 이런 형태의 인종주의를 히틀러의 유대인 학살과 동일시하고자 하는 생각은 추호도 없다. 처칠은 "마지막 해결"로 민족 학살을 계획하지는 않았다. 나는 본서의 기본 주제가 고정관념적 사고라는 것을 다시

---

[55] Ibid., p. 165.

한번 상기시킨다. 제2차 세계대전 때 민주주의 국가에 성공적으로 전달된 반독일 인종주의는 고정관념에 불과하다. 독일인에 대한 벤지테트의 평가를 상대화시킬 수 있는 독일인의 모든 좋은 자질들은 무시되었다. 빅토 골렌츠(Victor Gollancz)[56]는 벤지테트의 주장을 다음과 같이 평가했다.

> 독일 민족에 대해 원시적인 피의 굶주림과 개인적인 불쾌한 증오와 복수심으로 만든 거짓 선동적 호소.

우리가 여기에서 관심 가져야 할 부분은 이 선동에 대한 호소의 발생 근원지이다. 벤지테트의 고정 관념적 견해는 "군국주의는 독일인의 도덕적 발로"이며, 이는 "고유한 것으로 고칠 수가 없어서," "일반적인 독일인은 먼저 감정을 느끼는 것을 배워야한다"라는 것이다. 그의 이런 사고방식은 아마도 그가 20세기 초에 학생으로 독일에서 보낸 기간 동안에 형성된 것으로 보인다.

그 당시에는 독일과 영국 사이에 강한 적대감이 형성되고 있었는데 그 이유는 두 가지였다. 하나는 지금의 남아프리카에서 일어난 보아전쟁과 다른 하나는 독일 해군을 영국 해군 수준으로 끌어올려 영국의 세계 해상 지배력에 제동을 걸려고 했던 황제 빌헬름 Ⅱ세의 계획때문이었다.

여기에서 특히 고려해야 할 점은 영국혐오증은 절대로 독일인들에게

---

56 Gollancz, Victor: *Shall our Children Live or Die?* Gollancz: London 1942.

만 나타나는 현상이 아니었다는 것이다 거의 모든 비영국계 국가들의 (프랑스, 이탈리아 그리고 러시아) 언론들 사이에는 여성들과 아이들이 대부분이었던 보아인들을 포로수용소로 감금한 영국군 때문에 반영국 감정이 팽만해 있었다.

벤지테트의 독일 체류는 오늘날 이 범상치 않은 외교관의 인생에 수수께끼 같은 매개체이다. 아랍어, 프랑스어, 독일어를 쓰고 말하는데 능숙능란했으며 높은 수준의 교양과 학식을 가진 젊은 한 남자, 소설과 시 그리고 희곡에 재능을 보인 작가가 세계적으로 교육 수준이 가장 높은 나라, 예술가와 작가와 대학자들을 많이 배출한 축복받은 나라에 학생으로 와 있었다.

사람들은 벤지테트가 이 기간을 즐길 수 있었을 것이라고 생각할 수 있다. 그러나 실제 그는 영국혐오증을 가진 멍청이들과 신파적인 군국주의자들을 만난 것 같다.

> 영국혐오증이 보편적으로 심화되면서...식당이나 극장에 앉아 있기조차 불편하고 때로는 고통스럽다. 더 괴로운 것은 집에서(기숙사)이다. 학교장의 딸은 집까지 쫓아와 침실까지 따라와서 나를 괴롭히며 영국을 저주하고 우리가 패배할 것과 영국의 폐허 위에 독일이 부흥할 것이라 놀렸다. 동석했던 다른 친구들도 휴식 시간에 같이 가담했다.[57]

---

[57] Vansittart: *Black Record*, p. 34.

제4장 루터에 관한 고정관념의 반론(Ⅰ): 괴르델러의 저항

벤지테트가 독일에서 만난 불쾌한 군국주의자는 바로 그가 바드 홈부르그(Bad Homburg)에서 테니스를 같이 쳤던 플레쉬(Flesch) 장교이다.

> 나는 초보자였고…내 상대는 게임 챔피언이었다…. 우리 옆 테니스 코트에는 우리 젊은이들 사이에 테니스의 영웅들이었던 도헤르티(Doherty) 형제들이 경기를 하고 있었다…. 우연히도 내가 적은 점수를 낼 때마다 도헤르티 형제들을 열광하는 우레와 같은 박수가 같이 겹쳐서 터졌고 플레쉬는 내가 내 친구들을 데리고 와서 테니스장을 꽉 채운 줄 알고 나에게 경기를 신청했다."

벤지테트는 절망했다.[58] 그의 두 번째 전기문을 쓴 노먼 로즈(Norman Rose)는 이 일화를 다음과 같이 쓰고 있다.

> 이 사건으로 인하여 독일에 대한 그의 환영은 끝이 났다. 그는 짐을 싸서 분위기가 좀 나은 빈으로 건너갔다.

로즈는 계속해서 벤지테트의 뿌리 깊은 독일에 대한 혐오의 근거가 어디에 있는가를 밝히고 있다.

> 바드 홈부르그에서… 그는 처음으로 사랑에 빠졌다. 이로부터 몇 년이 지난 후, 그는 이 사건에 대해 비밀로 하였다. 우리는 이 사랑이

58　Ibid., p. 41.

> 언제 시작해서 언제 끝났으며 누구를 상대로 사랑했는지 알 수가 없다. 십중팔구 이 로맨스는 그의 나이와 학력을 가진 젊은 남자들이 처음으로 이 세상에서 혼자 표류하는 듯한 느낌을 경험하는 것으로 진행되었던 것 같다. 당연히 그는 이성과의 의미 있는 첫 만남으로 인하여 자아의 상처를 받았을 것이며 그의 자신감과 자존심은 무너졌을 것이다. 그러나 그가 이 사건으로 기본적인 정서에 큰 훼손을 당하지 않았더라면 그는 이 일화를 과거 젊었을 때 연애담으로 향수에 잠겨 회상할 수도 있었을 것이다.[59]

이후 벤지테트가 칼 대제, 바바로사 황제, 루터 그리고 용감한 나치 반대자였던 칼 괴르델러까지 포함하여 전 독일 인종에 대해 증오심을 나타낸 것으로 보아 그는 이 사건으로 감정적인 큰 훼손을 당했다고 추정해 볼 수 있다.

이렇게 짐작하는 이유는 이 사람이 무시해도 좋을 만한 고루하고 편협한 사람이 아니라 언어, 시, 철학과 음악 등으로 미움이라는 객체에 대해 잘 알고 있었던 지성인이었기 때문이다.

여기에서 고정관념의 전문가인 찌이데르벨드의 어법으로 두 가지 질문을 해보고자 한다.

벤지테트가 젊었을 때 독일에서 받았던 영적인 상처는 기억 속에서 의미가 없어져버렸는가?

아니면 경험은 고정관념이 되어 찌이데르벨드가 말하는 "오랜 기억을

---

59 Rose, Norman: *Vansittat: study of a diplomat*, Heinemann: London 1978, p. 13.

담고 있는 용기(容器)"로 그를 만들어버렸는가?

우리는 이제 이 물음에 대하여 정확한 답을 들을 수가 없다. 왜냐하면 그는 이미 죽었기 때문이다.

그의 끔찍한 기억은 그의 속에 고스란히 남아서 그가 독일의 저항운동을 바르게 평가하는데 큰 걸림돌이 되었다. 이는 다시 특정한 상황에서 영국이 그들의 적이 누구인가에 대한 판단을 하는데 큰 혼란을 가져오게 했다.

이는 다시 영국이 홀로코스트 시작 전에 민족사회주의 정부를 쿠데타로 전복시킬 수 있는 마지막 기회를 무산시켜버리는 정치적인 결정에 이르게 했다. 만약 정말 이러하다면 그들은 독일의 죄 없는 수십만의 사람들을 죽음으로 내몬 것이 된다.

2. 백악관의 고정관념

대서양의 다른 쪽 편에서 프랭클린 루즈벨트 대통령(FDR 그림 32)이 독일에 대한 벤지테트의 견해를 받아서 퍼트리고 있었다. 프랑크 프라이델(Frank Freidel)이 루즈벨트 전기문에 쓴 바와 같이 그는 독일을 "괴물 국가"로 보고 있었다.[60] 처칠과의 서신에서 루즈벨트는 "독일의 민족성은 완전히 개혁되어야 한다"라고 썼다.[61]

---

60 Freidel, Frank: *Franklin D. Roosevelt. The Apprenticeship*, Little, Brown and Co.: Boston 1952.
61 Kimball, Warren F.: *Churchill & Roosevelt. The Complete Correspondence*, Princeton University Press: Princeton 1984.

벤지테트의 경우와 비슷하게 루즈벨트도 그의 유년 시절 형성된 독일과 독일 사람에 대한 견해를 가지고 있었다. 벤지테트와 마찬가지로 그는 독일어를 할 수 있었다. 어린 시절 집에 라인하르트라는 이름을 가진 독일인 보모가 있었고 그가 뉴욕의 그로톤(Groton)학교를 다녔을 때에 독일어는 항상 A를 받았다.

거의 매년 그의 부모는 아들과 함께 독일로 여행을 갔었는데, 루즈벨트의 어머니가 요양하기에 좋은 바드 나우하임(Bad Nauheim)과 호흐슈바르쯔발드(Hochschwarzwald)에 있는 상트 블라지엔(Sankt Blasien)에 갔었다. 한번은 루즈벨트가 6주 동안 바드 나우하임에 있는 독일시민학교에 다닌 적도 있었다.

그러나 루즈벨트 일가가 열린 마음으로 당시 그곳에 사는 현지인들과 친하게 지내는 데는 분명한 한계가 있었다. "엄마가 이제 더 이상 독일 사람들과 같이 돼지고기를 먹지 않겠다고 여러 번 단호하게 말했다. 그래서 지금은 우리 가족을 위해 다른 식탁을 마련해서 따로 먹고 있다"라고 아버지 제임스 루즈벨트가 1897년 7월 9일 상트 블라지엔 호텔에서 아들 프랭클린에게 편지했다.[62]

루즈벨트는 벤지테트 만큼 소위 독일인의 특성을 역사 속에서 내력을 추적하고 있지 않음에도 불구하고 독일인들을 구제불능한 군국주의자들로 보았다. 여기에 대해 1944년 루즈벨트는 한 언론 컨퍼런스에서 다음과 같이 말했다.

---

62 프랭클린 루즈벨트 대통령에게 보낸 편지. 하이드 파크에 있는 프랭클린루즈벨트도서관 소장.

제4장 루터에 관한 고정관념의 반론(Ⅰ): 괴르델러의 저항

나는 황제 빌헬름 Ⅰ세 때 독일에 있는 학교를 다닌 적이 있다. 그때 당시만 해도 역무원들도 제복을 입지 않고 있었다. 학생들도 교복을 입지 않고 있었으며 날마다 행군을 하지도 않았다. 그 당시만 해도 독일은 군국주의 나라가 아니었다. 그때가 1888년이었다… 1889년에 새로운 젊은 황제가 등극했다. 내가 독일을 떠날 때에는 모든 역무원들이 제복을 입었다. 학생들도 교복을 입었다…행군도 하였다. 독일인들의 가정에서 이루어지는 삶은 상당히 점잖았었다. 그러나 이후로 점점 군국주의적으로 변해갔다."[63]

그의 생각은 주목해서 살펴볼만한 고정관념이다.

첫째, 당시 유럽 전역에 학생들은 교복을 입었다. 영국과 미국의 사립학교는 오늘날도 교복을 입고 있다.

둘째, 미국에서도 군대의 모범을 위해 만들어진 기숙사관학교(military school)의 경우를 제외하고 교복이 군국주의적 사고를 나타내는 것은 아니다. 학교 교복은 학생들 사이의 가정 형편상의 차이가 드러나지 않게 하는 좋은 의도를 가지고 있다.

셋째, 전 세계의 모든 나라에서 역무원들은 제복을 입는데 이는 차를 이용하는 승객들이 필요할 때 역무원들을 한 번에 알아보게 하기 위해서이다.

---

[63] 1944-45년 언론 컨퍼런스 녹취 기록. 뉴욕 하이드 파크 프랭클린루즈벨트도서관에 소장.

루즈벨트는 빌헬름 Ⅱ세가 독일 학생들이 지도를 볼 수 있도록 교육했다는 것을 군국주의의 징조라고 봤다. 프라이델에 따르면 루즈벨트는 독일인들이 그 당시 이미(세기 말에) 전쟁을 계획한 증거라고 보았다.

우리가 이미 앞에서 보았듯이 루즈벨트는 "X-파일"의 내용을 알고 있었다. 그는 히틀러 정권을 군사쿠데타로 전복시키려고 하였던 괴르델러와 그의 동료들의 계획을 알고 있었고 영국의 유화정책은 이 계획을 X표로 지워버렸다는 것도 알았다. 또한 독일 저항운동이 전쟁 발발 이후 적극적으로 일어났다는 것도 알았다.

몬트리올에 있는 맥길대학교(McGill University in Montreal)에서 가르치는 역사학자 피터 호프만(Peter Hoffmann)은 독일 저항운동에 관한 자신의 저서 『저항, 국가, 암살』(*Widerstand, Staatsreich, Attentat*)에서 다음과 같이 썼다.

> 1942년 11월 나중에 미국 CIA의 국장이 되는 알렌 웰시 덜스(Allen Welsh Dulles)는 히틀러의 반대자들과 계속적인 접촉을 하라는 미국의 명령을 받고 베른(Bern)으로 갔다. 그는 돌아와 자신의 상사에게 진행되는 상황을 보고했으며 워싱턴에서는 독일에서 일어나는 모든 저항운동에 관한 거대한 정보를 수집하고 있었다. 그러나 미합중국은 민족사회주의 정권과 전쟁을 하는 것이 아니라 당시 워싱턴에서 볼 수 있었듯이 자유에 적대적이며 인간 적대적인 사상에 젖어 있는 민족, 제국주의 전쟁에서의 무서운 패배를 통하여 아무것

도 배운 것이 없는 한 민족과 싸운 것이다.⁶⁴

루이스 로흐너(Luis P. Lochner)는 당시 미국언론사였던 「연합 신문」(*Associated Press*)의 베를린 지부장으로 독일에 대한 반대 입장을 취하는 루즈벨트를 설득하려고 노력하였으나 헛수고였다. 그의 상사는 1941년 11월 그에게 루즈벨트를 설득해보라고 부탁을 했다.

루이스 페르디난드(Louis Ferdinand) 프로이센의 왕자는 로흐너에게 워싱턴으로 돌아가면 루즈벨트 대통령을 만나봐달라고 부탁했다. 미국 포드사에서 근무했었던 루이스 페르디난드와 루즈벨트 대통령은 친구였다.

1939년 3월 23일 루즈벨트 대통령은 독일 프로이센 왕자에게 전보를 보냈다.

> 나는 당신이 돌아와서, 뜨거운 환영으로 당신을 기다리는 워싱턴이나 하이드공원을 함께 걸을 수 있기를 희망한다.⁶⁵

루즈벨트는 황제 손자의 말도, 대통령을 사적으로 알고 있던 지인이었던 로흐너의 말도 들으려고 하지 않았다. 호프만은 백악관과 접촉하려고 했던 이 절망적인 시도에 대해 다음과 같이 쓰고 있다.

64　Hoffmann, Peter: *Widerstand, Staatsreich, Attentat. Der Kampf der Opposition gegen Hitler*, Piper:München 1973, p. 264.
65　〈Correspondence with Louis Ferdinand and Prince Frederick of Prussia〉, 뉴욕 하이드 파크 프랭클린루즈벨트도서관 소장.

1941년 어느 11월 밤에 비밀리에 모인 사람들이 로흐너에게 미국으로 곧 돌아가면 대통령에게 가능한 한 아주 상세하게 저항군의 목표와 활동 사항에 대해 설명하여 주기를 부탁했다. 그리고 대통령에게 부탁하여 히틀러로부터 해방된 독일이 어떤 정부 형태로 가는 것을 미국이 원하는지에 대한 입장을 타진해봐달라고 하였다.

나중에 서로 입장을 잘 이해하기 위해서 히틀러에 저항하는 반란군들은 로흐너에게 비밀 라디오 코드를 주었는데 이 코드를 통해 미국의 대통령과 독일 저항군 사이에 연락망을 만들 계획이었다.

로흐너는 그가 힘이 닿는 대로 모든 가능한 것을 해볼 것이라고 약속했다. 그러나 로흐너는 다수의 동료들과 마찬가지로 미국에 대한 독일의 선전포고로 인하여 1941년 12월까지 억류되어 있다가 1942년 6월에야 약속을 실행할 수 있었다.

기다리던 워싱턴으로의 복귀 이후에 그는 프로이센 왕자 루이스 페르디난드와 공주의 개인적인 은밀한 전달 사항과 누구에게도 말하지 않은 독일 내에서 일어나고 있는 저항군에 대한 비밀 소식들을 전달하기위해 바로 루즈벨트 대통령을 알현하려고 노력하였다.

그러나 대통령을 만나기 위한 모든 시도는 실패로 돌아갔으며 시카고에서 보낸 편지는 답장이 없었다. 결국 그는 「연합 신문」의 워싱턴 사무실을 통해 우회적인 답변을 받았는데, 내용은 대통령이 그의 소식을 듣기를 원하지 않으며 계속 이런 시도를 한다면 거리를 둘 수밖에 없다는 것이었다.[66]

---

66 Hoffmann, p. 214-215.

이 사실은 대통령이 독일 저항운동을 실제 존재하지 않는 것으로 본다는 것을 의미한다. 얼마나 이 고정관념이 깊이 자리잡고 있었는지 루즈벨트 대통령이 죽고 독일이 항복 선언을 하고 난 다음에도 이런 고정관념적인 견해는 계속 남아 있었다.

이에 가슴 아픈 예를 들면 1946-1947년 마틴 니묄러 목사(Martin Niemoeller, 그림 30)의 미국 방문 바로 직전에 보인 엘리나 루즈벨트의 극도로 싫어하는 반응이다. 엘리나 루즈벨트도 전쟁 전에 독일 저항운동에 대해서는 잘 알고 있었다.

그녀가 알고 있던 정보들은 모두 괴르델러로부터 온 것이었다. 아서 프라임로즈 영은 그녀에게 "X-파일"을 보내었고 여기에는 니묄러 목사의 운명에 대해 상세히 나와 있었다. 니묄러 목사가 5년 동안 독방에 갇혀 있던 다하우(Dachau)에서 풀려 난 후에 그는 미국그리스도교회 참의원의 초청으로 미국을 방문하였다.

「디트로이트 자유언론」(*Detroit Free Press*)은 다음과 같이 그의 미국 방문을 보도했다.

> 그가 나타나자 사람들에게 쫓겨 다녔으며 사람들이 그를 곡해하고 … 가짜 뉴스를 쓰며 그를 가지고 놀았다.[67]

전쟁 전에 미국 신문에 "나의 날"(My Day)이라는 고정 칼럼을 썼던 가장 저명한 "저널리스트"로 니묄러 목사의 머리 위에 독설을 퍼부은 사

---

[67] Bingay, Malcom W.: ⟨Good Morning⟩, ⟨The Droit Free Press⟩ 1947. 01.27에서 발췌.

람은 바로 엘러나 루즈벨트였다.

1946년 12월 4일 칼럼에서 다음과 같이 경고했다.

> 내가 신문을 보니 체포되어 감옥에 있었던 독일 루터교 목사 마틴 니묄러 목사가 이 땅에 들어와 있으며 여행하며 강연을 한다고 한다. 나치를 반대한 니묄러 박사의 종교인으로의 행동에 대해 들었다. 그러나 정치적으로 그는 아무것도 하지 않았다… 나는 그가 개인적으로는 좋은 사람이란 평가를 받는다고 확신한다. 그러나 이는 미합중국 국민의 기준으로는 아니다.[68]

약 3주 후 1946년 12월 21일 그녀는 교회협회회장이자 감리교주교 브롬리 옥스넘(G. Bromley Oxnam)을 비난했다.

> 제1차 세계대전 후에 우리 국민은 독일의 지도자에게 책임이 있지 독일 국민은 아니라고 얘기했다. 이런 착각으로 인하여 우리는 세계2차 대전을 겪었다…만약 니묄러 목사가 이곳에 와서 미국 청중들에게 자신의 견해를 알린다면 이는 우리가 다시 한 번 농락당하는 것이다. 나는 우리가 정신을 차리고 깨어있어야 하며 이런 끔찍한 범죄를 행한 것은 독일 국민들의 책임이라는 사실을 직시하기를 바란다. 따라서 나는 니묄러 목사를 이 나라로 불러들인 것은 말도 안 되는 바보짓이라고 본다.[69]

---

[68] Roosevelt, Eleanor: 〈My Day〉, 〈United Feature Syndicate〉 1946.12.04에서 발췌.
[69] 〈Collection of Eleanor Roosevelt's papers〉, 뉴욕 하이드 파크 프랭클린루즈벨트도서관에 소장.

엘러나 루즈벨트는 1947년 2월 2일 알버트 치아코(Albert Ziarko) 목사에게 다음과 같이 편지 했다.

> 만약 니묄러 목사가 정말 반히틀러파였다면 그가 아직 살아 있다는 것이 의심스럽다.[70]

1947년 2월 21일 엘러나 루즈벨트는 계속해서 그녀의 칼럼에 미국 교회장로회를 비판하는 글을 기고했다.

> 나는 때때로 이 땅에 종교인들이 무엇을 하는지 의심스럽다...교회 협의회에서...니묄러 목사 같은 사람을 이곳에 불러들였다. 지금은 가톨릭 성직자들인 베를린 프레싱 주교들이 이 나라 전역을 돌아다니도록 허용하고 있다.... 나는 세상에 두 번의 전쟁을 유발시킨 나라 출신인 독일 성직자들을 불러들여 독일에 대한 동정심을 유발하려하는 이 나라 사람들이 도대체 사실을 직시하고 있는지 의심스럽다.

대서양 다른 쪽에서는 피터 비너가 니묄러에 관하여 비슷한 톤으로 비난했다.

70　Ibid.

> 끝에는 니묄러가 선한 루터교도로 히틀러를 대항하였다. 그러나 그가 이렇게 한 것은 믿음이나 종교와는 상관이 없다. 그것은 단지 교회 간의 갈등으로 인한 것이었다. 즉 교회 관할에 대한 논쟁이다…. 실제로 나도 히틀러 시절 감옥에 있었던 사람들에 대해서는 동정심을 가지고 있다. 그러나 나의 동정심은 유대인, 사회주의자들, 공산주의자들 그리고 평화주의자들로 그들의 신념 때문에 고통당한 사람들을 대상으로 하며 니묄러와 같이 수년 동안 강단에서 끔찍한 만행을 후원했던 사람들에 대해서가 아니다.[71]

여기에서 다시 짚고 넘어가야 하는 것은 비너의 팜플렛은 그의 친구이기도 하였던 벤제테트의 "윈-더-피스"(Win-the-Peace) 캠페인의 한 일환으로 벤제테트는 괴르델러와 그의 동료들, 그리고 니묄러 목사가 보인 민족사회주의에 대항한 용기 있는 투쟁을 상세히 알고 있었다는 것이다.

다시 워싱턴으로 돌아와서 독일의 저항운동을 하찮게 평가했던 벤지테트주의의 미국식 변종이 공식적인 미국의 독일 점령 정책이 되었다고 루이스 로흐너의 아들 로버트가 밝히고 있다.

여기에 대해서 1948년 11월 8일 미국 망명생활에서 독일로 돌아온 저널리스트이자 저술가인 폴크마 폰 췰스도르프(Volkmar von Zühlsdorff)는 뉴욕에 오스트리아 빈 출신의 작가 헤르만 브로흐(Hermann Broch)에게 다음과 같이 편지했다.

---

71 Wiener, p. 77–78.

제4장 루터에 관한 고정관념의 반론(Ⅰ): 괴르델러의 저항

당신은 나에게 독일에서는 왜 저항운동의 영웅들에 대해 글도 나오지 않고 말도 없는가? 라고 묻는다. 나는 사실 내가 고향으로 돌아온 이후로 이를 위해 계속 노력하고 있다. 프랑크푸르트에서 라디오 방송국 국장이자 우리와 같은 견해를 공유하는 로흐너의 아들과 이에 대해 얘기를 새롭게 나누었다. 그런데 여기에는 7월 20일에 대해 말하는 것이 법적으로 금지되어 있다.
왜?
왜냐하면 모든 독일인은 나치이기 때문이며 7월 20일을 언급하는 순간 어떤 사람들은 그래도 독일인 중에 나치가 아니었던 사람도 있었다는 생각을 하게 될 것이며 이런 생각을 가지게 해서는 안 되기 때문이다.[72]

이것이 바로 고의적인 고정관념 형성의 전형적인 예가 된다. 한 정부가 어떤 민족 전체를 심하게는 가장 나쁜 민족, 좀 좋게 말하면 정적주의로 몰아가는 선입관을 상대화시킬 수 있는 사실들에 대해 공론화시키는 것 자체를 금지했다.

로드 벤지테트는 여기에 대해 어떻게 쓰고 있는가?

10명의 의인이 있었더라면 하나님이 롯을 살렸을 것이다. 그 10명은 모두 도망갔었다(벤지테트는 성경을 제대로 읽지 않았다. 롯은 살았고 소돔이 멸망되었다).

---

[72] Broch, Hermann: *Briefe über Deutschland 1945–1949. Die Korrespondenz mit Volkmar von Zühlsdorff*, Paul Michael Lützleler 외 전기문, Suhrkampf: Frankfurt 1986, p. 126.

폴크만 폰 췰스도르프가 헤르만 브로흐에게 보낸 편지에 언급된 7월 20일은 바로 1944년 7월 20일 이었다. 이 날은 독일 저항운동이 히틀러를 제거하기위한 마지막 암살을 시도한 날이었다.

윈스턴 처칠은 8월 3일 하원에서 이 사건에 대해 언급하면서 다음과 같이 폄하하였다.

> 독일 제국의 가장 큰 특성은 서로 죽고 죽이는 것이다. 혹은 적어도 죽고 죽이기를 시도한다.

감옥에서 괴르델러는 암살시도가 실패했다는 소식을 듣고 이는 하나님이 히틀러를 직접 심판하시려는 사인으로 받아들였다. 게르하르트 리터가 쓴 괴르델러 전기문에는 "독재자를 끝까지 급작스러운 퇴출에서 보호한 수수께끼 같은 운명의 개입"에 대해 곰곰이 생각했다고 나온다.[73]

1944년 성탄절, 괴르델러가 교수형에 처해지기 6주 전에 그는 감옥에서 저항운동은 의로웠다는 자신의 확신을 종이에 썼다.

> 하나님은 우리를 의롭다 하실 것이다. 왜냐하면 우리는 다음과 같은 만행을 자행함으로 독일인의 명예를 더럽힌 정부를 전복시키려 하였기 때문이다.
>
> 1. 백만의 유대인을 잔인하게 가축처럼 학살(엄마 앞에서 아이를 죽이

---

[73] Ritter, p. 250.

거나 아니면 이 반대로).
2. 점령한 지역에서 살인, 도적질, 부정부패.
3. 폴란드와 슬로바키아, 발칸에서 수십만 명의 사람들을 비인간적으로 박해.
4. 독일과 점령지역에서 피와 폭력의 독재정치....[74]

루즈벨트는 너무나 괴로운 도덕적 신앙적 양심의 가책이 괴르델러나 그의 동료 리터뿐만 아니라 독일 저항세력 전체를 따라다녔다는 사실에 대해 알지 못했다.

그러나 이에 관한 정보들은 이미 워싱턴에 있었다. CIA 이전에 있었던 미국비밀국정원이었던 전략사무국(Office of Strategic Services, 축약하여 OSS-역주)은 독일 저항권 사람들의 어려움에 대해 이미 잘 알고 있었다. OSS는 백악관에 독일 현 정권에 반대하는 가톨릭과 개신교인들의 활발한 움직임에 대해 상세히 보고했다. OSS 안에도 뛰어난 독일출신 망명자들이 있었는데, 역사학자 하요 홀보른(Hajo Holborn), 정치학자 프란쯔 노이만(Franz Neumann) 그리고 사회학자 헐버트 마쿠제(Herbert Marcuse) 등으로 대통령에게 독일 저항군과 함께 일해 달라고 간청을 했었다.

뉴욕에 있는 하이드 파크의 프랭클린루즈벨트도서관에서 오늘날은 당시의 극비였던 OSS 문서를 열람할 수 있는데, 여기에 보면 워싱턴이 당시 독일 기독교인들의 저항운동에 대해 놀라울 정도로 정확하게 알고

---

74 Goerdeler, Karl: 〈Im Gefangnis Weihnachten 1944〉, 미 출간된 원고. 이 원고는 연필로 쓰여 있으며 괴르델러를 동정한 게슈타포 간수가 감옥에서 발견하고 들고 나왔으며 지금은 괴르델러 가족이 소장하고 있음.

있었다는 것을 볼 수 있다.

OSS 베른 본부의 본부장이자 나중에는 CIA 국장이 되었던 알렌 덜스는 "내부적인 혁명을 일으키려하고 한 독일 저항운동에 대해 열린 마음과 관심, 동정으로 살피고 이해하고 있었다"라고 리터는 쓰고 있다. 그가 연락을 하고 지내던 아담 폰 트로트는 민족사회주의 테러시스템 하에 급박한 저항 세력의 처지를 바리새파적인 곡해의 태도에 대한 실망감을 토로하곤 했다.[75]

그러나 루즈벨트는 기독교 저항운동권자들에게 별 깊은 인상을 받지 못했다. 그가 죽기 직전 내각회의에서 한 말에 의하면 그는 오히려 젊은 시절 조지아정교신학교에서 공부한 스탈린의 내재된 기독교에 더 관심을 가지고 있었다.

> 나는 그의 행동이나 방법이 마치 천성적인 기독교 신사처럼 행동다고 생각한다.

스탈린의 비위를 맞추기 위해(역사가 로버트 니스벳[Robert Nisbet]이 이렇게 전하고 있다)[76] 1943년 1월 23일 루즈벨트는 카사블랑카에서 처칠과 점심을 하면서 역사에 과격한 급진성은 그 예를 찾기 힘들다며 독일은 조건 없는 항복을 해야 한다고 주장했다.

"카사블랑카 협정"의 목적은 민족사회주의적인 가치관을 파괴시키는 것이었다. 그러나 그들은 여기에서 "히틀러 정권의 퇴출의 다른 가능

---

75 Ritter, p. 382.
76 Nisbet, Robert: *Roosevelt und Stalin*, Bechtle: München 1991.

성"을 무시해버렸다고 독일 역사가 균터 몰트만(Guenter Moltmann)은 쓰고 있다.

> 그들은…세계의 강대국들에 의존하지 않은 독립적인 독일 저항세력이 합법적인 평화를 교섭할 수 있는 능력이 준비되어 있었다는 사실 자체를 무시했다. 그들은 이로…독일 사람들의 행동을 민족사회주의와 동일시하기에 이르렀다. 이것은 다시 한 민족 전체를 통틀어서 배척하는 비논리적인 여론을 형성하게 되었다.

카사블랑카 협정은 고정관념 사고의 싹이 되었다.[77]

로버트 니스벳은 루즈벨트의 아들 엘리엇(Elliot)의 말을 인용하였다. 갑자기 아버지 루즈벨트가 "무조건적인 항복"을 말하면서 계속하여 다음과 같이 말했다.

> "물론 이것이 바로 소련을 위한 올바른 선택이지. 소련에게 이것보다 더 좋은 다른 것을 없어." "무조건적인 항복"을 거듭 반복하여 말하였고…"Uncle Joe(요셉 스탈린[Josef Stalin]을 일컫는 말-역주)도 바라는 바였을 거야."

---

[77] Moltmann, Günter: 〈Die Genesis der Unconditional-Surrender-Forderung〉, 〈Wehrwissenschaftliche Rundschau〉에서 발췌, vom Arbeitskreis für Wehrforschung, Mittler & Sohn: Berlin/Frankfurt 1956, p. 109.

니스벳은 카사블랑카 협정은 뒤에 숨어서 일하던 저항세력에게 결정적인 사기 저하를 가져왔으며 실제 스탈린도 전혀 달가워하지 않았다고 말했다.

> 스탈린은 이 협정으로 인하여 연합군이 독일정부 지도자들과 조기 항복을 협상하는데 걸림돌이 된다고 생각했기 때문에 이 협정문을 좋아하지 않았다.

당시 영국 외무부장관이었던 엔소니 에덴(Antony Eden)이 전하는 바와 같이 스탈린은 카사블랑카 협정을 "독일에 대한 안좋은 협상으로 연합군은 (독일의 항복을 위한) 조건들을 마련하여 독일 국민들에게 알릴 것을 권했다." 그는 여기에 덧붙여 처칠 또한 이것이 "더 나은 제안"이라고 했다.

이에 연합군의 수장이었던 세 명의 국가 지도자들은 독일 항복에 관한 건에서 기존의 자신들이 하고 있던 역할을 서로 뒤바꾸었다. 1944년 1월과 4월 공식적으로 루즈벨트는 독일 국민들에게 항복 조건을 발표하려고 준비하고 있었다. 피터 호프만은 이것은 OSS가 독일 저항군과의 접촉에 의하여 얻은 결과라고 보았다.

> 프랭클린루즈벨트도서관에 있는 OSS 서류에는 미국 국정원이 무조건적인 항복을 담은 카사블랑카 협정은 '히틀러의 독일'에 한정되게 해달라고 대통령에게 간청한 사실을 담고 있다. 당시 이미 스탈린이 하고 있었던 동부 유럽으로의 세력 확장정책이 미국으로는 달

갚지 않았기 때문이었다.

"…[우리는] 독일이 동부유럽 쪽으로 확장되는데 관심을 가지는 것을 막아야합니다."[78]

루즈벨트는 그제서야 카사블랑카 협정이 독일인들로 하여금 더 단호한 결집을 하게 하였다는 사실을 인식하게 되었다.

호프만은 다음과 같이 쓰고 있다.

처칠과 스탈린이 루즈벨트의 제안에 대해 거부권을 행사했다…[루즈벨트가 발표하려던 항복 조건문은] 유럽이 복수극을 펼치는 동안 미국이 독일인들을 점령하겠다는 것이라고, 스탈린은 쓰고 있다.… 다시 한 번 독일 저항운동은 다른 모든 반민족사회주의 저항운동과는 반대로 아무에게도 전혀 도움과 격려를 받지 못하게 되었다.[79]

1944년 7월 아담 폰 트로트는 영국의 대사 중 한 사람과 스톡홀름에서 만났다. 호프만에 따르면 이 만남은 다음과 같이 진행되었다.

[이 영국 외교관은] 전쟁의 조기 종식을 위하여 연합군과 저항군과의 협력은 독일의 여러 도시들을 공중폭격에서 구할 수 있다고 말

---

[78] Willy, John C.: 〈Comments on the Moscow Manifesto to Germany〉, 〈O.S.S. Memorandum to President Roosevelt〉 1943.08.11.에서 발췌, 뉴욕 하이드 파크 프랭클린루즈벨트도서관에 소장.

[79] Hoffmann, Peter: 〈Peace Through Coup d'Etat. The Foreign Contacts of the German Resistance 1933–1944〉, 〈Central European History〉 제19호, Nr. 1986.03.01에서 발췌, p. 38.

했다. 트로트는 이 사람이 배반적인 협력에 관심이 있다는 것을 알게 되었다. 이에 트로트는 말했다.

"항복 조건을 조금 변경한다고 하면 협력은 가능하다. 그러나 만약 이것이 나치 독재정권이 연합군의 임의 처분대로 무너져버리거나 독일 국민들에게 자결권을 박탈한다거나 독일 국가를 분단시키거나 독일 노동자와 군인들을 노예화시킨다거나 민족사회주의 범죄자들을 독일재판소에 세워 판결받는 것을 저해한다면 저항군과 연합군은 같이 협력할 수 없다."[80]

독일 저항군의 뛰어난 인물 중 한 사람의 부인이었던 영국인 크리스타벨 빌렌베르그(Christabel Bielenberg, 그림 31)는 전쟁 중에 독일에서 살고 있었는데, 트로트가 스톡홀름에서 돌아와 얼마나 절망하며 말했는지를 이렇게 전하고 있다.

내가 세상에 또 다른 독일이 있다는 사실을 설득하기 위해 더 많은 일을 했어야 했는지 잘 모르겠다. 그러나 내가 느끼기에 이미 모든 것이 끝난 것은 같은 느낌이 든다.... 이제부터 이것은 순수하게 우리 독일의 문제이다. 우리는 우리 힘으로 히틀러 정권에서 해방되어야한다.... 우리는 반드시 연합군이 우리 대신 하기 전에 이 일을 우리 힘으로 해내야만 한다.[81]

---

80 Ibid., p. 39.
81 Bielenberg.

그로부터 두 달 후 트로트는 죽었다. 히틀러를 대항한 군사쿠데타에 가담했던 그를 나치가 체포하여 처형시켰다. 크리스타벨 빌렌베르그는 전한다.

> 무조건적인 항복 요구는 독일 저항군에게 큰 타격이었으며 스탈린그라드 전투 이후 시기적으로도 좋지 않은 선택이어서 나치의 선전 부장이었던 괴벨의 손에 낙담하고 주저앉아 있는 사람들을 들쑤시고 끝까지 싸우자고 선동하는데 필요한 무기를 쥐어 준 셈이 되었다.... 나는 영국인들과 미국인들이 독일 내의 저항군을 도와주어서 전쟁을 몇 달 빨리 끝내고 수천만의 사람들을 살릴 수 있다면 그들도 잃을 것이 없다는 사실을 왜 보지 못하는지 이해할 수가 없다.[82]

트로트의 죽음은 빨랐다. 그러나 괴르델러는 사형 집행 전에 5달 동안이나 이루 말할 수 없는 영적으로 아마도 육체적으로도 견디기 힘든 고통을 감당해야 했으며, 그럼에도 불구하고 그가 감옥에서 보여준 행동은 루터교도 다웠다. 우리가 앞서 본 바와 같이 그는 그때 이미 살지 못할 것임을 스스로도 알면서 미래에 대해 계획을 세웠다. 그는 루터의 격언에 일치하게 행동했다.

> 나는 내일 이 세상이 멸망한다 해도 오늘 한 그루의 사과나무를 심으리라.

---

[82] Ibid.

누구도 이 격언을 지금까지 루터의 글이나 탁상담화에서 발견하지 못했을 것이다. 그러나 이 글귀는 아주 루터다운데, 이유는 이 글귀가 루터의 종말적 기다림과 부합하며 다른 한편으로는 사람이 세속의 나라에서 이 나라의 시민으로 종말을 맞이하여 자신의 의무를 다해야 한다는 그의 믿음과도 일치하기 때문이다. 이렇게 폴크스문드(Volksmund)는 루터의 두 왕국설을 짧게 요약하였다.

한 가지 의문인 것은 혹 괴르델러가 저항운동을 하는 동안과 사형집행을 앞두고 있던 감옥에서만 이런 생각을 하고 살았는지에 대한 것이다. 물론이다. 이런 생각이 기반이 된 윤리가 그의 내면에 이미 내재화되어있었으며, 그는 평생 그렇게 살았다.

교수형에 처해지기 전 바로 몇 주 전에 그가 호소문을 보내어 히틀러의 검은 계획에 대해 경고했지만 허사가 되어버렸다. 그때 외국 지도자들에게 보낸 호소문은 다음과 같다.

> 친애하는 나의 외국 우방들에게 내가 알린 히틀러의 대학살 계획이 실현화되지 않도록 도와주기를 부탁한다…. 평화로운 이 땅에 얼마나 엄청난 재앙이 일어나게 될지를 생각해 달라…. 여러분들은 독일 국민들을 처벌할 필요는 없다. 당신들도 이 변질에 대해 같은 책임을 지고 있으며… 당신들은 법과 권리보다 힘을 더 우위에 두었다. 이렇게 심은 씨에 대한 열매를 끔찍하게 수확하게 될 것이다.
> 독일 국민들은 - 나를 믿어 달라 - 하나님의 눈에는 나쁘지 않다. 그들을 점잖고 의롭게 대하기만 하면 그들은 용기 있고 자비롭다. 1934년부터 독일 국민의 이름으로 이루어진 끔찍한 만행은 사실

독일 국민의 극히 소수에 의해 자행된 것이다. 그들은 숨어서 이런 만행을 저질렀고 사실을 은폐하였으므로 다수의 국민은 이를 믿지도 않고 있다. 이것은 개인의 변태적 폭력적인 천성이 나은 만행이다.

독일 국민은 이미 처벌을 받고 있다. 4백 내지 5백만의 남자들이 죽었고 또 그만큼의 숫자가 부상당하거나 장애인이 되었다. 거의 모든 대도시와 중소 규모의 도시들이 파괴되었다. 수백 년 전의 유산인 귀중한 건축물들이 파괴되었고 집과 일터의 반 이상이 무너졌거나 심하게 훼손되었고 기아와 고통이 전국을 뒤덮었다. 그러므로 여러분들이 비판받지 않도록 비판하지 말고 하나님께 심판을 맡겨달라![83]

3. 시대정신의 희생양

괴르델러와 그의 동료들은 왜 제2차 세계대전 전에 서방 세계가 히틀러를 대항하도록 움직이는데 성공하지 못했을까?

왜 그들이 자신의 목숨을 걸고 반기독교주의자였던 독재자로부터 이 세상을 해방시키려하였는데 오히려 그들은 무시당했고 의심받았으며 조롱거리가 되었을까?

왜 서방 세계의 소위 기독교인들이었던 국가 지도자들은 그들과 마찬

---

83   Goerdeler: 〈Im Gefängnis〉.

가지로 기독교인들이었던 저항운동가들에게 기회조차 주지 않았을까?

나는 이 장에서 그 대답을 확실하게 찾았기를 바란다. 고정관념과 그의 친족인 시대정신은 독일 저항군의 노력에 X표를 해버렸다. 한계적인 시대정신은 신학적 깊은 사고를 위한 여지를 남기지 않았다.

> 이 시대는 사탄이 우리를 지배하려는 시대로 우리는 사람들과 전 세계의 움직임이 비밀스러운 악의 힘들에 의해 잘못된 길, 그들이 갈려고 하지 않았던 길로 가게 되는 것을 보았다. 우리는 특히 자주 낯선 영이 어떤 사람들 속에 역사하여 이들을(그전에는 신사적이고 이성적이었던) 근본부터 바꾸어 그 전에는 상상할 수도 없는 잔혹함, 권력욕과 광기어린 발작을 하게 하는 것을 목도하게 된다. 그 외에도 우리는 우리가 사는 지구에 더 나쁜 독소의 분위기가 해가 거듭될수록 짙어지는 것을 본다.[84]

위와 같은 생각은 오늘날 지금 이 시대에도 국제적인 테러리즘과 이슬람국가(IS)에 대항한 전쟁으로 다시 화제가 된다. 신학자 헬무트 틸릴케(Helmut Thielicke 1908-1986, 그림 33)는 제2차 세계대전 말 즈음에 주기도문에 대한 은혜로운 강연을 하였다.

그는 자신이 무엇에 대해 말하고 있는지 알았다. 그는 처음부터 히틀러를 대항하여 싸웠다. 루즈벨트는 49명의 신학자들과 긴밀한 관계를 가지고 있었지만 자신은 악이 대륙과 대양을 넘어 세상에 퍼져나가는

---

[84] Tielicke, Helmuth: *Das Gebet, das die Welt umspannt*, Quell: Stuttgart 1946, p. 125.

실제적인 힘을 가지고 있다는 것을 이해하지 못했다. 틸리케가 이를 의역하여 "죄가 낳은 재앙"이라고 말했다.

전 세계적으로 퍼져나가고 있던 악의 세력을 알아보지 못한 무능력은 무엇 때문에 "루즈벨트가 스탈린과 우호적인 관계를 맺기 위해 그토록 노력 했는가를 설명하고 있으며"(니스벳), 괴르델러가 비망록에서 열거한 바 있는 히틀러의 독일과 소비에트 연방의 유사점을 보지 못한 것 또한 설명 가능하다. 그리고 루즈벨트는 스탈린이 "기독교인처럼 신사적"으로 행동한다고 보았다.

제1장에서 나는 고정관념과 같은 시대정신이 어떻게 불확실하고 불안한 현대사회에서 등불과 같은 역할을 하는지 보여주려고 노력하였다. 시대정신은 이런 현대사회가 자신의 위치에서 방향을 정할 수 있는 임시의 "정확한" 기준을 제시한다.

그러나 시대정신은 고정관념을 불어넣어 발터 퀸네트가 말한 "역사적인 실제에 대해 열정적인 무지 상태인 오류의 정원"으로 들어가게 한다는 것을 우리는 안다.[85] 우리가 살펴보고 있는 역사는 실제로 이렇다. 악은 그때까지 존재하지 않았던 엄청난 규모로 자신의 세력을 나타내었으며, 반면 현대사회는 모든 문제를 너무 신속하게 인류문화학적 해결방법을 찾으려는 경향때문에 결국 문제를 제대로 해결할 능력을 상실했다.

본서 서두에서 현대사회와 고정관념의 밀접한 관계에 대해 말했다. 고정관념은 시대정신과 단계적으로 연관되어 있다. 고정관념은 시대정

---

85 Fest, Joachim: *Der zerstörte Traum. Vom Ende des utopischen Zeitalters*, Siedler: Frankfurt 1991, p. 147.

신의 무기이자 도구이다. 시대정신과 같이 고정관념은 사탄의 힘을 제어할 능력이 없으며, 특히 시대정신은 사탄의 힘에 저항할 면역력을 갖추고 있지 않다.

지난 세기에 30년에서 40년 사이에는 시대정신이 인종주의적이었다. 독일에서는 민족사회주의가 추구하고 있던 인종주의 시대정신으로 인해 유대인들과 집시족과 다른 종족들의 생명권이 박탈당했으며 연합군에서는 인종주의 시대정신으로 인해 악(이 악의 실체를 미리 알은 사람들이 영국과 미국의 지도자들에게 제대로 알리지 못하게 한 세력)과 싸우기 위해 모든 것을 감수한 다른 독일인의 생존권이 부정되었다.

루즈벨트는 끔찍했던 제2차 세계대전의 결과가 독일인들의 윤리적인 결함으로 발생한 것이라고 실제로 믿고 있었을까?

그들은 자신들이 가지고 있던 고정관념을 정말 그대로 믿고 있었던 것일까?

엘리노 루즈벨트가 니묄러에 관하여 미국 교회지도자들과 서신 교환한 내용을 보면 정말 그러했었다는 것을 추측해 볼 수 있다. 스탈린의 독재적인 성향에 대한 루즈벨트 대통령의 무지는 그가 고정관념 속에 사고하고 있었다는 것에 대한 의문의 여지를 남기지 않는다.

그러면 벤지테트는?

그는 유럽 역사와 문명의 미묘한 뉘앙스까지 알고 있었던 교양과 학식을 갖춘 사람이 아니었는가?

그는 수년 동안 민족사회주의 위험에 대한 흘러넘치는 정보를 보고받은 사람이 아니었는가?

특히 이 정보의 근원이 독일인이었던 괴르델러가 아니었는가?

무엇이 수개 국어에 능통한 저술가이자 화려한 경력을 가진 영국 외교관을 원시적인 인종주의자로 만들었는가?

어떻게 그는 칼 대제에서 루터를 거쳐 프리드리히 대제까지 모든 독일인을 20세기 대학살의 주범으로 몰아 갈 수 있었을까?

왜 그는 유사한 수사학으로 유대인, 집시족 폴란드인들의 학살을 정당화시키려는 민족사회주의자들의 수준으로 떨어졌을까?

그는 여전히 유년 시절 바드 홈부르그에서 겪은 불행한 연애사를 들먹일 것인가?

골드만이 말했듯이 그는 전쟁 전에 겪었던 자신의 실패를 보상받으려고 하였던 것일까?

두 가지 요소들 모두 그의 특이한 행동에 영향을 미쳤을 것이라고 본다. 그러나 크리스타벨 빌렌베르그는 조금 다른 말을 했다.

> 만약 누가 그들의 증오를 일부러 부추기지 않았더라면, 영국인들은 전쟁에 별로 적극적이지 않다.... 제1차 세계대전에서 나의 삼촌 노드클리프(Northcliffe)의 일은 영국인의 증오를 선동시키는 것이었으며, 그는 이 일을 잘 해내었다.... 그러나 나는 미워 할 수 없었다, 왜냐하면 나는 너무 많은 것을 이미 알고 있었기 때문이었다."[86]

여기에 바로 해답이 있다. 고정관념은 미움을 선동하는 기능이 있다. 선동주의 형태의 고정관념은 치명적인 전쟁무기가 된다. 이것은 특히

---

86 Bielenberg, p. 151.

고정관념을 받아들이는 사람들이 실제 모든 사실을 모르는 조건에서 잘 작동한다. 이것이 작동하는 이유는 고정관념을 양산하는 사람들이 합법적인 정부(사람들이 신뢰할 수밖에 없는 정부)의 고위 공직자이며 국민들은 이들을 신뢰하기 때문이다.

그런데 독일의 역사에서는 이와 정반대의 웃지 못할 일이 일어났다. 독일에서는 어느 누구도 고정관념을 양산하는 데 뛰어난 정부 관료의 말을 신뢰하지 않았다는 것이다. 크리스타벨 빌렌베르그의 말이다.

> 괴벨은 나의 삼촌(신문편집인 로드 노드클리프, 그림 34; 제1차 세계대전에서 독일에 대한 미움을 선동하는 신문을 발간하였음)이 했던 방법과 논거를 그대로 사용했지만, 그가 독일 사람들의 증오를 불러일으키는데 성공하지 못한 이유를 나는 설명하기가 어렵다. 신문에 나오는 표현을 빌리자면 괴벨은 실제로 국민의 영혼을 잘 요리하지 못한 것 같다. 수시로 밤이면 테러를 자행하는 연합군 공군 조종사들을 독일인들은 붙잡아 죽이지 않았다. 또한 나는 연합군의 전투기가 추락할 때 한 번도 독일 사람들의 환호를 들어본 적이 없다. 그들은 자신들의 이름을 빙자하여 일어나는 일에 대해 팔을 걷어 부치고 흥분하여 소리치는 일이 없었다.
>
> 하지만 나치 정권 아래에서 11년을 보낸 독일인들은 내 눈에 무지하며 비도덕적이며 감각을 일어버린 대중이 되어가는 것처럼 보였으며 나는 이 어두움 속을 뚫고 패배 속에서도 승리가 가까워 보이는 때와 마찬가지로 기본적인 원칙들에 충실하여 위로의 등불이 되

는 소수의 사람들을 알고 있다는 것에 감사했다.[87]

벤지테트는 독일이 소돔과 같다고 주장했다. 10명의 의인이 있었더라면 하나님이 그들을 위해 이 땅을 멸망시키지 않았을 것인데, 이 10명이 없었다.

크리스타벨 빌렌베르그는 이와 다르게 보았다. 여기에 루터교의 믿음 위에 선 의로운 10명의 사람들이 있다. 칼 괴르델러, 디트리히 본회퍼, 목사이자 독일 연방대통령 오이겐 게르스텐마이어(Eugen Gerstenmaier), 외교관 한스-베른드 폰 헤프텐(Hans-Bernd von Haeften) 그리고 아담 폰 트로이트 쭈 솔츠, 법률가 헬무트 제임스 백작 폰 몰트케, 뷰르템베르그 주(州) 주교 테오필 부름(Theophil Wurm), 바이에른 주(州) 주교 한스 마이어, 장교 한스 오스터(Hans Oster), 목사 마틴 니묄러, 그외 수천 명의 사람들이 있다.

"전쟁 이후 명확해진 것은... 저항운동은 벤지테트가 말한 것처럼 그렇게 의미가 없지는 않았다는 것이다"라고 아론 골드만은 썼다.[88] 리터도 이에 동의하며 이 저항운동은 계속해서 기독교운동(개신교이든 가톨릭이든)으로 발전되어 나갔다고 했다.

전쟁 종식 후 나치 정권은 루터교 교회의 엄청난 실패라는 고정관념을 고착화시켰는데, 물론 부분적으로는 일리가 있기도 하다. 그럼에도 불구하고 이 생각은 고정관념인데, 왜냐하면 중요한 상대적인 요소들을 간과했기 때문이다.

87 Ibid., p. 151-152.
88 Goldmann, p. 186.

이 고정관념은 이미 1933년 약 6,000여 명의 개신교 목사들이(독일 복음교회연합 목회자들의 1/3) 반대 입장을 취한 "목사비상시국연합"(Pfarrernotbund)의 회원이었으며 목회자들 중 수천 명이 히틀러에 대해 비판적인 태도 때문에 체포당했으며 설교 금지명령을 받았고, 그 중 특히 일부는 동부 유럽 전방에 배치되어 죽음으로 내몰렸다는 사실을 간과했다.

이 고정관념은 또한 어느 정도의 규모로 루터교 윤리학이 칼 괴르델러와 같은 저항가들에게 동기를 부여하였는지를 간과하고 있다.

괴르델러에게 내재되어 있던 루터교는 독일인은 스스로 악으로부터 (즉 히틀러로부터) 자신들을 해방시킬 수 있다고 그에게 말했다. 게다가 농민봉기 때처럼 무정부 상태가 올 수 있는 폭도의 형태를 빌리지 않아도 가능하다고 말했다. 히틀러를 체포한 즉시 정부를 운영할 수 있도록 유능한 사람들이 이미 준비되어 있었다.

따라서 괴르델러는 내각을 맡을 사람들의 리스트뿐만 아니라 베를린과 지방을 관리하는 시장까지 모두 준비하고 있었다. 그러므로 그는 그가 총리가 되었을 때 정부를 운영하기 위한 상세한 대책을 구상하고 있었다. 루터와 괴르델러를 함께 연구하다보면 전 라이프치히 시장 괴르델러는 루터가 말했던 바로 "기적의 사람"이라는 명칭이 어울리는 사람임을 알게 된다. 이 명칭 하나만으로는 부족하다. 그는 "이 땅의 선한 바람, 사람들이 말하는 행복과 승리의 사람"(루터)이었다.

그런데 괴르델러의 딸에 의하면, 그는 루터의 십자가 신학을 몰랐음에도 불구하고, 자신과 자신의 가족 곁에 서 있었던 한 사람의 배신을[89] 통해 십자가를 자신이 직접 경험하였다(결국은 십자가에서 절망적으로 "하나님, 하나님, 어찌하여 나를 버리시나이까?" 외쳤던 예수님처럼).

괴르델러는 소돔에는 없었던 그러나 독일에는 있었던 10명의 의로운 사람 중 한 사람이었다. 독일은 완전히 멸망하지는 않았다. 괴르델러의 순교 이후 독일은 45년간 분단되어 있었다.

르네상스 이후 라이프치히의 가장 중요한 시장이었던 괴르델러는, 이 45년 동안 별로 달가운 인물로 평가받지 못했는데, 이는 라이프치히가 독일 공산주의의 아버지 토마스 뮌처의 도시였으며, 많은 서독의 좌편향 역사학자들이 보수주의에다 루터교인이었던 의인 앞에 경의를 표할 아량을 가지고 있지 않았기 때문이었다.

이 붉은 공산주의 지도자들은 이제 역사 속으로 사라졌고, 괴르델러가 근무했던 자리에 들어선 라이프치히 새 시청사 앞 광장은 오늘날 그의 이름이 서 있다.

Luther – Lehrmeister des Widerstands

---

[89] 공중폭격을 도운 헬레네 슈바르쩰(Helene Schwarzel)은 괴르델러 가족과 아주 좋은 관계에 있던 지인으로 게슈타포가 도망가는 중에 독일발트해 연안의 라우센의 식당에서 그를 알아보았다. 그때 그녀가 괴르델러를 게슈타포에게 고발했고 괴르델러는 교수형에 처해졌으며 그녀는 백만 마르크를 대가로 받았다.

제5장

루터에 관한 고정관념의 반론(Ⅱ): 1989년 라이프치히 운동

> 기독교 복음이 사람이 고난당하는 곳보다 더 강하게 역사하는 곳은 없다. 왜냐하면 그곳에 독재자가 망할 시간이 도래 했으며 곧 하나님의 말씀이 이루어지기 때문이다.[1]

오늘날 전 세계적으로 어려움에 처한 기독교인들에게 위로의 말로 들리는 마틴 루터의 이 말은 20세기에 독일에서 두 번이나 입증되었다. 1945년 히틀러의 제3제국이 패망했을 때와 1989년 구동독 독일통일사회당(SED)의 독재정권이 무너졌을 때이다.

이 두 독재 정부 아래에서는 개신교 교회의 행동은 독일인들을 권력의 시녀로 만들었다는 루터에 대한 고정관념에 대해 반대파와 찬성파의 입장으로 구분되었다. 제3제국 시절에도 독일 개신교는 3개의 그룹으로 나누어져 있었다. "독일 기독교인"으로 민족사회주의자를 찬성하는

---

[1] WA 19, p. 410, 6-9.

사람들, "고백교회"로 히틀러에 저항했던 사람들, 그리고 중간 지대에서 중립적인 위치를 가지고 있던 사람들이다.

전 세계적으로 만연해 있던 선입견에 따르면, 개신교 교회는 히틀러 정권 시절 불명예스럽게도 민족사회주의에 등을 돌려야하는 그들의 의무를 게을리했다. 그러나 이것은 우리가 앞장에서 본 바와 같이 저항운동의 영웅들과 순교자들을 간과한 것이다.

이 정의로운 사람들의 다수가 명시적으로 루터교에 근거한 사람이거나 루터 교리가 이미 내재화되어있던 사람들이라는 사실을 고려하지 않은 것이다. 또한 주교들과 목사들의 상당수가 루터식으로 자신의 저항 의사를 표명하기 위해 용감하게 목청껏 소리를 높였다는 사실 또한 고려되지 않았다.

구동독에서도 교회가 처한 상황이 겉으로 보기에는 히틀러 때와 유사해 보인다. 그러나 한편으로는 많은 성직자들이 정부와 정부가 추구하는 이념에 동의하지 않았으며 이 정부의 시스템에 순응했던 "목사연합"(Pfarrerbund)은 회원이 200명도 채 되지않아 해체되었다.

다른 한편으로는 대부분의 개신교도들이 두려움 때문에 기회주의자가 되거나 또는 믿음에 연약하여져서 교회에 등을 돌리고 자신들의 아이들을 세례를 받지 못하게 함으로 나중에는 구동독 국민의 1/4만 신앙 공동체에 속해 있었다. 구동독보다 훨씬 정권 기간이 짧았던 히틀러 때도 이 정도는 아니었다. 이후 독일이 다시 통일되었을 때 몇몇 교회 지도자들과 붉은 공산당 권력자들 사이에 협력이 이루어졌던 사례들이 드러나 충격을 주었다.

이미 다른 곳에서 많이 다루어졌던 검은 사제들과 붉은 권력자들 사이에 이루어진 밀회(mésalliance)[2]에 대해서 나는 더 이상 깊이 들어가고 싶지 않다. 이 연구에 더 중요한 것은 교회 역사적이며 종교개혁 신학적인 관점이다.

어느 시대나 교회의 지도자들이 죄를 저지르기도 하였지만 이것은 신앙고백에 충실하여 용감하게 신앙을 위해 희생하는 사람들, 교회 목사와 부목사들, 가톨릭 주교들과 평신도들의 신중한 행동 앞에서 그 색이 바랜다. 의식적으로든 무의식적으로 그들은 주먹이 아닌 말과 기도와 촛불로 권력자의 불의에 맞서 루터식으로 행동했다.

루터는 여기에 무엇이라 말했는가?

기독교인은 의와 진리 그리고 자신의 믿음을 위하여 신중하면서 용감해야 한다. 모든 겸손함으로. 이것이 바로 구동독에서 일어났다.

"자유로운 말이 권력을 무너뜨렸다"라는 문구는 신학자이자 중요한 언론인이었던 칼-알프레드 오딘(Karl-Alfred Odin)이 쓴 그의 기사 제목이었으며, 이 기사는 일간지 「프랑크푸르트 알게마인 짜이퉁」(*Frankfurter Allgemeine Zeitung*)에 실린 역사적으로 가장 중요한 보고서이자 그의 마지막 보고서이다. 이 기사는 독일 통독에서의 교회의 역할에 대해 다루고 있다.

오딘은 다음과 같이 썼다.

> 공산주의 국가 기구에 대한 엄청난 분노가 들끓었으며, 앞장서서 외치는 돌격대가 없음에도 불구하고 누구의 지시도 없이 이루어진

---

[2] 프랑스어로 신분이 다른 두 사람 사이의 결혼을 뜻한다.

> 시위운동이 어떻게 끝까지 평화적으로 이루어질 수 있었는지에 대한 해답은 바로 평화의 기도와 촛불에 있다. 시위에 걸린 현수막은 '한 손에 촛불을 들고 폭력을 휘두를 수는 없다'라는 문구가 쓰여있었다.³

아니 사실 그들은 "두 왕국을 서로 섞어서 요리하고 주물려는 역겨운 사탄(루터의 말)"에게 이를 허용하지 않았다. "구동독 체제에 반대하던 정치가들은 개신교를 끌어들이려고 의도하지 않았었다"라고 올딘은 1989년 성탄절에 즈음하여 썼다.

> 그러나 교회는 그들의 교회적 사명을 다하기 위해 정치인들에게 상담이나 교육 분야 등, 다른 어디서 공개적으로 의논할 수 없는 정치적, 사회적, 경제적, 문화적인 의제에 대한 토론을 위한 안전한 공간을 제공했다. 이곳에서 눈에 보이는 정치적 조직적인 의도 없이 광범위한 시민운동이 일어났으며 시위를 통해 억압을 더 이상 견디지 않겠다는 의지가 표명되었다.⁴

범 시민운동이 평화롭게 독재국가를 근본적으로 바꿀 수 있었던 것은 많은 부분 목사들, 바로 영적인 나라를 섬기는 자들 덕분으로 그들은 장관으로 국회위원으로 정부 관료로 주의원이나 시장으로 지도자의 역할

---

3 Odin, Karl-Alfred: ⟨Das freie Wort hat die Macht gebrochen⟩, ⟨Frankfurter Allgemeine Zeitung⟩, Nr. 298, 19089.12.23에서 발췌.
4 Ibid.

을 떠맡아서 세상의 나라에 혼란과 무정부상태가 오는 것을 저지했다.

여기에 대해서 어떤 사람은 이의를 제기할 수도 있다.

루터가 두 왕국을 같이 섞는 것에 대해 단호히 반대하는 입장이 아니었는가?

이런 이의를 제기하는 사람들에게 우리는 독일통일사회당의 정권 붕괴 이후에는 이런 현상이 일어나지 않았다고 말할 수 있다. 오히려 세상의 나라에서 정권 붕괴 후에 하나님이 원하시는 질서를 제대로 세울 수 있는(루터나 발터 퀸네트나 칼 괴르델러가 상상했던) 인물들이 충분하지 않았다. 그러므로 영적인 나라에서 세상의 나라에 지도자를 제공할 수 있었다는 것은 축복이었다.

그러나 이것은 튀링엔 주(州) 주교 라이히가 통독 이후 바로 나에게 말한 것처럼 과도기적인 현상이어야 한다. 이때 지도자 역할을 잠시 한 목사들은 최대한 빠르게 다시 설교 강단으로 돌아가야했는데, 이렇게 한 사람도 있고 하지 않은 사람도 있다.

후자인 사람들은 세상의 나라에서 하나님의 종(*leitourgoi gar Theou*) 이상일 수 있으나 영적인 나라에서는 그렇지 않다. 그들은 이곳에서 다른 기독교인들과 마찬가지로 단지 평범한 시민이다.

1. 루터의 유산은 유효하다

70년대 말에 나는 언론인으로 그 이전에 15년 동안 방문이 금지되어 있던 구동독을 여행하게 되었는데, 이 여행 이후 구동독이 붕괴되기 전까지 더 이상 이곳을 방문하고 않았다. 당시 동독 외무부장관이 내가 「짜이트」(Zeit)라는 잡지에 항상 있어 왔던 통상적인 보고서를 작성하기 위해 "인민이 소유한" 오스트제바드 바르네뮌데(Ostseebad Warnemuende)에 있는 'HO-호화호텔'을 취재할 수 있도록 비자를 발급해 주었다.

이 여행에서 나는 아주 흥미로운 주제와 맞닥뜨리게 되었고 취재 후에도 이 주제에 대해 계속 연구했으며 그로부터 10년 후 중년의 나이에 신학을 공부하게 되었다.

영어로 쓴 나의 박사 논문을 참고로 한 본서는 바로 그때의 결과물이다. 본서에 나오는 이야기는 인간이(본회퍼의 언어를 사용한다면) "하나님과 함께 세속의 세상에서 고난받는 것"에 대한 내용과 그 인간이 세상을 바꾸었다는 내용을 다루고 있다.

이 귀중한 루터의 유산에 대한 논의는 종교개혁가 루터의 고향인 이곳에서 이루어져야 한다. 왜냐하면 구동독의 붕괴 이후 생겨난 여론으로 루터교는 다시 한 번 인간을 적대시하는 제도하에 실패했다는 고정관념으로 굳어질 위험에 놓여 있기 때문이다.

나는 당시 구동독 여행에서 보수주의 루터교 목사로 지금은 헴니츠(Chemnitz)라 불리는 칼막스-시(Karl Max-Stadt)의 테오 레만(Theo Lehmann)과 그로스하르트만스도르프(Grosshartmannsdorf)의 크리스토프 리히터(Chrisoph Richter)가 기독교 교리를 공부한 적도 없고 집 안에서 믿음이 있는 부모로부터 양육을 받은 것도 아니어서 기독교에 대해 전혀 아는 것이 없는 수천 명의 비기독교 청소년들을 불러 모을 수 있었다는 사실을 알게 되었다.

다수의 인터뷰를 통해 이 젊은 청소년들이 시대정신에 아부하지 않고 루터가 말하는 두 왕국을 "서로 섞어 요리"하지 않는 기독교에 관심을 가지게 된 이유를 다음과 같이 간추릴 수 있었다.

　젊은 청소년들이 갈구하고 있던 것은 목사들에 의해 계속 반복되어 온 고루한 주제들이었다. 젊은이들은 막스-레닌주의가 답할 수 없는 질문들을 가지고 있었다. 예를 들면 이런 질문이다.

왜 우리는 여기 있는가?
왜 인간은 고통당하는가?
왜 우리는 죽는가?
죽음 이후에는 도대체 무엇이 있는가?

- 구동독 시민들은 "두개의 노선"을 깔고 살았다고 말한다.
첫째 노선은 어느 누구도 신뢰하지 않는 독일통일사회당 노선이다. 둘째 노선은 서독 텔레비전을 통해 이미 널리 퍼져 있는 사적인 노선이다.
비겁하게 당시 정부의 논리를 그대로 따라 했던 "현대적"이며 문화인류학적으로 변신한 교회는 이 두 개의 일치할 수 없는 노선을 하나로 뭉치려고 하였다. 그러나 이것은 어쩔 수 없이 두 가지 노선을 가지고 생각하는 사람들에게 매력적이지 않았다. 이에 비해 전통과 윤리를 지키는 전통적인 교회는 언어에서부터 사회당 정부의 전통과 윤리와는 다르며 돋보였다.
- 수많은 젊은 비기독교인들이 명백히 맞지 않는 사회당 시스템 외에 다른 대체 시스템을 원했기 때문에 교회를 찾았다. 음악은 종교적 호기심을 자극하기 때문에 오르간 연주회와 칸타타 예배는 아주 귀

한 전도 사명의 도구였다.

그러므로 개신교 목사들은 주중에도 자신의 교회를 열어두어 구동독 성직자들이 말하는 이른바 "이방인들"이 교회로 들어올 수 있도록 하였다. 여기에서 그들이 이방인이라 하면 교리에 대해서 알지 못하는 사람들로 이 중에는 제단 위의 예수님의 십자가상을 보고 순진하게 "저것 좀 봐 체조선수인가 봐!"라고 소리치는 사람도 있었다. 특히 순수 루터교 지역이었던 작센, 튀링엔 혹은 멕클렌부르그 지방에서는 많은 목사들이 주 중에 시간의 많은 부분을 교회에서 보내며 질문하는 사람들에게 대답을 해 주었다.

당시 추기경회의 의원이었던 만프레드 슈톨페(Manfres Stolpe)는 루터 경건보수주의 대표 인물은 아니었지만 1976년 한 인터뷰에서 나에게 이렇게 말했다.

> 동독에는 요즈음 보기 힘든 일들이 일어나고 있는데, 합병된 베를린-브란덴부르그 지역 목사들은 현대적이고 자유주의자들이다.
> 그런데 무슨 일이 일어나는가?
> 교회들은 텅텅 비어 있다. 그러나 작센, 튀링엔 그리고 멕클렌부르그에 보수적으로 설교하고 전통적인 방식을 지키며 신앙고백에 충실한 루터 교회에는 청소년들이 떼를 이루어 모여든다.
> 우리가 도대체 무엇을 잘못한 걸까?

여기에서 다음과 같은 새로운 또 하나의 고정관념을 세상에 심을 위험이 있다. 즉 나치 시대에는 소위 연합된 독일 개신교가 민족사회주의 이단적인 가르침에 대해 강한 면역력을 세상에 드러내었다면, 이번에는 루터교가 확고하게 동독붕괴에 그 역할을 견고히 했다는 것이다.

모든 고정관념이 그렇듯이 이것도 일부는 맞다고 볼 수 있다. "독일 기독교인들"에 의해 잘못 해석되어진 두 왕국설은 울브리히트(Ulbricht) 독재 정권 하에서 튀링엔 주(州) 주교 모리츠 미첸하임(Moritz Mitzenheim, 1945-1970년 사이에 튀링엔 주의 개신교 루터교 주교였으며 당시 구동독 정부와 협력하여 일함-역주)이 비열한 역할을 한 것을 통해 알 수 있듯이 전쟁 이후 엄격한 루터주의였던 튀링엔과 그 외 지역에서 정치적인 구호로 사용되어졌다.

다른 한편으로는 개신교연합은 시민용기를 보여줌으로 그 역할이 빛났다. 시민용기를 보여 준 사람으로 괴르리츠(Goerlitz) 시의 주교 한스 요아킴 프랭켈(Hans Joachim Fraenkel), 베를린의 목사 라이너 에펠만(Rainer Eppelmann), 그리고 비텐베르그대학교 교수 프리드리히 쇼어렘머(Friedich Schorlemmer)이다.

어쨌든 루터교는 과거 자신의 실수로 인하여 많은 것을 배웠으며 이번에는 두 왕국설을 제대로 실천하였다는 것은 사실이다. 라이프치히 청소년 사역자였던 클라우스 카덴은 시민평화시위가 일어났던 시기에 한 인터뷰에서 다음과 같이 말했다.

> 개신교연합은 예수님이 모든 사람들의 왕이심을 강조했다. 그들에게 예수님은 모든 사람들의 왕이심을 강조했다. 이것은 사회주의

환경 가운데에 있는 교회의 딜레마를 피하기 위한 쉬운 해결책이었다. 그러나 우리 루터교도들은 계속적으로 두 왕국설과 씨름하였고 바로 이것이 우리를 강하게 하였다.

여기에서 한 번 더 프란쯔 라우(Franz Lau)의 말을 인용하고자 한다.

> 그리스도주의 이론들은 성경에 나와 있지 않은 그리스도의 모습에 방향을 맞추고 있으며 성경적이지 않은 그리스도 주재권에 대한 개념을 담고 있다. 그리스도인의 삶(*vita Christiana*)은 항상 이 세상 속에 존재해왔다. 가정에 기독교인 가장이 존재하고 사제들만 모여 사는 곳에 기독교인들이 사는 것이 아니라, 시민으로 직업을 가지고 사는 한 그리스도인의 삶은 세상 속에서 계속된다. 오늘날 이 세상에서 사는 그리스도인의 삶이 루터 시대 때보다 더 어렵고 긴장감이 들 수도 있다. 물론 어떤 분야에서는 그렇지 않을 수도 있다. 그러나 이것이 우리가 이제 더 이상 두 왕국에서 살지 않는다는 것은 결코 아니다.[5]

라우는 라이프치히대학교의 신학 교수이었다. 『루터의 두 왕국설』(*Luthers Lehre von den beiden Reichen*)에 관한 그의 대표 저서는 구동독 시절 기독교인들에게 특히 비판적이던 시기에 출간되었다. 교회 분열이 1952년에서 1953년 사이에 최고조에 달했을 때였다.

---

[5] Lau, p. 95.

"어떤 다른 책도 이 책만큼 동독에서 전후 세대에 이렇게 큰 영향을 끼친 책이 없었다"라고 전 로흐리츠(Rochlitz)의 교구 감독이자 오래된 작센 지방의 목사 집안 후손인 요헨 이멜즈(Joche Ihmels) 박사가 통독 시대에 관한 논의 중에 나에게 말했다.

이멜즈의 할아버지는 히틀러 정권 초기에 독일 기독교 이단에 대한 항의의 표시로 작센 주의 주교직을 내려놓았다. 그의 손자는 제3제국에서 저항운동의 일환으로 "독일 기독교인들"에 대항해 만들어진 "고백교회"를 인도하였으며 더욱이 이번에는 개신교-루터교 작센 주 교회 내에 속한 교단 형태로 이루어졌다.

그는 어려운 길을 갈 준비가 되어 있었으며 라우에 의해 다시 떠오른 루터의 두 왕국설에 다음과 같은 설명을 덧붙였다.

> 나는 기독교인으로서 자신의 의견을 말하고 진실편에 서도록 부름 받았다고 보며 나도 이렇게 하려고 노력했다.

"고백교회"의 교단은 막스주의자와 기독교인들 사이의 이른바 공통점을 주장하는 이단 교리에 맞서 신학적인 반박을 한 루터교 성직자들을 돌보았다. 16세기 마티아스 플라시우스(Matthias Flacius)의 글을 떠올리게 하는 신뢰할 만한 소책자에서 "고백교회"는 구동독에서 기독교인이라는 것의 의미를 다음과 같이 열거하여 강조했다.

- 편하게 순응하고 싶고 책임을 회피하고 싶은 유혹을 이겨내는 것!
- 기독교인으로 산다는 것은 자유와 포기에서 가능하다. 기독교인은

아무 직업이나 가질 수 없으며 아무 역할이나 할 수 없다. 사회적인 직위가 높아질수록 신앙을 고백하는 기독교인으로 끝까지 살아내는 것이 더 어려워진다.
- 기독교인으로 사는 것은 십계명의 첫 계명에 어긋나는 명령(독일통일사회당)에 대해 절대적인 복종을 거부하고 자신의 이웃을 위해 헌신하는 것이 가능해야 한다. 여기에서 그 사람이 어느 정도까지 사회적인 일을 책임지고 할 수 있는가가 가늠된다.
- 기독교인으로 산다는 것은 투쟁하고 고통을 받을 자세가 가능해야 한다. 진실한 기독교인들은 타협을 구하지 않으며 진리를 위해 피할 수 없을 때에는 뒤로 물러서지 않는다. 그들은 성령의 무기를 의지했고 교회에 합당한 투쟁의 형식으로 비폭력을 지지한다.
- 기독교인으로 사는 것은 하나님의 계명에 순종하며 그의 언약을 신뢰하는 것이다. 진실한 기독교인은 동독에서도 침착함과 확신으로 빛을 발할 수 있으며 주의 증인으로 자신을 입증할 수 있다.[6]

기독교인뿐 아니라 가톨릭 교인들도 가지고 있는 침착함과 확신은 구동독에서 국교로 떠받들었던 무신론적 구원론과 논쟁할 수 있는 가장 예리한 무기에 속했다.

70년대 말에 동독 취재 중에 나는 계속 반복적으로 놀라운 현장을 만나게 되었다. 의식이 있는 기독교인들이 일하고 사는 곳에서 그들은 아주 거대한 영향력을 주위 환경에 끼치고 있었다.

6　"Flugschrift des Landesbruderrates der Bekennenden evangelische-lutherischen Kirche Sachsens," *Nr.* D443.2.78.1000, 1989.12.23.

한 젊은 청년이 나에게 "너는 특별히 어떤 것을 할 필요가 없다. 사람들이 본능적으로 네가 기독교인이라는 것을 알고 너에게 다가온다. 왜냐하면 너는 다른 사람과 다르게 보이고 다른 사람과 다르게 말하며 너는 그렇게 꼬여 있지 않기 때문이다"라고 말했는데, 나는 그를 헴니츠(당시에는 칼-막스-시(Karl-Max-Stadt)라고 불렸음)에서 있었던 테오 레만 목사의 예배에서 알게 되었다. 그의 예배는 항상 예배자들로 가득 찼다.

동료들과 이웃들은 기독교인들이 어떻게 항상 평안할 수 있는지를 알아보기 위해 그들을 만날 기회를 찾았다. 구동독 교회가 독일통일사회당 독재 정권에 맞서던 비기독교인들이 모일 수 있는 공간을 제공하기 훨씬 전부터 평신도 기독교인들 중에는 망치와 컴퍼스로 상징되는 무신론주의 국가 권력과의 갈등 속에서 부드럽게 십자가로 유인하는 촉수와 같은 역할을 한 기독교 소그룹들이 있었다.

이 그룹에는 많은 초교파 가정교회가 있었으며 이 중에는 아주 작은 소수의 모임들도 있었는데, 그들이 하는 역할을 보면 공산주의에 있는 세포조직과 다르지 않았다. 또 여기에는 회원이 3명 또는 4명으로 구성된 초교파 수도원 공동체도 있었는데, 그들은 평범한 집을 얻어 공동체 생활을 하였다.

그들의 사명의 최우선이 이 공동체 속에 함께하는 것이었다. 이 공동체 생활은 공장, 공공기관, 곡식 저장창고, 학교, 심지어 국가 정규군대 같은 모든 삶의 영역에 영향을 미쳤다. 예를 들면 다음과 같다.

- 구동독의 역사에 나오는 수많은 아이러니 중 하나에 속하는 것으로 소수 기독교 집단에서 자란 아이들은 국가로부터 손해를 감수해야

했고 사람들로부터 조롱거리가 되었지만 실제로는 존경을 받았다. 통독 이후 목사 사모였던 지그리드 홀머(Sigrid Holmer)는 그녀의 딸이 반에서 선생님이 신뢰했던 유일한 아이였다고 나에게 말했다. 그녀는 당시 반에서 아웃사이더로 성년식도 받지 않았고 어린이 부대(Jungen Pionieren)에도 소속되지 않았다.

그러나 그들은 삶의 전반적인 부분에서 구동독 시절 만연했던 "두 개의 노선"을 가지고 살지는 않았다. 다시 말해 그들은 대외적인 것과 사적인 두 가지 다른 생각을 가지고 살지는 않았다는 것이다. 그들은 생각하는 대로 말했고 그들이 말한 대로 행동했다. 이는 독재정권 아래에 아주 특이하고 희귀한 행동방식이었다.

가톨릭과 개신교들은 음산한 콘크리트 건물에 새로운 세입자를 환영하기위해 함께 심방을 하였다. 그런데 새로 이사 온 사람들이 이쪽이나 저쪽 종파에 속한다고 밝히는 사람은 거의 드물었다.

"그럼에도 불구하고 기독교인들이 찾아오면 사람들은 항상 반겼다"라고 목사 크리스트하르트 바그너(Christhard Wagner)가 말하였는데, 그는 아이제나흐(Eisenach)에서 집단 농장-상담가로 오래 동안 일했다.

> 기독교인들은 이 구획에 사는 사람들 중에 유일하게 다른 사람들의 어려움에 귀를 기울이는 사람들이었다. 우리는 심방을 시작하여 3층 이상을 올라갈 수가 없었는데, 이유는 사람들이 심방 간 우리들에게 너무 많은 말을 했기 때문에 시간이 안 되었다.

심방은 구동독에서도 비기독교인들이 교회를 신뢰할 수 있었던 많은 이유 중에 하나였다. 이런 신뢰가 동독 정부에 저항하는 세력이 평화를 유지하는 것을 가능하게 했다. 모든 온유함이 없었으면 1989년 10월 혁명은 성공하지 못했을 것이다. 바그너(Wagner)는 말했다.

> 기차나 술집에서 기독교인이라고 자신을 밝히면 사람들로부터 많은 도움의 요청을 받았다. 왜냐하면 막스-레닌주의 이데올로기는 사람의 마음을 감동시키지 못했기 때문 이었다.

- 아이제나흐의 개신교 교육담당관이었던 안드레아스 게르쉘은(Andreas Gerschel)은 자신이 어떻게 교회를 섬기는 일을 하게 되었느지에 대해 이야기해 주었다. 나는 통독 후에 그가 당시 개신교 청년사역을 섬기고 있던 아른슈타트에서 잠시 인터뷰를 한 적이 있다. 평화시위가 일어나던 시기에 월요기도회를 위해 아른슈타트 바흐교회의 문을 매일 열었던 사람이 바로 게르쉘이었다.[7]

> 내가 바이센펠스(Weissenfels)에서 복역하고 있을 때 항상 내가 기독교인임을 드러냈다.[8] 이로 인하여 어느 날 독일통일사회당 당원이었던 장교 한 사람이 몰래 나에게 다가와 비밀을 지켜주겠다는 맹세

---

7 참조. http://www.thueinger-allgemeine.de/startsseite/detail/-/specific/25-Jahre-Wende-Es-war-damals-die-intensivste-Zeit-meines-Lebens-1374966918; 2016.04.07.
8 바이센펠스에서는 독일 민족 군대에서 신앙 양심으로 무기를 사용하는 것을 거부한 사람들을 노역 군인으로 분류하였는데, 이들 중 대부분이 기독교인이었다.

를 받고 자신의 마음을 쏟아내었다. 그의 결혼생활, 경력에 대한 염려, 양심의 가책 등이었다. 그때 나는 내가 상담가가 되어야겠다고 결심했다.

- 구동독 인민 군대에서 획기적으로 전도의 사명을 이룬 여인이 한 명 있었다. 에어쯔(Erz)산맥의 마리엔(Marien)산에 위치해 있던 군대 막사에서 1년 반 동안 적어도 500명의 군인들이 짧은 자유 시간을 에빌리즈 하이세(Evilis Heisse)의 집에서 보냈다. 거기에서 그들은 기도했고 찬양했으며 성경을 읽고 긴장을 풀었다. 기독교 군인들을 통하여 이 여인은 목사가 방문할 수 없었던 군대 막사에 복음을 전달했다.

"군대 막사에는 기독교에 대해 거의 아무것도 알지 못했던 젊은 청년들이 믿음으로 돌아왔다"라고 에빌리스 하이세는 나중에 나에게 말했다.

어떻게 이렇게 되었는지는 사실 생각해보면 간단하다. 대부분의 군인들이 공허함을 달래기 위해 술에 취하였다. 그런데 그들과 달리 밤이면 깨끗한 맑은 정신으로 다시 돌아오는 기독교 동료들을 부러워했다. 그래서 한 번은 그들에게 물었다.

"너희들은 어쩌면 그럴 수 있는가?"

그들은 대답했다.

"다음 번에 같이 가자."

이렇게 많은 군인들이 다음번에는 따라 나섰다.

마리엔베르그에 주둔해 있던 붉은 인민 군대의 연병장에서 훈련받는 군인들에게도 에빌리스 하이세는 몰래 러시아어 성경을 가져다 주었다. 그녀는 법망을 피해 서독에서 성경을 들여왔다. 에빌리스 하이세는 한 세대 전 사람이었던 괴르델러처럼 한 번도 이렇게 질문하지 않았을 것이다.

"루터라면 지금 어떻게 행동했을까?"

그녀는, 기독교인들의 심방사역과 공동주택과 공장에서 사역했던 기독교 셀 조직과 같이 스스로에게 내재되어있던 루터교에 의거하여 행동했다. 이것은 자신의 사명에 대해 모든 것을 감당할 준비된 자세를 포함하고 있다. 하이세의 아들과 딸은 어머니의 사역을 힘써 도와주다가 감옥에 갔다.

용감한 기독교의 증인은 적으로 둘러싸인 세상에서 항상 십자가를 져야한다는 성경적인 루터의 견해는 내가 70년대에 만났고 통독 이후 다시 만났던 구동독 체제하의 젊은 기독교 청년들에게서 발견할 수 있었다.

한 사춘기 남학생은 아버지로부터 여러 군데 멍이 들 정도로 마구 맞았다. 그의 아버지는 직업 장교였는데, 기독교 활동을 하는 아들로 인하여 군대에서 해직 처분되었다.

이와 비슷한 예로 한 학교 여교장의 딸이 목사의 전도에 의해 기독교인이 되었다. 이 어머니는 딸을 집에다 여러 주 가두어 두었고 장교 아들은 성경 시간에 참석하다가 대학 자격시험을 보기 바로 직전에 고등학교에서 퇴학당하고 아버지의 요청으로 인민 군대로 보내졌다.

2. 브뤼제비츠(Bruesewitz): "신앙고백"(in casu confessionis)의 극한 예

신앙고백을 위해 자신의 임무를 한 가장 극한 사례로는 의심할 여지 없이 목사 브뤼제비츠의 분신이 될 것이다. 1976년 8월 18일 예전에 신발을 만드는 장인이었던 그는 탈라(Talar)의 짜이츠(Zeitz)에 있는 미샤엘리스교회(Michaeliskirche) 앞에 내렸다. 그는 두 개의 현수막을 펼쳐서 자신의 자동차 지붕에 기대어 세웠다. 수백 명의 지나가는 사람들이 거기에 쓰여 있는 글귀를 읽었다.

> 방송을 듣는 모든 사람들에게... 동독 교회는 공산주의를 고발한다!
> 학교와 아이들과 청소년들에 대한 억압이 그 이유이다.

그리고 47살의 이 사람은 벤젠을 몸에 붓고 불을 점화시킨 후 살아 있는 횃불처럼 자신의 관할 교구 쪽으로 뛰어갔다. 이때 장례를 알리는 교회종이 울리기 시작하고 있었으며 그는 20미터 정도 더 가다가 쓰러졌다.

할레의 중환자실에서 그는 100시간 정도 더 살아 있었다. 피부의 86퍼센트가 화상을 입었다. 비밀경찰들은 가족의 병문안조차도 금지했다. 짧은 시간이지만 깨어있는 동안 죽어가면서 찬송을 불렀다.

탈라의 82명의 개신교 가톨릭 성직자들과 사제들을 포함한 500명 이상의 사람들이 리피카(Rippicha)에 있던 그의 교회 뒤에 마지막 영면 장소까지 그를 동행하였다.

그의 희생적인 죽음에 관하여 구동독 교회연합의 공의회는 6주가 지나 "해명"을 해야 할 의무가 있었다. 공의회는 다음과 같이 말했다.

> 번번이 교회지도자들이 책략적인 사고에 의하여 행동하는 것으로 보인다. 그러나 이것은 하나님의 말씀이 모든 상황 위에 서 있다는 사실을 잘 보여주지 못한다.[9]

독일통일사회당 언론은 이 목사를 정신이 나간 사람으로 묘사했다. 그러나 이것은 확실히 사실이 아니었다. 크리스타 브뤼제비츠(Christa Bruesewitz), 그의 아내와 딸 에스더는 그를 실행력이 뛰어난 하나님의 사람이며 성도들이 기도하러 오도록 교회 종을 한 시간이나 울리게 사람이었다고 말한다. 그리고 그는 강대상에서 "우리는 사회주의 나라가 아니라 하나님의 나라를 기다린다"라고 큰 소리로 설교했다고 한다.

독일통일사회당 관청 건물에 대해 불만을 가지고 그는 6미터의 4배 크기인 네온 십자가를 교회 종탑에 세워서 라이프치히에서 게라(Gera)로 가는 장거리 운전자들이 밤에 십자가를 볼 수 있게 했다. 동독 정부 탄생 25주년 기념일에 그는 다음과 같은 현수막을 걸었다.

> 2000년 동안 패하지 않은 예수그리스도의 교회!

그는 또한 밝은 사람으로 사택 부지에 양, 가금류, 토끼 그리고 말도 길렀으며 강아지를 팔에 앉고 관할 교구를 둘러보기도 했다. 그는 두 딸

---

9 Falkenau, Manfred: *Kundgebung* 1969-1980. verlag des Amtsblattes der Evangelischen Kirchen in Deutschland, 1995, p. 177.

과 트럼펫을 불며 그가 관할하는 9개의 마을을 돌아다니는 그런 사람이었다. 그는 온유한 사람으로 굶주린 체 짜이츠시 변방을 구걸하며 돌아다니던 적군의 병사들도 빵과 직접 만든 음식으로 돌보았다.

그러나 전적으로 헌신된[10] 신자인 그에 대해, 루터의 눈에 보기 좋았을까라는 질문에 대해서는 명확하게 대답하기가 어렵다.

루터는 과연 그가 죽은 후 400년이 흘러 기독교 교리가 이렇게 큰 곤경에 처하게 될 줄 상상이나 할 수 있었을까?

그는 또한 국가통치 권력이 모든 수단을 동원하여 아이들에게 기독교적인 가르침을 하지 못하도록 할 줄 상상할 수나 있었을까?

이루 형언할 수 없는 극한 상황에서 교회의 지도자들을 정신 차리게 하기 위해 한 목사가 분신 자살을 해야만 했던 상황을 상상이나 할 수 있었을까?

확실히 말할 수 있는 것은 오스카 브뤼제비츠는 아주 신실한 루터교도이자 전적으로 헌신된 성도였다. 그는 종교와 성직과 기독교 가정들이 위험에 처해 있음을 보았고 루터교 교리에 충실하게 이에 대항하여 싸울 의무를 느꼈다.

그는 뮌처의 방식처럼 봉기의 형태를 취하여 싸우지 않았으며 루터의 방식대로 스스로 십자가를 짐으로 경고의 상징이 되었다.

"이 상징적인 행동으로" 튀링엔 주의 주교 베르너 라이히(Werner Leich)는 다음과 같이 나에게 말했다.

---

10   p. 174과 비교.

브뤼제비츠는 교회를 움직였다.

브뤼제비츠가 분신자살을 한 짜이츠에서 어떤 낯선 여인이 그의 부인 크리스티나 브뤼제비츠에게 말했다.

우리는 당신의 남편에게 감사합니다.

브뤼제미츠가 프란쯔 라우에 의해 새롭게 떠오른 두 왕국설에 대해 어떻게 논쟁했는가는 알려진 바가 없다. 그러나 그는 설령 아주 자신만의 방법이긴 하였지만 이 교리에 의거하여 행동하였다.

다양한 신학자들, 그리고 전후의 울브리히트(Ulbricht)의 교회 박해(울브리히트는 구동독 초대 원수로 젊은 깨어 있는 교회를 불법이라 규정하고 정책적으로 핍박했음—역주)을 통하여 단련된 세대 출신들 중 신학적 사고를 하는 평신도들은 모두 프란쯔 라우의 영향을 받았다.

예를 들면 주교 라이히, 교구감독자 이멜스, 목사 카덴, 테오 레만 그리고 전 모리츠부르그 목사 헬무트 빌레프(Helmuth Wielepp)로 그는 전형적인 작센의 경건주의자였으며 기도가 어떤 사상보다 더 강하다는 사실에 조금의 의심이 없었다.

대도시에서 시작하여 독일통일사회당 정부를 붕괴시킨 평화의 기도는 이미 수십 년 전에 헬무트 빌레프가 모리츠부르그에서 시작했다. 매일 정오에 교회종을 쳐서 성도들을 교회로 모아들였고 엄마들은 아기들을 교회 옆문으로 데리고 들어와 아빠가 모르게 세례를 받게 하였다.

빌레프는 예전부터 이미 작센의 목사들이 힘주어 반복했던 모든 것을 실제로 행하였다. 그는 유머가 풍부했고 밝고 경건하였으며 루터교에 충실한 사람으로 모든 것을 진실 그대로 설교함으로 그의 양떼들을 결속시켰다. 그가 80년대에 퇴임을 하기 전에 2,800명의 모리츠부르그 시민 중에 2,000명이 그의 교회 성도였다. 빌레프의 교회는 항상 사람들로 가득 찼다.

독일통일사회당이 망치와 컴퍼스를 상징으로 고안하고 그들이 점령한 독일의 일부를 동독(DDR)이라 부르기도 전에 이에 대항한 십자가의 부드러운 승리는 이미 빌레프와 같은 사람으로부터 시작되었다. 1946년 소련이 주둔하고 있던 동독 지역에서 투표가 이루어졌을 때 빌레프는 투표위원으로 바인뵐라(Weinboehla)에 있었다. 그는 표를 끝까지 셀 때까지 그 자리에 있었다.

그는 점령군에게 불리한 투표결과가 나오자 이를 위조하려는 것을 알고 원래 투표결과를 자신의 교회 유리 광고판에 걸어 놓았다. 이로부터 2일 후에 시장이 조작된 결과를 공식적으로 발표하자 빌레프 목사는 교회의 신학지망생들에게 시의 원로들을 길에서 만나더라도 인사하지 말라고 지시하였다. 그러면서 그들을 다음과 같이 비난하였다.

> 그들은 기록을 허위로 만든 위조자들이다. 그들은 감옥에 가야 한다.

독일통일사회당 정부의 특이한 점 중에는 교회의 시민 용기에 의한 이런 행동들을 잘 수사하지 않았다는 것이다. 기독교인이 악을 정면으로 저항하면 악은 결국 뒤로 물러선다는 이 오래된 말은 40년 구동독 시절 반복하여 진실임이 증명되었다. 헬무트 빌레프에게도 이로 인하여 어떤 일도 일어나지 않았다.

사회당 당원들은 오래된 지프차에 고무타이어를 끼우고 전도지를 들고 전 작센 지방을 돌아다니며 전도의 사명을 행하는 사람에게까지 신경을 쓸 여유가 없었다. 빌레프 목사는 농지개혁에 분노하며 모리츠부르그 시청사로 차를 몰고 들어와 시장에게 다음과 같이 항의했다.

당신들은 나치보다 더 나쁘다!

그러나 목사들만 두 왕국설에 관한 라우의 책에 대해 알고 있었던 것은 아니었다. 오븐 식자공 기술자이며 전 작센 주 공의회 의장이었던 요하네스 키슬락(Johannes Cieslak)은 오버라우지츠(Oberlausitz)의 자이프헨너즈도르프(Seifhennersdorf) 출신으로 라이프치히의 대 신학자(프란쯔 라우) 앞에 경의를 표하였다.

키슬락은 뵈멘 지역으로부터 독일사회민주당(SPD)의 정치적인 서적들을 독일로 밀반입하였다는 이유로 1934년에서 37년까지 히틀러 시대에 감옥과 포로수용소에 갇혀있었다. 전쟁이 일어나자 그는 죄수군대 999로 투입되었다. 이때 튀니스에서 미국의 포로로 잡혔다. 미국인들은 반파시즘 독일인 포로들은 메사츄세스의 특별보호소에 수감했다.

거기에서 요하네스 키슬락은 두 가지 사실을 경험하게 된다.

첫째, 그는 미국 군목들을 통하여 그의 조상들이 가지고 있던 루터교 믿음을 더욱 강화할 수 있었다.

둘째, 그는 동료 포로들 중 공산주의자들이 민족사회주의자들 못지않게 위험하다는 것을 알게 되었다. 전쟁이 끝난 후 공산주의자들이 작센 지방에 세력을 얻게 되자 키슬락은 미국인들에게 서독에 주둔하기를 제안하였다.

"공산주의를 대항하기 위하여 나는 소련이 점령하고 있던 동독 지역으로 갔다"라고 그는 통독 이후에 나에게 전했다. 그는 자신의 저항이 기독교적 비폭력 저항임을 분명하게 밝혔다.

> 말씀을 통한 저항.

키슬락은 다음과 같이 증언했다.

> 이것을 나는 루터로부터 배웠다. 그리고 프란쯔 라우로부터.

주교회의 평신도 최고 위원으로 그는 교회 주교와 함께 독일통일사회당 정부에게 다음과 같이 반복하여 밝혔다.

> 우리 작센 사람들은 당신들과 한 식탁에서 밥을 먹을 수 없다. 누군가 그의 신앙 때문에 불이익을 받으며 예를 들면 기독교 학생이 부당하게 점수를 받는다던가 하는 것을 우리가 알게 되면 이것을 한 사람을 직위에서 몰아내었으며 다시 점수를 되돌려 놓았다. 그러나 유감스럽게도 우리들은 드물게 때로는 불이익을 감수해야만 했다.

키슬락은 기독교인 개인의 행동이야말로 망치와 컴퍼스에 대항하여 십자가로 싸우는 싸움에서 가장 날카로운 무기라고 보았다. "의식 있는 기독교인은 구동독에서 모든 것을 할 수 있었다"라고 말하며 "고백교회"와 뜻을 같이 하여 다음과 같이 덧붙였다.

> 기독교인은 어떤 역할은 절대 할 수 없다는 것을 받아들여야 한다.

키슬락의 아이들은 상급학교에 갈 수가 없었다. 그럼에도 불구하고 그의 아들 유르겐은 이공계대학 졸업자가 되었다. 그는 처음에는 그의 아버지나 할아버지와 같이 오븐식자 기계공이었다가 야간학교를 다녀 대학수학 자격시험을 봐서 좋은 점수를 받았기 때문에 드레스덴의 이공계대학이 그의 입학을 거부할 수가 없었다.

"기독교인들은 믿음으로 살기 위하여 불이익을 감내해야 한다"라고 키슬락은 설명했다. 바로 이점에 사회주의자들조차 감명을 받았으며 이 기계공의 영향으로 스스로 세례를 받는 사람도 생겼다.

그는 나에게 이렇게 전했다.

> 우리는 하나님이 공직자들보다 힘이 세시다는 것을 알아야한다. 이 지식이 우리에게 힘을 준다. 물론 밤에 초인종이 울리면 우리도 두렵다. 그러면서 우리는 스스로에게 말한다.
> 좋아! 그래서?
> 우리에게는 항상 우리 편인 대장이 있다. 비밀경찰들은 가정성경모임을 흩으면서 기독교인들에게 교회 소속 건물 내에서만 성경 읽

> 는 것이 허용하고 다른 곳에서는 금지하면서, 치타우(Zittau)로 보
> 내졌다.... 이어서 그곳에서도 우리는 사람들을 다시 파티에 초청하
> 였다. 그들이 다시 나와서 성경을 또 읽기 시작하자 비밀경찰들이
> 다시 이 모임을 흩었다. 이후로 교회는 모든 방법을 동원하여 성도
> 들의 거실을 교회가 임대하는 형식을 취하여 성경공부를 하게 되
> 었다. 그리하여 비밀경찰들은 우리를 방해할 수 있는 빌미를 손에
> 넣을 수 없었다.

공의회 의장으로 키슬락은 드레스덴에 교회가 위임한 지역 참사의원이었던 레버렌쯔(Leverlenz) 박사와 많은 일을 같이하였다.

> 이때 나는 우리가 막스주의에게 배우는 것보다 막스주의자들이 기
> 독교로부터 더 많은 것을 배운다는 것을 알게 되었다. 한 마디로 우
> 리는 전도했다.

그중 가장 큰 일을 경험한 것은 레버렌쯔가 개인적으로 나에게 와서 "죄"라는 개념이 무엇인지를 물었던 것이다.
키슬락은 말했다.

> 이 사람은 바로 올바른 길에 들어섰다.

프란쯔 라우의 제자며 라이프치히 토마스 교회의 교구감독자 요하네스 리히터(Johannes Richter)는 40년 동독 시절은 두 왕국설이 사실로 증

명된 실험기간이었다고 봤다. 그와 한 많은 인터뷰 중에 리히터는 나에게 다음과 같이 썼다.

> 사회주의 체제하에서의 삶은 오늘날 루터의 두 왕국설에 대한 완전히 새로운 깨달음을 가져다주었다.

리히터는 루터의 교리를 해석하기 위하여 두 다리 비유를(걸을 때 중심을 잡고 서 있는 다리와 걸음을 떼기 위하여 들고 있는 다리-역주) 사용하였다.

> 전제 독재국가에서 기독교인은 믿음의 전통과 예수 그리스도의 약속 위에 한발로 중심을 굳건히 서 있어야한다. 이렇게 중심을 굳건히 잡은 사람은 다른 쪽 다리를 들어 세상 속으로 걸어가야한다.

우리가 보았듯이 전제 독재국가에 아무 해가 되지 않게 들리는 이 방법이 실제로는 치사량의 독이 될 수 있다. 바로 이렇게 하여 기독교인들이 동독의 독재주의를 무덤 속에 묻어버렸다.

3. 고르바초프는 "기적의 사람"이었는가?

"특히 기독교인들은 정권이 몰락될 때 하나님의 도움을 받는데"라며 주교 라이히는 한 인터뷰에서 나에게 다음과 같이 말했다.

나는 동독의 독재자와 독일의 분단을 끝내기 위해 하나님이 직접 역사에 개입하셨다고 믿는다. 그러나 하나님은 이를 위해 어떤 신통방통한 요술을 쓰시지는 않으신다. 하나님은 그때의 상황들을 잘 조합하여 사용하신다. 여기에는 폭력에 대한 사람들의 혐오감, 교회의 신실함, 동유럽에 있었던 경제적, 생태학적 재난뿐만 아니라 미샤엘 고르바초프의 등장이 속한다.

그렇다면 고르바초프는 루터가 말한 기적의 사람으로 이스라엘을 긴 망명 생활 후에 다시 고향으로 돌아가게 한 페르시아의 왕 고레스와 그리스에 민주주의의 개척자 테미스토클레스, 엄청난 정복자 알렉산더 대제, 로마 제국의 황제 베스파시안, 종교개혁을 지원하고 루터를 황제의 체포령으로부터 보호한 선제후 프리드리히 현자와 버금가는 인물이라 할 수 있는가?

통독 이후 바로 나의 이 질문을 받은 많은 구동독 목사들은 자유롭게 하나같이 다음과 같이 대답했다.

"네."

루터가 시편 101편을 해석했던 것과 같이 주교 라이히도 이렇게 말했다.

하나님은 이방인들을 자신의 역사에 도구로 사용하신다. 고르바초프의 행동에서 숨어서 역사하시는 하나님의 손(고르바초프가 여기에 합당하던 하지 않던 상관없이)을 볼 수 있다.

결론적으로 평화혁명은 라우의 두 왕국설의 교리 해석을 입증할 수 있는 아주 루터교적인 사건이었다.

> 아마도 이 시점에서 가장 중요한 의무는 교회가 세상에 대한 비판적인 기능을 지배적 자세로 행사하는 것이 아니라 섬김과 순종으로 겸손히 행해야 하는 것이다. 교회는 이것을 세상을 위해서 하는 것이 아니라 두 나라를 다스리시는 하나님을 위해서 하는 것이며 우리가 세상에서 섬겨야 할 하나님은 바로 이 한 분이신 하나님이기 때문이다.[11]

이것이 바로 1989년 10월 9일 구동독 저항운동의 역사에 나오는 가장 중요한 사건, 평화의 기도로 나타났다. 라이프치히 개신교와 가톨릭교회들은 기독교인들에게 온유하도록 권면했다. "오래 참으면 관원도 설득할 수 있나니 부드러운 혀는 뼈를 꺾느니라"(잠 25:15)에 나오는 성경 구절처럼 바흐 토마스교회의 교구감독자 요하네스 리히터는 설교하였다.

그리고 난 후 교회 성도들은 밖으로 나가서 70,000명의 다른 시위자들과 합류 했다. 그들은 40년 독재정권을 온유함으로 몰아내었다. 이것뿐만이 아니었다. 그들은 종말 후에 이루어질 수 있는 세상을 인간의 힘으로 지금 현세에 이룰 수 있다는 꿈을 꾸는 유토피아로부터 현대사회를 건져내었다.

---

[11] Lau, p. 96.

제5장 1989년 라이프치히 운동　275

　이로 인하여 400년 동안 타오르던 루터와 뮌처 사이의 충돌은 루터의 승리로 결정되었다. 루터가 두 왕국설을 가지고 독일인들을 권력의 시녀로 만들었으며 결과적으로 히틀러를 탄생시킨 사람이었다는 선입관은 전 세계 수백만 명의 텔레비전을 보고 있던 시청자의 눈앞에서 무의미한 고정관념임이 드러났다.

두 왕국설의 카이로스(Kairos)

　본서는 아돌프 히틀러의 길을 예비한 사람이 바로 마틴 루터라는 고정 관념적 비난에 대해 루터에게 무죄를 주장하기 위한 변론을 담은 책이다. 500주년 종교개혁을 맞이하여 수많은 저술가와 교회의 지도자들이 또 다시 루터에게 독일과 유럽을 추락시킨 민족사회주의 하에서 이루어진 재앙의 책임이 있다고 비난을 하고 있다. 나는 이 고정관념이 이 책에서 다루어진 명확한 진술로 설득력을 잃었기를 바란다.

　여기에서 다루는 것은 종교개혁가 루터의 좋은 평판만을 다루어 그의 인간적인 실수는 간과해 버리는 것이 아니라 그가 죽기 직전에 마지막으로 적어서 한 말대로 "우리는 거지이다, 이것이 사실이다"처럼 있는 그대로 드러내는 것이다. 더욱이 영적으로 위기에 처해있는 시대를 사는 우리에게는 완전히 구속되지 않은 이 세상에서 기독교인들의 지위와 역할에 대한 분명하고 깨어있는 대답이 필요하다.

　여기에서 바로 새로운 개신교의 감성팔이로 끈적끈적 덧발라 오래 동안 덮여 있었던 루터의 음성을 새롭게 꺼내어 발견하여야 한다. 이 음성은 이슬람국가(IS)가 등장하여 영적인 무기뿐만 아니라 세상적인 무기들까지 동원되어지는 계시록적 세계 혼란이 가중되는 이 시기에 포기할 수 없는 음성이다.

우리들의 영적인 무기에는 서양 교회사를 갈랐던 보물로 하나님의 두 왕국설이 여기에 속한다. 이 유산은 프란쯔 라우에 의해 전후에 다시 수면위로 떠올랐으며 작센 주의 한 세대 목사들에게 각인되었으며 이른바 1989년 통독에 기여한 이 후로 지난 수십 년간 독일에서 저평가된 교리이다.

본서는 무엇보다 이 위대한 라이프치히 신학자 프란쯔 라우와 그의 업적에 대한 열매이다.

두 왕국설은 위로가 되는 교리로 교회가 서고 넘어지는 신앙의 교리(아우크스부르크 신앙고백 제4항)—기독교인은 오직 은혜로, 오직 그리스도를 위해 믿음으로 하나님 앞에 의롭다—를 기독교인들에게 상기시킨다. 이 교리는 기독교인들에게 구원의 확신을 주고, 그리스도의 나라에 속한 우리의 국적을 포기할 필요 없이 세상에서 우리의 지성에 따라 행동할 수 있는 자유를 준다.

이렇게 하여 기독교인은 자신의 거룩한 본래 임무를 이 세상에서 다할 수 있다. 이 사명은 모든 삶의 영역에서 이웃을 섬기는 것이다. 예를 들면 통치자, 통치를 받는 사람으로 혹은 반대자로 투표권자, 혹은 당선자로, 상인과 고객으로, 결혼 배우자, 아버지, 어머니, 형제, 자매, 아이, 농부, 학자, 선생과 학생, 의사와 환자, 군사, 경찰관 그리고 판사 등의 여러 모습으로 섬길 수 있다.

이 사명을 사랑으로 이웃에게 실천하는 사람은 루터가 말한 우리가 드릴 수 있는 최상의 예배를 드리는 것이며 이 사람은 사제의 반열(세상에서 섬긴 훈장으로 제단과 강대상에 서는 목사)에 이르는 것이다. 우리는 이때 우리가 세상에서 살아가면서 매번 이성적으로 꼭 필요한 행동에 앞서 우리가 죄를 짓지 말아야한다는 강박관념을 가질 필요는 없다. 우리는 그리스도가 십자가에서 이루신 구원에 대한 믿음으로 구원의 은혜를 받았기 때문이다.

이 구원의 교리는 지금도 여전히 유효하다.

첫째, 오늘날 자아를 숭배의 대상으로 하여 세계질서를 와해시키려는 새로운 대중 종교인 나르시시즘에 대항할 수 있는 대안이 된다. 루터의 성경에 근거한 신학은 이에 반해 초점을 우리 자신에게서 다른 사람, 이웃으로 맞추게 한다.

둘째, 두 왕국설은 구원의 확신이 없고 영적인 현실과 세속의 현실 특히 사원과 국가를 구분하지 않는 이슬람에 대항할 수 대안이 된다. 이슬람과 같이 이 두 영역의 차이를 이해하지 못하면 오늘날 유일한 하나님을 믿는 두 종교 간에 일어나는 갈등의 존재를 절대 이해할 수 없으며 따라서 결국은 속수무책 급진적인 이슬람주의자들의 테러에 당할 수밖에 없다.

연구를 시작할 때에 나는 종교사회학자 막스 베버와 피터 버그가 증명하였듯이 내재화된 믿음의 교리는 수많은 세대를 넘어 개인과 공동체와 민족의 행동양식을 결정한다고 말했다. 나는 특히 전 라이프치히 시장 칼 괴르델러가 범죄정권에 맞서 루터 교리에 따라 저항운동을 펼쳤는데, 이는 그가 학문적으로 얻은 루터 교리의 지식이 아니라 내재화된 믿음의 교리이었다고 말했다.

이 논리는 두 왕국설에도 적용되며 루터가 독일인들을 권력의 하수인 "제후의 시녀"로 길렀다는 중상모략적인 비난을 정면으로 반박할 수 있다. 실제로 루터는 모든 독재에 대항하는 저항의 스승이었다. 그의 교리에 의하면 독재자는 몰락될 수 있으며 몰락되어야 한다.

그러나 독재자 후에 정권을 이어 갈 유능한 통치자가 정해지기 전에는 아니라고 말한다. 이 때문에 괴르델러는 그가 교수형에 처해지기 바로 직전까지도 히틀러의 몰락 이후 민족사회주의 정권을 대체할 수 있는 독일의 인물들, 국가 원수에서부터 정부 관료들, 주 의원과 경찰국장에 이르기까지 꼼꼼한 리스트를 작성하였다.

우리는 이렇게 한 번 상상해 볼 수 있는데, 만약 서방 연합군이 독일 역사의 어두운 시대에 고귀한 인물들을 무시하거나, 비방 또는 엘러나 루즈벨트와 윈스턴 처칠이 한 것처럼 민족사회주의자들과 같은 그릇에 그들을 담는 등의 행위를 하지 않고, 괴르델러와 다른 독일 저항세력들을 진지하게 받아 들였다면 전 후의 세계 역사는 어떻게 흘러갔을까?

얼마나 많은 수십만의 병사들이 양 진영에서 살아남아 있었을까?

얼마나 많은 아이들, 여인들, 어른들이 독가스실에서 불타서 혹은 질식하여 죽지 않아도 되었을까?

얼마나 많은 사람들이 자신의 고향에서 쫓겨날 필요도 없었고 피난길에서 성폭행을 당하지 않아도 되었으며 살해되지 않아도 되었을까?

얼마나 많은 사람들이 소비에트 연방의 포로수용소에서 비참하게 죽지 않아도 되었을까?

그러나 이것은 나의 연구의 주요 의제는 아니다. 제2차 세계대전이 끝난 지 70년이 지난 이 시점에서 이런 질문을 하는 것은 부질없다. 더 현명한 것은 독재자를 대하는 데에 있어서 미래에 어떻게 루터의 교리를 현실적으로 적용할 것인가를 생각하는 것이 나을 것이다.

이렇게 해야 하는 것은 루터 교리가 잘 알려져 있지 않기 때문이거나 아니면 개신교회가 루터 교리에 근거를 두지 않기 때문이 아니다.

아랍 세계에 이루어지고 있는 과정들을 보면 워싱턴의 정부권력자들은 루터에 의해 형성된 괴르델러의 지혜를 알지 못한다는 것을 알 수 있다. 그들은 바그다드와 트리폴리스에 있던 팔레스타인 지역의 피의 독재자들을 폭격했고 이때 그들의 군사시설뿐만 아니라 민간시설까지도 파괴하였으며 특히 공격 이전에 독재정권을 대체할 아무런 준비도 없었다. 이미 예상할 수 있는 결과들을 고려하지 않고 그들은 불안정한 이라크와 멀리는 아프가니스탄에서 그들의 군대를 철수시켰다. 그 결과는 혼란과 폭도였다.

폭도는 루터가 강조했듯이 이성을 가지고 있지 않다. 루터는 하나님이 이 세상을 창조하심으로 대혼란에서 해방시키셨던 그 혼란 속으로 빠지지 않게 하는 것이 바로 합법적인 권력(혹은 거룩한 사명)이라고 표현했다. 미국 대통령은 이 사명을 수행하지 못했다.

그 결과 사탄적인 힘이 그들의 욕구대로 질서를 세워가고 있다. 이슬람국가(IS)는 말세적 테러전쟁을 통해 그들만의 소국을 서방 세계에서도 세우고자 한다. 이런 사탄적인 질서를 두고 루터는 "광대놀음과 마술놀이"라는 개념을 만들었다.

20세기에 루터교 교회의 일부는 특히 제3제국 시절 루터의 설교를 반복하여 배반했다. 이 때문에 독일복음교회연합(EKD)은 1945년 예수님 승천일에 슈투트가르트 죄고백(Stuttgarter Schuldbekenntnis)을 했다. 21세기 현재 개신교의 불충성은 개신교 교회 존립의 문제가 생겨나게 했고, 다른 경쟁에 있는 종교들이 불꽃튀게 진보를 거듭하고 있는 반면, 서양 전체적으로 개신교 존립이 다른 요소들과 함께 위협받고 있다.

왜 하나님의 성전이 오늘날 텅텅 비어 있는가에 대한 이유를 알기위해 우리는 혹시 이 이유가 다음과 같은 사실과 연관이 있지 않은지 깊이 생각해봐야한다.

> 악한 사탄이... 두 왕국을 서로 섞어서 삶고 발효시키는 것을 쉼 없이 행하고 있다. 세속의 통치자들은... 매 번 그리스도를 가르치고 다루려고 한다. 이와 마찬가지로 거짓 목사와 타락한 성직자들도... 매 번 세속의 정부가 어떻게 해야 하는지 가르치고 훈수를 들려고 한다(루터).[1]

제3제국에서 "거짓 목사들"(독일의 개신교 성직자 중의 1/3인 민족사회주의자들)은 독일 기독교 시대정신을 찬미하였고 세속의 나라에 어슬렁거렸다.

교회지도자들이 오늘날 지지하는 시대정신은 지금 당장은 좀 덜 살인적으로 들릴지 모르나 실제 태아 대학살을 자행하는 급진적인 여성해방주의 앞에 삼두고배(三頭叩拜)[2]하는 행태를 막아야 한다. 또한 거짓 지도자들은 복음 대신에 미국에서 대서양을 넘어 흘러들어온 세상적인 가치

---

1 Luther: *Psalmen-Auslegung*, Band 3, 시 101편, p. 100.
2 삼두고배는 중국 청나라에서 최대한의 공손한 인사법을 나타낸다. 인사를 하는 사람은 인사를 받는 사람과 일정한 정해진 거리를 둔 지점에서 자신의 몸을 굽혀 이마로 땅을 여러 번 친다. 황제에게는 세 번 이마로 땅을 치고 세 번 몸을 바닥에 낮춘다. 이 의식이 끝나면 무릎을 꿇은 채로 그 자리에 앉아 있는다(출처: de.wikipedia.org).

들, 성주류화, 동성애자권리 등 하나님의 창조질서를 무너뜨리는 존재론적 무질서를 가져오는 가치들을 전파하고 있다.

여기에 더하여 "정치적 올바름"(political correctness)운동이 독일에서 특이하게 변종되어진 형태인 "위선적 이타주의" 형태를 띠고 있는데, 이는 과거 세대의 부끄러운 유산으로부터 위선적인 도덕적 이윤을 추구하는 것으로 맹목적인 평화주의가 그 예가 된다.

위선적인 성직자의 대표적인 예로는 마곳 케스만(Margot Käßmann)으로 그녀는 독일복음교회연합(EKD)의 의장으로 "루터교" 하노버 주(州) 주교였다.

우리는 다음과 같이 기억한다. 아프가니스탄에서 나토 군대와 독일 군대가 급진적인 이슬람주의 탈레반과 싸웠는데, 이곳의 끔찍한 통치아래에 있는 카불의 여자들은 읽지도 쓰지도 자동차를 운전할 수도 없었으며, 소위 "여자 죄수"는 금요기도 후에 돌에 맞아 죽었다. 이 만행은 비디오에 녹화되어 독일 전역으로 텔레비전을 통해 전파를 탔었다.

2010년 새해를 맞이하여 나곳 케스만은 드레스덴 프라우엔교회의 바로크 강대상에 서서 루터교 방식으로 본문에 맞는 설교를 하는 대신에 다음과 같이 말했다.

> 아프가니스탄에 선한 것이 없다. 모든 수단을 동원하여 이곳에 무기가 사용되었고 시민들이 죽어갔다는 사실을 숨기고 우리를 기만하였다. [...] 그러나 무기는 명백히 아프가니스탄에서 평화를 이루어내지 못했다. 우리는 이 충돌을 해결하기 위해 완전히 새로운 형

태, 평화를 이루기 위한 좀 더 새로운 상상이 필요하다.³

케스만은 전공과 그녀의 이력에서도 이와 관련된 경력을 찾아 볼 수 없음에도 불구하고, 비루터적인 그녀의 설교로 예배당에 앉아있던 전쟁 중 죽은 군사들의 어머니와 아내에게 상처를 주었다. 그녀는 이 설교로 이 전쟁에 희생된 죽음을 암묵적으로 깎아내렸다. 모든 시대의 교회 내의 험객(險客)⁴들과 같이 그녀 또한 다음에 오는 대답에 현실적인 답변을 내어놓지 못했다.

그러면 무능한 정치를 대신할 수 있는 실천적인 대안은 있는가?

이 경우에는 더 정확하게 아프가니스탄의 갈등은 무기를 사용하지 않고 그녀가 볼 때에 어떤 방법으로 해결될 수 있다는 말인가?

나는 이 부분에서 비난을 멈출 수가 없다.

케스만은 가능한 타협안을 생각했을까?

그렇다면 적들에게 용인할 수 있는 것은 어느 정도가 될 수 있었을까?

예를 들면 탈레반이 돌로 사람을 쳐 죽이는 일을 허용하되 최대한 두 주마다 금요기도 후에 허용한다는 것인가?

과도기적 상태에서 탈레반에게 휴전협정 후에 그들의 땅에 사는 여자들에게 처음 5년 동안 글을 반 정도 읽을 수 있는 공부를 시키도록 의무화시키고, 그 다음 그럼 언제 완전히 글을 읽을 수 있도록 할 것인가?

---

3   Käßmann, Margot: 드레스덴 프라우엔교회에서 2010. 01.01. 새해맞이 설교, http://www.ekd.de/predigten/kaessmann/100101_kaessmann_neujahrpredigt.html 2016. 04.13. 발췌.

4   사소한 것에 불평하는 사람, 전체를 보지 못하고 작은 실수나 비난거리에 트집을 잡고 헐뜯기를 일삼는 사람(출처: Duden.de).

아니면 그냥 악을 있는 그대로 용인하고 우리는 하노버에서 손을 무릎 위에 얹고 하나님께 살아남은 생명들을 위해 감사기도를 해야 하는가?

이라크와 시리아에서는 칼리파들이 이교도들을 십자가에 못 박고 참수하고 돌을 던져 죽이고 화형시키고 노예로 만들고 성폭행하며 수백만의 사람들을 쫓아내고 있다. 파리, 브뤼셀, 캘리포니아, 아프리카, 동아시아와 호주에도 죄 없는 사람들과 여자들, 아이들에게 테러가 자행되고 있다.

나이지리아에서는 이시스(ISIS)의 갈래로 보코하람이 한 학급의 소녀 전체를 납치했다. 시리아 팔미라에는 돈으로 환산할 수 없는 가치를 지닌 문화재들이 급진적인 무슬림의 분노에 희생양이 되어 파괴되었다.

그러나 독일복음교회연합의 "설교자" 케스만은 종교개혁 주년을 기념하는 설교에서 변함없이 조건없는 평화주의를 외쳤다.

어이가 없다.

그녀는 독일 군대가 지금도 여전히 이슬람국가(IS)를 대항하는 전쟁에 투입되어 있다고 말했다.

만약 루터 교회의 주요 인사가 이런 식으로 이야기하여 병력의 투입에 관한 전문 분야를 비난한다면 이는 사기와 같은 행동이다. 루터는 자유주의자들을 유치하고 순진하다고 보았다. 그는 1526년 그의 책 『전쟁을 하는 사람들이 축복을 가져올 수도 있는가』(*Ob Kriegsleute auch vom seligen Standes sein können*)에서 다음과 같이 명확하게 밝혔다.

죽이고 빼앗는 것은 사랑의 역사와는 거리가 멀게 보여서 단순한 사람들은 이것이 그리스도의 일이라 할 수 없으며 기독교인에게 합당한 일이 아니라 생각할 수도 있지만 그러나 실제로 이것 또한 사랑의 역사가 될 수도 있다.

이것은 좋은 의사가 병이 이미 심각하고 위험해지면 생명을 살리기 위해 손, 발, 귀 또는 눈도 잘라내는 것과 같다. 우리가 이때 몸에서 제거되는 각 기관만을 따로 떼어보면 의사는 잔인하고 차가운 사람이라고 볼 수도 있다. 그러나 환자의 생명을 구하는 측면에서 본다면 실제는 알맞은 일을 하는 충성된 사람이며 선한 기독교 사역을 한다는 결론에 이른다.

이와 같은 것이다. 불의를 행하고 죽이는 이런 만행을 저지르는 악을 벌하는 전쟁을 하는 정부를 보면 아주 비기독교적이며 모든 면에서 그리스도의 사랑을 역행하는 것처럼 보인다. 그러나 다른 면으로 그들이 의로운 사람들, 여자와 아이, 집과 뜰, 재산, 명예 그리고 평화를 유지하고 보존한다고 보면 전쟁 또한 얼마나 중요하고 거룩한 역사인가를 알게 된다. 이것이 바로 전 생명을 잃지 않도록 다리나 손을 자르는 것과 같다고 본다.

만약 검으로 맞서 평화를 유지하지 않는다면 이 세상에 있는 모든 것이 불화 속에 썩어 문드러질 것이다. 그러므로 작은 불행이 더 큰 불행을 막듯이 이런 전쟁은 영원하고 끝을 가늠할 수 없는 갈등을 막기 위한 잠시 짧은 갈등일뿐 그 이상 아무것도 아니다.[5]

---

5 WA 19, p. 624 이하.

케스만을 비난한 것은 어쩌면 공정하지 않을 수도 있다. 그녀는 단지 20세기 60년대 이후로 독일 개신교를 더욱 무녀지게 한 사회윤리학과 가십정치로 장식된 신학의(게다가 매력적으로 보이는) 얼굴일 뿐이다.

이 신학은 시대정신-고정관념의 수준으로 강등되었다. 이 신학은 상대적인 요소들을 고려하지 않으며 그리스도와 헛되고 구원받지 못한 세상과의 역설적인 관계를 설명하는 독특한 루터 교리를 전쟁과 테러로 물든 이 세상에 적용할 능력이 없다.

이 신학은 루터 교리의 핵심에 대한 이해가 없다.

"용감하게 죄 지으라, 그러나 더 용감하게 믿어라"(*pecca fortiter, sed fortius fide*)라는 이 교리는 디트리히 본회퍼에게 독재자 암살이 다른 모든 살인과 같이 원죄의 열매이기는 하지만 이성의 법에 부합되기 때문에 암살계획에 가담할 수 있다는 용기를 주었다.

루터가 "모든 것의 여 황제"라 일컬었던 이성은 하나님의 선물로 인간이 이 세상에 질서를 세우고 그 질서 속에 적응하여 살 수 있는 능력이다.

다른 말로 하면 고정관념으로 격하된 신학은 극한 영적인 위기 시대에 사는 기독교인으로부터 자신의 일상의 의무들을 이성적으로 자연법에 따라 수행함으로 혹 내가 죄를 짓는 것은 아닌가라는 질문을 스스로에게 계속할 필요 없이 이웃을 섬길 수 있는 마음의 균형을 빼앗아간다. 기독교인은 타고 난 유전병과 같은 죄(아우크스부르크 신앙고백 제2항)를 기도와 예배 중에 그리스도 앞에 들고 나아갈 수 있다.

그것도 항상 언제나.

케스만을 다르게 말하면 독일복음교회연합에 만연해 있는 "내가 생각하기에는" 식의 신학은 선한 것이 하나도 없으며 이는 어지러운 세속의 이론을 전파하며 듣기 좋은 이타주의에 물들어 추한 소욕을 타고 난 것을 자연적인 것으로 정의함으로 육신의 죄를 처음부터 값싸게 사해 준다.

이렇게 함으로써 그들은 루터의 근본적인 질문인, 어떻게 내가 은혜의 하나님을 만날 수 있는가?를 날마다 새롭게 하는 법을 가르치거나 통회하는 심령의 기독교인에게 "네 죄가 사함을 받았노라"(te absolvo)는 답을 주는 대신 오히려 죄인들에게 거짓된 것을 약속하는 죄를 범한다.

종교개혁이 일어난 후 500년된 이 시점에서 루터에 의해 복음으로 돌아온 교회가 성도의 약 1/4을 잃어버렸다. 교회는 하나님을 찾는 구도자들에게 좋을 때나 나쁠 때에 그들에게 도움을 줄 어떤 말을 해야 할지 모를 정도로 혼돈을 겪었다. 심지어 하나님께 기도를 들어주셔서 감사하다고 할 것이 없을 정도로 비참해졌다.

1989년 베를린 장막이 무너지고 그로부터 1년 후 독일이 통일되었을 때, 동독과 서독에 있던 대부분의 교회는 종을 치며 환호하지 못했다. 한 서베를린 교회는 몰락한 전재정권 독일통일사회당 정부를 의미하는 "죽은 신부를 위한 미사"를 거행하였다. 당시 독일복음교회연합 의장 마틴 크루즈(Martin Kruse)는 이것을 보면서 종교개혁적인 사고의 명확성과 의미를 비웃는 듯한 허무하고 애매한 정서 상태로 자신의 슬픔을 말했다.

급진적인 이슬람의 한 분파가 기독교를 죽이려 위협하고 있는 지금이때에 루터를 잊어버린 이 교회는 당혹해하며 더 기괴한 행태를 취한다. 정부의 일에 성직자들이 개입하는 것이 루터 교리에 맞지 않음에도 불구하고 케스만과 같이 독일복음교회연합은 독일 군대의 투입에 대해 기겁하며 비난의 말을 한다.

그런데 교회의 원래 무기인 복음을 사용하는 것에 관하여는 사반세기 전에 의장이었던 크루즈처럼 당혹해하는 반응을 보인다.

개신교 방송사인 이데아(idea)는 2015년에 20개의 독일복음교회연합 소속 교회의 의장과 주교들에게 이라크와 시리아로부터 몰려오는 난민들을 대상으로 하여 예수님의 선교사명(마 28:19-20)과 어떤 형태로 연관 될 수 있는가에 대해 물었는데, 이들 중 절반에 해당하는 사람들이 전혀 상관이 없다고 대답했다.

마르쿠스 드뢰게(Markus Dröge), 베를린-브란덴부르그 주교는 무슬림 난민들은 "선교의 대상"이 아니라고 공식 발표했으며 라인 지역 대교구 의장인 바바라 루돌프(Barbara Rudolph)는 무슬림에게서 "지금 그들의 종교를 빼앗"을 수는 없다고 말했다.

독일복음교회연합 의장이며 바이에른 주(州) 주교인 하인리히 베드포트-슈트롬(Heinrich Bedford-Strohm)은 그 사이 뮌헨에 있는 이슬람센터의 후원관리국에서 일한다.

이 모든 고정 관념적 개방적 관용은 단지 감상적인 표현 양식일 뿐이며 이것은, 루터식으로 말하면 세속에 존재하는 "왼쪽 나라"를 혼란하게 한다. 이에 반해 복음은 영적인 그리스도 나라의 통치 근간이 된다. 실제 무슬림들 중에는 복음에 대해 관심을 가지는 사람들도 있는데, 만약 교회의 지도자들이 복음을 무슬림 신자들에게 자연스럽게 전하는 것을 감성적으로 거절한다면, 그들이야말로 교회를 세속화시키는 것이며 그리스도의 힘을 빠지게 하는 것이다. 그들은 결국 교회를 쓸모없게 만든다.

세속화된 교회는 우리가 모든 삶의 영역에서 확인하려고 하는 초월성에 대한 일반적인 목마름을 채워줄 수 없다. 독일복음교회연합은 자신의 임무가 아닌 정치적인 당을 장악하고 있다. 세속의 나라에서는 정치적 보수주의자, 사회민주주의자, 자유주의자 녹색주의자들이 그들이 원하는 대로 싸울 수 있다. 그러나 국가가 신앙에 대한 문제를 건드리지 않는 한, 모든 사람이 동등한 영적인 나라, 즉 교회에서는 세속적인 가치의 분열은 중단되어야 한다.

루터가 말하기를 두 나라는 서로서로 섬긴다. 그러나 이것은 세속의 나라의 갈등을 교회로 가져오지 않을 때 가능한데, 이는 교회에서는 사람의 견해와 상관없이 모두 차별 없이 복음아래에 서 있기 때문이다

본회퍼는 순수 독일인으로 이루어진 교회는 신학적으로 불합리하다고 보았다. 이것은 이데올로기적으로 흠 없는 교회도 마찬가지이다. 강단에서 목사가 정치적인 신조를 설교한다면 그는 그의 성도들을 영적인 나라에서 끄집어내는 것이다.

그와 생각을 같이하는 사람들은 그에게 질책하는 말을 한마디도 하지 않을 것이다. 그들은 매 주일 위로받고 안심하며 돌아가 숙면을 취할 수도 있다. 그러나 그와 다르게 생각하는 사람은 예배를 피하게 되는데, 이유는 예배가 정치적인 당파모임과 다를 바가 없기 때문이다. 이런 종류의 교회는 하나님 나라로 들어가는 구원의 역사를 이룰 수 없다. 이런 갈등을 교회의 영역으로 만드는 것은 자살행위이다.

그래도 여전히 비어있는 교회와 반면에 이단의 부흥에 대해 놀라운가?

이상주의자, 시대정신 그리고 고정관념은 세속의 나라의 현상들이다. 이것들은 상대화할 수 없다는 점에서 서로 비슷하다.

피터 버거는 루터가 이 딜레마에 대한 대안을 우리에게 가르쳐 주고 있는 것에 주목하였다.

> 복음은 이 세상의 모든 현실과 우리의 모든 계획을 상대화시킴으로 우리를 자유케 한다.[6]

버거가 미국 교회의 임무에 대해 말한 것은 오늘날 우리 모두에게도 적용된다.

> 교회는 복음을 전파하기 위해 부름을 받았으며, '미국식 삶의 방식'(American Way of Life)을 변호하거나 변호하거나 사회주의를 건설하기 위하여 존재하지 않는다. 우리가 실제로는 정의가 무엇인지를 제대로 모른다는 사실을 제쳐두고라도 우리가 생각하는 정의는 오류가 있으며 결국은 죄에 의해 더러워져 있기 때문에 교회는 한 번도 '정의로운 사회'를 만들 의무를 가진 적이 없다. 수많은 다른 '복음'이 말하는 '행위의 의'는 우리가 구원받았고 의로워졌다고 속이는 것에 불과하다. 사도 바울은 우리에게 말하기를 어떤 사람도 하나님 앞에 율법을 행함으로 의로워질 수 없다고 했다."[7]

루터교도가 아닌 미국의 역사학자 마크 놀(Mark Noll)은 환멸적이고

---

6 Berger, Peter: 〈Erasmus Lecture〉, 뉴욕 성 베드로루터교회(St. Peter's Lutheran Church)에서 1988년 보유.

7 Ibid.

방향을 잃고 절망하며 의미를 찾아 헤매는 우리 시대에 루터교는 특별한 의미를 가지는데, 이는 역사에 대한 특별한 루터교의 해석 때문이라고 말했다.

뉴욕의 문화주간지 「첫번째 것」(First Thing)에서 놀은 다음과 같이 밝혔다.

> 루터교는 믿음에 있어서 역사는 아주 중요하다고 항상 강조했다.[8]

놀(Noll)의 말은 기독교인은 한 다리로 전통에 중심을 잡고 체중이 실려 있지 않은 다른 다리로 자유롭게 세상으로 나갈 수 있다는 견해를 가진 라이프치히 대교구감독자 요하네스 리히터와 다르지 않다.

놀(Noll)뿐만 아니라 리히터는 현대사회가 가지고 있는 역사에 대한 적대감은 시대정신과 연관되어 있으며 역사에서 자유로운 인간의 미래 즉 이상주의적인 비전은 곧 "하나님 앞에 저주"라고 보는 발터 퀸네트의 견해를 암묵적으로 동의하고 있다.

놀(Noll)이 방명록에 미국인들을 향하여 쓴 내용은 독일 개신교에 시사하는 바가 크다.

> 루터교도들은 과거를 좀 더 건강한 시각으로 가르칠 수 있는 능력이 있다.... 초자연적인 즉각적인 효력을 갈망하는 미국의 경건주의 회귀를 주장하는 복음주의자들(evangelical)과 모든 것을 즉시 정돈시

---

8 Noll, Mark: 〈The Lutheran Difference〉, 〈First Things〉 Nr. 20, 1992. 02호에서 발췌.

키려고 하는 미국 자유주의 신학자들은 하나님의 돌보심이 며칠이나 몇 주나 몇 달을 넘어 수십 년 수백 년 지속된다고 보는 루터교에서 배워야한다. 루터교도들은 장기적인 역사 의식을 가지고 있다, 그들은 새로운 것에 대한 불안정성과 무지함으로 인한 과장된 맹신에 대해 꼼꼼하게 검증한다. 그러나 혈기 왕성한 미국의 상부에 있는 기독교인들은 소리를 지른다….

"내가 새로운 것을 발견했다. 당신들은 이것을 받아들여야한다 그렇지 않으면 멸망한다."

새로운 것에 대한 의욕의 반대편에 깨어 있는 증인으로 루터교의 역사 인식이 있다….루터교도들은 현재의 특수한 주장보다 훨씬 전부터 축적되어 온 과거의 증언으로 하나님의 존재에 대한 깊이와 인간적인 천성의 변덕스러움을 비교할 수 있는 능력을 보여준다.[9]

놀(Noll)은 본회퍼가 이미 제2차 세계대전 전에 이것으로 신학자들을 비판하였으며 오늘날 독일복음교회연합의 많은 교회들이 동일하게 범하고 있는 오류에 대해 경고하였다. 당신들의 교리는 하나님의 열정에서 사회적인 쇄신을(혹은 본회퍼가 말한 것처럼 종교와 윤리의 결합을) 위한 열정으로 강등되었다.

독일복음교회연합의 가장 큰 비극은 소속 교회의 지도자들 다수가 본회퍼가 루터교에서 이미 "거의 완전히 극복했다"(비성경적인 생각으로 인간적인 문제에서 출발하여 인간적으로 해답을 찾으려는 것)라고 여겼던 그것으

---

9 Ibid.

로 다시 돌아갔다는 것이다.

여기에서 다시 한 번 본회퍼의 핵심 문구를 인용할 필요가 있다고 본다.

> 세상에서 시작하여 하나님으로가 아니라 하나님으로부터 시작하여 세상으로 가는 것이 예수 그리스도의 길이므로 이렇게 될 때 이 길은 모든 것이 기독교적이다.[10]

놀(Noll)의 말대로라면 우리는 종교개혁 이후 반 세기 동안 루터의 카이로스를 경험했어야 했으며 이는 교회가 루터에 근거하여 그의 귀하고 순수한 신학에 충성스럽게 머물렀기 때문이 아니라 독일 교회가 다른 선택을 할 여지가 없었기 때문이라고 해야 맞을 것이다.

루터는 영적으로 혼란스러운 후기 산업사회에 대해 중요한 메시지를 주고 있다. 하나님이 지으신 질서는 가면(*larva Dei*)으로, 그 가면 뒤에 바로 하나님이 은폐되어 계시며, 은폐된 채로 영원하지 않은 이 세상을 통치하신다. 사람은 이 가면과 하나님을 구별할 줄 아는 법을 배워야한다. 사람은 오로지 하나님을 경배해야 하며 가면을 경배해서는 안 된다. 그렇다고 이 가면을 무시하지 말아야 한다.

루터는 우리에게 엄하게 가르치고 있다.

---

10   Bonhoeffer: *Ethik*, p. 278.

> 왕국, 최고 통치권, 정부, 선생, 학생, 아버지, 어머니, 주인 그리고 여주인, 종과 여종은 겉모습이며, 이와 상관없이 사람은 하나님의 뜻에 따라 존중받고 하나님의 피조물로 인정받아야 한다. 그리고 그들은 이 세상에 있어야한다(그들은 이 세상에 존재해야한다), 그러나 하나님은 우리가 이들에 신성함을 부여하기를 원하시지는 않는다.[11]

이것이 바로 세상을 바라보는 기독교적인 현실이자 객관적인 사실로 시대정신은 이것을 알지 못한다. 루터교 교회는 갈림길에 놓여있다. 루터교 교회는 계속 두 나라를 "섞어서 요리하여" 신도수 감소를 억제하기 위한 바보스러운 시도를 하는 길을 선택할 수도 있다. 이 길은 그들 스스로 시대정신으로 몸을 더럽히는 것이며 하나님의 질서에 반하는 모든 가능한 것들을 교회가 받아들임으로 오늘날 새로운 면죄부 장사를 했다는 책임을 지게 될 것이다, 만약 교회가 이렇게 된다면 그들은 살아있는 믿음을 생성하는 삼위일체와 성령에 역행하는 영을 허용하였으므로 그들의 카이로스를 놓치게 될 것이다.

루터의 교회가 수많은 오류를 행한 뒤에 다시 돌아오게 될까?

그들이 반세기 동안 이미 2개의 이상주의적인 꿈속에서(나치의 민족사회주의와 동독의 공산주의-역주) 깨어나 드디어 시대정신으로부터 벗어나서 개신교의 창시자로 돌아올 것인가?

그들은 루터를 지금까지 오해했다는 목소리에 귀를 기울일 것인가?

11　WA 40, Ⅰ, p. 175,3–6.

그들은 종교개혁의 찬송가 "내 주는 강한 성이요"의 3절 구절에 나오듯이 "세상의 제후"들이 간 길을 가는 대신에 "오른쪽 나라" 그리스도의 나라에서 자신의 자리를 다시 잡아야 한다. 마크 놀에 의하면 루터의 목소리는 "기독교 역사상에서 특별한 의미를 가진다. 이 목소리에서 우리는 아주 드문 하나님 목소리의 울림을 듣는다."

〈율법과 은혜〉 루카스 크라나흐 시니어(Lucas Cranach d.Ä.)

에필로그 두 왕국설의 카이로스(Kairos)   297

출처: 위키미디어 공용(Wikimedia Commons), 저작권이 없는 회화 사진, 크라나흐 디지털 기록 보관소

부록 I

동일한 하나님, 두 왕국: 루터 교리의 역설

루터에 의하면 모든 기독교인은 두 나라 가운데 살고 있다. 믿는 자로서 이미 은혜의 나라, 그리스도의 나라에 속한 시민이다. 그러므로 기독교인은 죽음과 죄에서 해방되었다. 예수님이 십자가에서 희생 제물이 되심으로 이것을 이루셨다.

이것이 바로 복음이다. 좋은 소식인 복음은 또한 다른 모든 사람들처럼 기독교인 또한 이땅 위에 사는 동안 세상 나라의 시민이지만 이 썩어질 세상에 모든 것을 바치는 것에서 해방되었다는 것을 의미하기도 한다.

구원받지 못한 이 나라는 복음에 따라 정렬된 나라가 아니다. 복음은 이 나라에서 어떤 법규도 아니다. 복음은 외과의사가 어떻게 수술해야 하는지 어떻게 국회의원을 뽑아야하는지, 어떻게 국가가 적과 위협으로부터 스스로를 지킬 수 있는지에 대해 말하고 있지 않다. 대신에 이를 위해서 하나님은 인간에게 이성과 법을 주셨다.

그러나 세속 나라 또한 하나님의 나라이다. 하나님은 이 나라가 잘못

되게 그냥 두지 않으신다. 하나님은 이 나라를 숨어서 굳이 말하자면 "가면"을 쓰시고 통치하신다. 전 피조물을 통하여 특히 피조물 중에 걸작품인 인간을 통해 다스리신다. 어떻게 이 두 나라가 서로 작동하는지는 아래에서 표를 사용하여 나타내었다. 이 교리는 루터의 특효처방인 그리스도의 나라와 세속의 나라 사이의 역설적인 관계를 분명하게 보여준다.

왼쪽 나라	오른쪽 나라
세속 나라 유한하다. 죽음과 죄에 갇혀있다. 그러나 하나님은 이 나라를 내버려 두지 않으신다.	영적 나라 영원하다. 그리스도가 십자가와 부활을 통해 죽음과 죄를 이기셨다.
하나님 두 나라의 주는 한 분이시지만 두 나라를 다르게 통치하신다.	
Deus absconditius (은폐된 하나님) 이 나라에서 하나님은 자신을 나타내시지 않는다.	Deus revelatus (드러내시는 하나님) 하나님이 그리스도를 통하여 자신을 나타내신다.
인간 기독교인은 두 나라의 시민이다. 비기독교인은 왼쪽 나라의 시민이기만 하다.	
가면 속에 하나님(Larva Dei) 가면 뒤에 숨어계시면서 세상을 주관하신다.	그리스도의 몸의 지체
협력하시는 하나님(Cooperator Dei) 계속 진행 중인 창조 역사(creatio continua) 속에 하나님의 조력자	하나님 나라 상속
교회	
공공으로 정한 법에 규정된 단체	그리스도의 몸

창조 질서	
교회(정의는 위를 참조) **나라** **가정** **경제**	**교회**(위를 참조) 장차 올 하나님 나라에서 변화한다.

통치의 근간	
법 모세의 십계명과 자연법	**복음**

통치 수단	
이성 "세상의 모든 것의 여 황제": 하나님의 선물로 인간이 왼쪽 나라에서 살아갈 수 있도록 한다. 그러나 이 자체만으로는 하나님의 존재에 대해 알 수 없다. 그럼에도 불구하고 이성에만 의지하면 "사탄의 창부"가 된다.	**믿음** 믿음은 오른쪽 나라에서 이성과 같다. 믿음으로만 하나님을 알 수 있다.

Luther – Lehrmeister des Widerstands

왼쪽 나라	오른쪽 나라
통치 권력자	
황제, 왕, 대통령, 수상, 총리, 시참사회 의원, 국회, 유권자, 가장(家長) 루터: 황제는 이성을 따라 행동하는 한 꼭 기독교인일 필요는 없다.	예수 그리스도
법 위반/죄	
기독교인은 용서 받은 의인이며(simul iustus et peccstor) 동시에 죄인이다,	
처벌을 받는다.	죄는 십자가에서 이루신 예수님의 구원 사역으로 인하여 용서의 은혜를 받는다.
사회질서	
불평등 상급자와 하급자, 부자와 가난한 자가 존재한다.	모두가 동등
직업/소명	
모든 세상의 일로 이웃을 섬기라고 하나님으로부터 부름받았음. 기술공, 부모, 선생, 학생, 기업가 등등	안식하고 하나님과 축제를 하며 찬양으로 하나님을 섬기도록 부름 받음.
두 나라의 관계	
적대적인 관계가 아님. 장벽으로 갈라져 있지 않음, 두 나라는 서로 섬기는 관계	
세속의 나라는 다음과 같은 방법으로 영적인 나라를 섬긴다. 질서를 지키며 하나님이 창조 사역을 통해 해방시키신 혼란으로 돌아가는 것을 억제한다. 질서 가운데 복음이 세상에 전파될 수 있다.	복음 안에서 그리스도의 나라는 세속의 나라를 지원하고 보호한다.

믿음의 은혜로 말미암아 죄에서 구원 받았으며
지금은 오른편 나라의 시민으로 자유하며,
팔을 걷어 부치고 왼편 나라의 시민으로 모든 면에서 이웃을 섬겨야 한다.

부록 II

우상화된 자아에 대한 루터의 저항(에세이)

마틴 루터의 탁상담화는 실용적인 귀중품이 들어있는 작은 보석함이다. "기독교는 자신의 느낌을 부정하는데 있다"[1]라고 루터는 말했다. 성경적인 가르침과 전 세계의 신흥 종교인 나르시시즘(자신을 경배하기 위하여 제단 앞에 앉아 무릎을 꿇을 수도 있다고 착각하는) 사이의 모순은 공통 분모를 찾기 어렵다.

나르시시즘은 세속적으로도 영적으로도 아무 의미가 없다. 우리는 미국 시사주간지 「타임」에 조엘 스타인(Joel Stein)이 표제로 썼던 것과 같이 "수량화된 자아의 시대"에 살고 있다.[2] 이 시대는(세상적으로 볼 때) 하나님이 유한한 존재인 우리에게 주신 운영 체제인 이성을 버린 시대이다.

데카르트가 말한 "나는 생각한다, 고로 나는 존재한다"(*cogito ergo dum*)는 혼란이 거듭되면서 "나는 느낀다, 고로 존재한다"(*senseo ergo sum*)로 바뀌어버렸다. 영적으로 볼 때에 감정적으로 동기부여를 받은 시대의 사

---

1 시 51:8. In WA TR 1, 13, 18.
2 Joel Stein: 〈The Me Me Me Generation〉〈Time〉 2013.07.20.에서 발췌, p. 28-36.

람들이 종교개혁의 중심 사상인 "오직 성경"(Sola Scriptura) 대신에 상황과 정욕을 따라 진리를 갈구한다.

이로 인하여 기독교 교리와 반대되는 종교적인 모조품이 생겨난다. 루터식으로 말하면 이 모조품은 아우크스부르크 신앙고백 제2항[3] "모든 사람은 모태에서부터 더러운 정욕과 죄를 갖고 태어난다"라는 원죄를 부인하는 것이다. 만약 이것이 부정된다면 루터가 말하기를 "교회가 서고 넘어지는"(Articulus stantis et canentis eccesiae) 교리인[4] 제4항 "죄사함"[5]이 필요 없어지는 것이다.

다른 말로 하자면 신흥종교인 자아도취는 그리스도의 십자가 구원 사역을 필요 없게 만드는 것이다. 바로 이와 동일한 내용을 미국의 신학자 델로레스 윌리암스(Delores Williams)가 1933년 이미 발표했다.

> 우리는 십자가에서 피를 뚝뚝 흘린 채 매달리는 이런 기괴한 행위를 하는 사람들은 필요하지 않다.[6]

윌리암스는 여 목사들, 수녀와 여신학도들이 참석한 미네소타 주의 성 바울신학대학교 "RI"-컨퍼런스에서 한 말 중에 위의 문장을 가장 좋은 문장으로 선정했다. 약어 "RI"는 "Re-Imaging Christ"로 예수님을 새롭게 상상한다라는 뜻으로 예수님에 대하여 가능한 탈 남성화된 이미

---

3   www.ekd.de/glauben/grundlagen/augsburger_bekenntnis.html.
4   WA 40 Ⅲ, p. 352, 3.
5   www.ekd.de/glauben/grundlagen/augsburger_bekenntnis.html.
6   Uwe, Siemon-Netto: 〈Die Macht der Tränen〉, 〈ideaSpektrum〉 1988. 04.29에서 발췌.

지를 사용하는 것이다. 이 모임에서 감리교 강사인 헬디어 머레이 엘킨스(Healthier Murray Elkins)는 여성해방주의 예배 의식을 위해 경배, 설교, 그리고 기교들을 행했으며, 예를 들어 이것들이 어떻게 행해지는지를 보여주었다. 그녀는 성만찬 전 기도에서 끔찍하고 불결한 발언들을 쏟아내었다.

> 우리의 창조자 소피아, 우리는 당신의 형상대로 지음 받은 여자입니다.... 우리 하체에 뜨거운 피와 함께 우리는 새 생명을 잉태합니다.... 다리 사이에 있는 꿀로 사랑을 부르고 우리는 아이를 낳습니다. 우리의 따뜻한 몸으로 세상에 기쁨을 상기시키고... 우리는 해산의 고통 속에 흘러넘치는 땀을 찬미합니다. 우리는 상처를 핥고, 입술을 적시는 혀를 찬미합니다. 우리는 우리의 육체를 찬양합니다.... 우리가 느끼는 쾌락, 땅과 물이 하나 되어.[7]

루터가 옳았다.

기독교는 자신의 느낌을 부정하는 것이다.

감정적인 잡동사니에 기초한 신앙고백은 기독교적이지 않다. 그럼에도 불구하고 오늘날 독일뿐만 아니라 다른 나라에서도 여러 계층의 대중을 사로잡고 있는 교리이다. 시인과 사상가를 배출한 민족의 후예인

---

7 Ibid.

우리는 페미니즘의 악영향이 샬로떼 로체(Charlotte Roche, 영국계-독일인으로 독일에서 활동하는 대표적인 페미니스트-역주)의 펜을 통해 아직은 문학에만 침투해 있다는 것을[8] 다행으로 생각해야한다.

독일복음교회 연합지도부에서 발표하는 것 중에는 윌리암스과 엘킨스의 영적인 퇴적물 못지않게 감당하기가 힘든 것도 있다.

음욕적인 예외 사항으로 번역을 할 수 없는(왜냐하면 영어 자체로 넌센스적인) 개념의 단어인 "성주류화"는 독일에서 200명에 달하는 교수들의 자리를 보장하고 있으며 또한 많은 성직자들의 마음까지 움직이고 있다는 사실을 생각해보자.

루터교 신학자 랑(Rang)은 이것을 "궤도에서 벗어났으며 기괴하다"라고 보았으며, 미국의 심리학자 진 트웬지(Jean M. Twenge)와 케이트 켐벨(Keith Campbell)에 의한 대중적 나르시시즘은 전염병이며[9] 하나의 종교 같다고 했다.

이 말은 맞을 수도 맞지 않을 수도 있다. 우리는 궤도를 벗어난 생각을 하는 기괴한 시대에 살고 있다. 먼저 60년대 이후 계속적으로 퍼져나가서 기준이 없는 청소년들을 저격한 전염병적인 대중 종교의 특징을 살펴보고 이것이 무엇이며 우리가 어떻게 루터의 도움으로 이를 떨쳐 버릴 수 있는지 알아보자.

윌리암스와 엘킨스는 "자아 중심의 교회"에 대한 선구적인 사상가들로 동성애자끼리의 결혼을 독일복음교회연합이 갈수록 더 많이 수용하

---

8 Charlotte Roche: *Feuchtgebiete*, DuMont: Köln 2008.
9 Twenge Jean M. & Campbell Keith: *The Narcissism Epidemic*, Free Press: New York 2009.

고 있음을 증명하듯이 견고한 교회에 자리를 세 내어 들어왔다가 이제는 마치 집주인 행세를 한다(모스코바와 전 러시아의 총 주교 키릴 I 세[Kyrill I]는 이런 현상을 "계시록적인 현상"이라고 본다)[10].

조엘 스타인(Joel Stein)은 「타임」에 발표한 "자아-자아-자아 세대"(The Me Me Me Generation) 사설에서 이 신흥 대중 종교를 따르는 사람들을 자아를 섬기는 우상 숭배자들이라고 규정했다.

> 그들은 대부분 10대나 20대의 젊은 청년들로 카메라를 얼굴 앞에 대고 자신의 모습을 찍고 이것을 온라인에 퍼트린다. 그들은 자아 도취적이며 오만하고 불만이 많으며 게으르다. 그들의 자아중심주의는 우리가 이미 알고 있는 바와 같이 문명의 종말을 가지고 올 것이다.[11]

"우리가 알고 있는 대로 문명"은 기독교적으로 탄생되었다. 그러므로 인간적인 공감(난잡한 감성이 아닌 다른 사람을 이해하고 동감하는)이 문명의 특징 중에 하나이다. 스타인은 공감이 자신을 경배하는 나르시시즘적인 세대에서는 발달되지 못했다고 밝혔다.

이 세대는 오로지 자기 자신의 느낌에 집중되어 있다. 스타인은 소위 밀레니엄 세대들의 창조성을 시험해보는 토런스-테스트(Torrance-Tests)의 결과를 발표했다.

---

10   〈러시아의 애국주의자들은 동성 결혼을 세상의 종말이라고 부른다〉〈Spiegel-Online〉, 2013.07.21에서 발췌.
11   Stein, p. 29.

> 서너 가지 실험 결과 이 세대들에게는 공감 능력이 매우 부족하다고 나왔는데, [많은 이유 중에 특히] 높은 나르시시즘의 결과이다. 이것뿐만 아니라 공감 능력의 한 종류인 다른 사람들을 향한 동정 또한 결핍되어 있으며 다른 사람의 견해를 이해하는 것조차 매우 어려워한다.[12]

공감 능력의 결핍은 특히 대표적인 자아 중심의 뉴에이지 종교의 특징으로 최초의 창시자는 영국의 심령술사이자 성적 마술가인 알레이스터 크라울리(Aleister Crowley, 1875-1947)이다. 이미 그의 어머니가 어릴 때부터 그를 "적 그리스도 666"(계 13:18)이라고 불렀다.[13] 그 또한 이 이름을 받아들였으며, 스스로 반기독교주의자라고 설명했다.

소설가 윌리엄 서머세트 마검(William Somerset Maugham)은 크라울리를 19세기에서 20세기로 넘어가는 해에 파리의 문학가 모임에서 만나게 되었으며 그는 크라울리를 자신이 만났던 사람 중에 가장 악에 가까운 사람이라고 평가했다. 미국에서 국가가 인정한 세금을 내지 않아도 되는 신앙공동체 중 하나인 "사탄 교회"(Church of Satan)와 이에 버금가는 "세트파 성전"(Temple of Seth)에서는 크라울리를 그들의 길을 예비한 개척자로 인정하고 그의 가르침을 수용한다.

크라울리와 사탄 교회는 나치 근위대 SS국가 지도자 하인리히 힘러

12　Ibid.
13　참조. Ingolf Christiansen: 〈Satanismus und ritueller Missbrauch〉, www.dissoc.de/christiansen_03.html.

(Heinrich Himmler)[14]와는 다음과 같은 공통점을 가지고 있다. 즉 기독교에 대한 증오와 특히 기독교의 이웃 사랑에 대한 증오.

크라울리는 기독교는 무자비하게 싸워야할 대상이라고 가르쳤다. 동정과 인간적인 생각은 "영적인 매독"이며 즉각적으로 제거되어야 한다고 주장하면서 프리드리히 니체(Friedrich Nietzsche)의 이름을 거론했다.[15] 같은 맥락에서 사탄의 성경, 사탄 교회의 거룩한 책의 첫 구절은 다음과 같은 호소로 끝 마친다.

"죽음은 비겁한 자에게, 번영은 강한 자에게!"[16]

크라울리는 『계명의 책』(*Liber Al vel Legis*)의 저자로 이 책에 그는 에이워스(Aiwass)라는 고대 이집트 전쟁 신의 심부름꾼을 1904년 카이로의 한 호텔에서 만년필로 그려넣었다. 이 책에 어떤 내용이 들어 있는지는 부분적으로 피터 롱거리치(Peter Longerich)의 힘러 전기문에서 발췌했다.[17]

> 우리는 가난하지도 슬프지도 않다. 아름다움과 강함과 기쁨의 웃음, 유쾌한 고생, 힘과 불이 우리들의 것이다... 우리는 거부당할 만 것이나 쓸모없는 것들을 만들지 않는다. 그들을 비참하게 죽도록 내버려 두라... 이 약하고 무시당할 만한 사람들을 밟아주어라....

---

14 참조. Peter Longerich: *Heinrich Himmler. Biografie*, Siedler-Verlag: 뮌헨 2008, p. 220-235.
15 Marco, Pasi: *Aleister Crowley und die Versuchung der Politik*, Ares-Verlag: Graz 2006, 1p. 03-106.
16 Anton, LaVey: *The Satanic Bible*, Avon Books: New York, 1969.
17 참조. Longerich.

> 쓰러진 자들에게 어떤 긍휼도 갖지 마라! 나는 위로하지 않는다, 위로하는 자와 위로받는 자들을 증오한다.... 나는 신성모독, 살인, 강도와 혁명을 원한다![18]

우리가 크라울리의 삭막한 동성애적인 표현들이 넘치는 검은 교리들을 들추어 보면 짓밟아 줄 약한 자들에는 아이들이 속한다는 것을 알 수 있다. 개신교-루터교 하노버 주 교회의 요청을 받아 연구를 대행한 잉골프 크리스티안젠(Ingolf Christiansen)은 크라울리가 추천한 의식에는 아이들을 성폭행하는 것도 들어 있다고 밝히고 있다.[19]

『계명의 책』(Liber Al vel Legis)에서 크라울리는 그의 제자들에게 "작고 큰 짐승들을 제물로 드려라, 그리고 난 후 아이를 드려라 그러나 지금은 아니다"라고 명령하고 있다.[20]

이런 독단적인 교리가 오늘날 살인하는 문화에 영향을 준 것을 쉽게 볼 수 있으며 이에 필연적인 결과로 미국에서만 1973년 이후로 58,000,000명 이상의 생명이 합법적으로 모태에서 살해되었으며,[21] 몇몇의 미국의 병원에서는 살인의 조치가 이루어지기 전에 태아의 몸 조각들이 연구실에 팔려나가는 일이 벌어지고 있다.

미국에서 자행되고 있는 낙태는 92퍼센트가 비의학적인 이유로[22] 단

18　Aleister Crowley: *liber Legis. The Book of the Law*. 새무엘(Samuel), 바이저(Weiser): Cape Neddick, 메인(Maine), 1976, p. 17-21. 우베 시본-네토에 의해 번역 인용되었음.
19　Ingolf Christiansen: 〈Santanismus〉, 〈Brennpunkt Esoterik. Okkultismus, Satanismus, Rechtradikalismus〉에 수록. 사이언톨로지 협회에서 발간, Hamburg, 2004, p. 65.
20　Crowely: *Liber Legis* Ⅲ, p. 12-13.
21　www.numberofabortions.com.
22　http://www.nrlc.org/archive/news/2005/NRL10/NewStudy.html.

지 하나의 이유로 귀결된다. 엄마와 아빠의 상황과 맞지 않는다는 이유 하나로 인간이 되어가는 생명체는 죽어야만 한다. 다른 말로 하면 나르시시즘적인 시대에서 이미 태어난 생명의 자아가 아직 태어나지 않아 방어가 불가능한 생명의 생명권을 짓밟은 것이다.

네가 원하는 대로 해라, 이것이 유일한 법이다!

알레이스터 크라울리의 외침은 오늘날의 자아실현주의의 승리의 나팔소리이다. 그는 "그가 살던 시대를 앞서 살았던 사람"이라고 미국의 종교학자 휴 어번(Hugh Urban)은 말했다.[23] 크라울리가 죽은 후 얼마 있지 않아 사이언톨로지 교회의 창시자 론 후버드(L. Ron Hubbard)가 그의 슬로건을 이어 받았다.

몇 년 후에 미국의 정신 병리학자 티모시 리어리(Timothy Leary 1920-1996)는 이 슬로건을 좀 더 강력한 형식으로 바꾸어 주장했다. "네 마음대로 해라"(Do your own thing)는 그의 모토는 60년 70년대의 대중문화가 되었다. 하버드대학교의 교수이자 크라울리의 추종자인 그가 죽기 전 1996년 한 텔레비전 인터뷰에서 다음과 같이 말했다.

나는 알레이스터 크라울리의 업적을 찬양하는 사람이다. 그가 이미 100년 전에 시작한 사역을 내가 계승하였다고 생각한다. "네 마음대로 해라, 이것이 유일한 계명이다"라는 엄청난 말이다. 그가 오늘

---

[23] Hugh, Urban: 〈Unleashing the Beast. Aleister Crowley, Tantea, and Sex Magic in Late Victorian England〉, 〈Esoterica〉, 2003/5에 수록, p. 166-169.

이 시대에 존재하지 않아 그가 시작한 일의 번영과 영화를 보지 못한다는 것이 참 유감스럽다.[24]

죠엘 스타인 썼던 "자아-자아-자아-세대"에는 다수의 젊은 미국 청년들이 속해져 있으며 "네 마음대로 해라"는 이들에게 여전히 삶의 지혜이다. 나는 이런 현상들이 어느 정도 유럽의 동시대 젊은이들에게 그대로 나타나는지 살펴보는 것을 본서를 읽는 독자들의 몫으로 위임한다.

로스톡(Rostock) 출신의 신학교수인 토마스 클리(Thomas Klie)는 요즘 시대 독일에서 일어나고 있는 자아도취적 사고의 붐은 종교, 영성과 만족감을 모두 포함하는 영역으로, 자아-자아-자아 현상과 동일하다고 밝혔다. "영성은 후기 산업사회의 종교성을 담는 용기의 개념이다"라고 클리는 말한다. 이 용기에 담기는 내용물은 각자 믿는 자들이 자기 자신을 위해 스스로 결정한다.

다음에 인용하는 문구는 언론인 에벨린 핑거(Evelyn Finger)의 「짜이트」(Zeit)에 실린 주목할 만한 사설에서 따온 것이다.[25] 그는 이 사설의 제목을 다음과 같이 썼다.

"비이성의 르네상스: 자아를 향한 그리움."

이로 우리는 다시 이 에세이의 첫 부분으로 돌아간다. 죠엘 스타인이

---

24 http://www.jesus-is-savior.com/Evils%20in%20Ameica/Rock-n-Roll/crowley_influence.html.
25 Evelyn, Finger: 〈Die Renaissance der Unvernunft: Sehnsucht nach dem Selbst〉, 〈Zeit-Online〉, 2013. 06.06에서 발췌

타임지에 썼던 "수량화 된 자아의 시대"가 대서양을 넘어 왔다.

이 시대 독일의 위대한 사상가들 중에 한 사람인 페터 슬로테르디윅 (Peter Sloterdijk)에게 먼저 내가 여기에서 그의 심리학적인 발언을 신학적으로 사용하는 것에 양해를 구한다. 「취리히 신문」(*Neuen Zuericher Zeitung*)의 편집자와 찍은 필름 인터뷰에서 그는 대중적으로 퍼진 "혼란의 자각"과 "지속적인 즉흥 상태의 삶"에 대해 언급했다.[26]

나의 후배이자 루터교 신학자와 공익 단체의 의장인 제프리 몰린슨 교수(Jeffrey Mallinson)도 켈리포니아의 컨콜디아대학교(Concordis University)의 학생들에 대하여 이와 비슷한 이야기를 했다.

> 버림받는 다는 느낌이 그들을 괴롭힌다.

수십만의 젊은 프랑스인들이 자아숭배를 반대하고 2013년 여름 동성애 결혼의 합법화에 반대하여 시위를 하면서 그들의 부모 세대들을 다음과 같이 비난했다.

> 당신들은 우리에게 어떤 가치도 전수하지 않았다!

신학적으로 다음과 같이 요약할 수 있다. 자아중심적인 사회는 크라울리의 가르침에 따라 지속되는 즉흥적인 상태에서 공감 능력이 없이 살아가는 사회이다. 이 사회는 전수할 수 있는 가치를 가지고 있지

26　Peter, Sloterdijk: 〈Zebricht unsere Gesellschaft? Standpunkte〉, 〈Neue Züricher Zeitung〉, 2013. 050.05에서 발췌.

않다. 이 사회는 후손들을 내 버려둔다. 이 사회가 어디로 가게 될지 기독교적인 관점에서 묘사한다면 바로 혼란(Tohuwabohu)으로 하나님이 창조를 통하여 해방시킨 그 혼돈의 상태로 돌아가는 것이다.

  이에 기독교인들은 저항하여야 한다. 루터교인인 나는 누가 크라울리와 티모시 리어리에 의해 만들어진 자아 우상숭배의 이단에 저항할 수 있는 스승으로 적격자인지 안다. 바로 마틴 루터이다.

  루터교 신학의 가치 있는 보물인 소명(Berufung)에 관한 교리가 있다. 여기에서 바로 루터가 독일어로 번역한 직업(Beruf)이 나온다. 이 교리는 기독교인들에게 아주 분명하게 유한한 이 세상에서 하여야할 여러 가지 역할을 부여하고 있다.

  십자가에서 구원을 이루신 예수님을 믿는 믿음의 은혜로 기독교인은 죄에서 해방되었으며 이제 팔을 걷어 부치고 죄 가운데 있는 세상에서 이웃 사랑의 실천으로 하나님이 각자에게 주신 여러 개의 직을 수행해야한다.

  야곱이 하란으로(창 29:1-3) 떠나는 이야기 앞부분에서 루터는 한 인간이 어떻게 가장 고귀한 예배를 드릴 수 있는가에 대해 새롭게 깨닫고 이에 대해 설명하고 있다.

> 사람은 이 세상과 가정을 관리하고 다스려야 한다. 왜냐하면 우리는 천국에 있지도 않고 천사와 같지도 않으며 우리는 육체를 가진 자연적인 생명가운데 있으며 먹고 마시고 입고 집과 아이와 경작지가 필요하기 때문이다. 사람에게는 세상의 통치도 필요하며 우리를 괴롭히는 악당들로부터 보호받는 것도 필요하다. 그러므로 우리

는 이 세상의 삶에서 두 가지 직분을 수행해야 하는데, 양육하고 보호하는 두 가지 행위이다. 집에서는 아이와 아랫사람들을 양육하고 세상 정부는 이 모든 것을 비호하고 보호한다.[27]

이것은 수천 명의 부름받은 사람들에게 적용되는 것으로 권력자(오늘날 유권자의 관점에서)에서부터 임시직 노동자까지 초등학생에서부터 대학교수까지 모두 적용된다. 회장과 임원단과 도제들, 아버지, 어머니, 아이들, 형제자매들, 환자를 사랑으로 돌보고 죽어가는 자들을 마지막까지 돌보아주는 간호사들을 포함한 이 모두가 루터에 따르면 가면 뒤에 숨어서 세속의 세상에서 역사하시는 하나님의 손길이다. 그들은 이 세상에서 모든 믿는 자들의 제사장직을 수행하는 제사장들이다.

이를 수행하는데 하나님은 사람에게 특별한 것을 요구하시지 않는다. 직업은 미쯔바(Mitzvah), 즉 선행이 아니며 하나님이 인간에게 정하신 위치이다. 기독교인은 직업을 수행함(*per vocationem*)으로 이 세상에서 하나님의 동역자가 되는 것이 아니다. 기독교인은 직업 속(in vocatione)에서 하나님의 동역자가 된다. 간단히 말하면 그가 이웃사랑으로 행하는 직업 속에서.[28]

반 세기 동안 개신교회는 이렇게 분명한 교리와 인간을 우상의 위치에 두게 하는 치명적인 이단 교리로 바꾸었다. 개신교회는 나르시시즘적인 시대정신에 순응할 것이 아니라 신학적인 보물 상자에서 이 교리

---

27 *Dr. Martin Luthers Sämtliche Schriften*, Dr. Joh. Georg Walch, Band 2, Verlag der Lutherischen Buchhandlung Heinrich Harms: Groß Oesingen, 1986, p. 458.

28 Karl Eger: *Die Anschauung Luthers vom Beruf*, J. Ricker: Giessen 1900, p. 117.

를 꺼내어야한다. 다시 세상적인 독단에 빠지려고 한다면 이제 개신교회는 예전에 루터가 한 것처럼 잉크병을 들고 사탄을 향하여 던져야 할 것이다.

아니면 적어도 생각 없이 끊임없는 정욕과 상황에 몰입하고 자신을 우상 숭배하는 알레이스터 크라울리와 티모시 리어리와 그들의 추종자들을 향하여 던져야 할 것이다.

사진1 엄격한 루터교 신자: 클라라 할머니

본문 사진들 317

사진 2 1989년 11월 9일에 베를린 장벽이 무너졌다.
이것은 간접적으로 루터의 저항 이론의 결과이다

사진 3 루터교 저항가(Ⅰ)교구 감독자
        요하네스 리히터

사진 4 루터교 저항가(Ⅱ)교구 감독자
        프리드리히 마기리우스

사진 5 고정관념 연구가
        안톤 찌이데르벨드

사진 6 사탄의 백파이프 루터, 1530년 가톨릭 신자 에어하르트 쇤(Erhard Schön)의 목판

사진 7 전쟁 도발자 루터: 히틀러의 영적인 지주

사진 8 미국의 라디오 방송기자 윌리엄 쉬러: 그는 "제후의 시녀 루터"라는 고정관념을 전 세계적으로 퍼뜨린 장본인이다. 이 사진에서 프랑스의 콩피에뉴 숲에서 휴전 협정에 관한 기사를 보도하는 통신원인 그를 볼 수 있다(우측 앞)

사진 9 토마스 만은 독일이 악의 길로 접어든 책임을 루터에게 전가했다

사진 10 신학자 에른스트 트뢸취는 루터가 독일인들을 순종하는 개로 길렀다고 주장했다

사진 11 개혁자 토마스 뮌처는 루터를 "비열한 자의 아버이"라 비난했다

사진 12 런던에서 "우울한 대주교"라고 불리는 윌리암 잉게는 루터는 인간사의 불행이라고 표현했다

사진 13 개혁자 프리드리히 엥엘스는 토마스 뮌처로부터 영감을 받았다

사진 14 루터 저항 사상가인 라이프치히 교수 프란쯔 라우

사진 15 "여기에 나는 서 있다." 보름스 국회에서 황제 칼 V세 앞에 서 있는 용감한 루터

사진 16 교회의 아버지로 불리는 어거스틴으로부터 루터는 두 왕국설을 차용했다

사진 17 오슬로 주교 에이빈드 버그라브는 자신의 저항운동이 루터에 근거하고 있음을 밝혔다

사진 18 루터교 저항의 대표적인 인물: 베를린 마태이교회에 있는 요하네스그뤼츠케(Johannes Grützke)의 작품인 순교자 디트리히 본회퍼의 기념판

사진 19 타협할 준비가 되어 있던 루터교도: 필립 멜란히톤

사진 20 타협을 거절했던 루터교도: 마티아스 플라시우스

사진 21 초기 루터 저항 성명: 1550년 막데부르그 신앙고백

사진 22 루터의 저항 사상을 완성한 인물: 책상에 앉아 있는 라이프치히 시장 칼 괴르델러

사진 23 프라이헤어 폼 스타인은 루터의 기준에 따라 프로이센 정부를 개혁하였다

사진 24 사업가 로버트 보쉬는 저항가 칼 괴르델러를 재정적으로 후원하였으며 그에게 전 세계적인 인맥을 형성하도록 도와주었다

사진 25 로버트 벤지테트 경은 영국의 최고위직 외교관으로 괴르델러를 만났으나 끝내 그를 거절했다

사진 26 괴르델러와 그가 신뢰하던 영국인 아서 영과의 대화 보고서: "X-파일"

사진 27 영국 총리 네빌 챔버레인은 괴르델러를 만나기를 원치 않았다

사진 28 외교관이자 저항가였던 아담 트로트 쭈 솔츠는 영국에 만연해 있는 고정관념에 대해 불안해하였다

사진 29 총리 윈스턴 처칠은 독일인을 "7천만 악의 야만인"이라고 불렀다

사진 30 목사 마틴 니뮐러: 엘러나 루즈벨트는 8년 동안 나치 포로수용소에 수감되어 있었던 저항가를 비웃었으며 그의 미국에서의 강연을 언론을 통하여 강하게 비난했다

사진 31 영국인 크리스벨 빌렌베르그는 전쟁 중 그녀의 독일 남편을 따라 독일에서 지냈다. 그녀의 남편은 저항군에 속해있었다. 그녀가 쓴 책에서 그녀는 "다른 독일" 즉 좋은 독일이 있음을 영국인들에게 알리려고 하였다

사진 32 미국 대통령 프랭클린 루즈벨트와 영부인 엘러나는 독일의 저항운동에 대해 아무 것도 들으려고 하지 않았다

사진 33 "죄의 결과가 세계를 덮쳤다"라고 신학자이자 저항가 헬무트 틸리케가 썼다

사진 34 신문 발행인 노스클리프 경은 모든 독일인에 대한 증오심을 영국인들에게 부추겼다

루터와 정치: 그리스도인의 정치 참여의 역할과 한계
Luther - Lehrmeister des Widerstands

2017년 10월 5일 초판 발행

지 은 이 | 우베 시몬-네토
옮 긴 이 | 조미화

편   집 | 변길용, 권대영
디 자 인 | 신봉규, 서민정
펴 낸 곳 | 사)기독교문서선교회
등   록 | 제16-25호(1980. 1. 18)
주   소 | 서울시 서초구 방배로 68
전   화 | 02) 586-8761~3(본사) 031) 942-8761(영업부)
팩   스 | 02) 523-0131(본사) 031) 942-8763(영업부)
홈페이지 | www.clcbook.com
이 메 일 | clckor@gmail.com
온 라 인 | 기업은행 073-000308-04-020, 국민은행 043-01-0379-646
           예금주: 사)기독교문서선교회

ISBN 978-89-341-1721-6 (93230)

* 낙장 · 파본은 교환해 드립니다.

이 도서의 국립중앙도서관 출판시 도서목록(CIP)은 서지정보유통지원시스템 홈페이지(http://seoji.nl.go.kr)와 국가자료공동목록시스템(http://www.nl.go.kr/kolisnet)에서 이용하실 수 있습니다.
(CIP제어번호: CIP2017024134)